九州文库

中国社会保障相关问题研究

杨良初 著

九州出版社
JIUZHOUPRESS

图书在版编目（CIP）数据

中国社会保障相关问题研究 / 杨良初著 . -- 北京：
九州出版社，2021.8

ISBN 978-7-5225-0475-9

Ⅰ.①中… Ⅱ.①杨… Ⅲ.①社会保障体制—研究—
中国 Ⅳ.①D632.1

中国版本图书馆 CIP 数据核字（2021）第 180926 号

中国社会保障相关问题研究

作　　者	杨良初　著
责任编辑	李创娇
出版发行	九州出版社
地　　址	北京市西城区阜外大街甲 35 号（100037）
发行电话	（010）68992190/3/5/6
网　　址	www.jiuzhoupress.com
印　　刷	唐山才智印刷有限公司
开　　本	710 毫米×1000 毫米　16 开
印　　张	16
字　　数	294 千字
版　　次	2022 年 1 月第 1 版
印　　次	2022 年 1 月第 1 次印刷
书　　号	ISBN 978-7-5225-0475-9
定　　价	95.00 元

前　言

我已经从事近 30 年的社会保障研究，有幸参与 1997 年我国城镇企业职工基本养老保险制度改革方案的两次讨论；1995 年参与叶振鹏教授负责的"企业职工养老、医疗、失业保险制度改革调研"社会科学基金课题的研究，其中对企业职工养老保险、医疗保险、失业保险制度改革提出了一系列政策建议，其中许多建议被 1997 年我国社会保险制度改革方案所采纳。之后许多年，一直关注和从事社会保障制度改革与财政管理制度改革一些热点问题的调研和研究，参与和主持一系列与社会保障制度改革和财政管理改革相关课题的研究，跟随国家社会保障改革的步伐，积极为每一时期社会保障制度及财政管理制度改革提出一些建议，得到一些主管部门的肯定，更多的是自己收获和丰富了对于社会保障理论与实践的认知。

本书收录的仅是我近十余年对社会保障理论与政策热点问题的部分研究成果，本着尊重当时实际情况的需要，没有对文中的有关观点和数字做出修改，也是记录自己十余年来对社会保障及财政管理改革热点问题研究的足迹。社会保障理论与政策研究涉及社会保险、社会救助、社会优抚、财政管理、人口老龄化等诸多领域，尽管我做了多年研究，也只是蜻蜓点水；每篇文章虽有个人的努力，但也与财科院老前辈指点和同事们的支持分不开。当前社会保障改革仍存在不少问题，仍需关注社会保障问题的人们创新思维、革新方法、深入调查研究，破解难题，在习近平新时代中国特色社会主义思想指引下，努力探索，不断开拓，为建设中国特色的社会保障理论与制度不懈奋斗！

目　录
CONTENTS

社会保险制度可持续性研究的几个问题

随着我国人口老龄化率的快速提高，社会保险收支平衡的形势日益严峻，社会保险制度的可持续性受到各界的广泛关注。如何认识当前中国社会保险制度可持续性问题，与人口、财政、经济存在哪些关联？我认为可以从以下几方面理解。

一、如何理解社会保险制度的可持续性

为什么研究社会保险制度可持续性，而没有研究社会保障制度可持续性？

一是因为社会保障项目中只有社会保险项目是通过用人单位和职工缴费建立起来的保险制度，需要长期保持收支平衡才能确保制度正常运转。而社会救助、优抚安置、社会福利等项目基本上依靠政府财政安排支出，才能保证制度运转。如果政府财政供给能长期保持稳定的支出安排，后面三个社会保障项目就能保持可持续运行；如果政府财政供给能力下降，则后面三个社会保障项目只能萎缩运行；可见，在社会保障项目中，只有社会保险是依靠缴费维持运转的，其他三项都是依靠政府财政供给维持运转的，社会福利可以向社会募集资金，如捐赠、彩票等形式。社会保险收支只有在人口老龄化日益提高的形势下，才会发生收不抵支的风险，需要财政兜底，对政府财政产生间接的影响。所以，研究社会保险制度的可持续性对政府财政的影响更有价值和现实意义。

二是社会保险制度是社会保障体系的核心和主体，资金量在社会保障资金中占有主体地位，也是对国家财政影响最大的一项社会保障制度。因为社会保险收支规模大，独立参与 GDP 的分配，与财政分配处在平等参与 GDP 分配的位置上，与内在于政府财政分配的社会救助、优抚安置、社会福利有着本质的区别。社会保险分配对包括政府财政分配在内的其他分配范畴具有挤出效应，社会保险分配占 GDP 的份额多了，就会减少政府财政和其他分配范畴在 GDP 中所

占的份额；同样政府财政和其他分配范畴在 GDP 中所占的份额高了，就会减少社会保险分配所占的份额。同时，由于社会保险资金占社会保障资金的比例占有主体地位，一旦发生收不抵支风险，对政府财政的影响也是巨大的，在一定程度上不受政府财政的控制，因而对政府财政的潜在风险和冲击最大。所以，加强社会保险制度可持续性研究对于掌握社会保险收不抵支风险对政府财政的影响也是至关重要的。

三是社会保险制度是公民生老病死残风险主要承担者，也是处理政府、企业（单位）、职工分配关系，劳资双方、医患双方等多种复杂分配关系的制度安排，是社会保障制度体系中管理难度最大、关系最难协调的分配制度。而社会救助、优抚安置、社会福利所处理的分配关系和管理环节相对简单和容易。如果社会保险制度所承担的风险处理好了，所涉及的分配关系处理好了，社会保障制度安排和管理的难点也就基本解决了。社会保险制度的可持续性有保障，社会保障制度的可持续性才有保障。

如何理解社会保险制度可持续性？可以从三个角度把握：

一是财务可持续性。社会保险基金的财务在长期保持收支平衡，即要求在一定期限内养老保险、医疗保险、失业保险、工伤保险、生育保险收支维持平衡。如果社会保险收支在人口老龄化日益提高和其他因素冲击下产生不平衡，必须做好应对不平衡产生的准备，否则财务可持续就难以实现。社会保险基金具有互济性，主要来源于单位、职工个人缴费及财政补贴，一般情况下财政补贴是在社会保险收不抵支年度才由政府财政提供，但是我国财政补贴是在地区之间社会保险收支出现不平衡和社会保险支付待遇逐年提高的基础上发生的。从长期看，就是社会保险收支要在代际之间保持可持续性，不能因为代际转移发生社会保险收支不可持续危机，确因老龄化率提高带来社会保险收支不可持续，就必须及早做好应对准备，以免发生后代社会保险支付断供危险。

二是社会保险制度的可负担性。社会保险制度安排符合各方承受能力，制度成本没有超出个人和社会的经济支付能力，不会产生难以承受的财政后果。社会保险收支适度是社会保障可持续发展的应有之义，过高或过低的保险水平对于社会保险制度自身的运行和社会经济的发展都会产生不利影响。过低的保险水平不利于社会稳定与发展，不能保障人民的基本生活，最终损害社会运转效率，对经济发展造成瓶颈制约；过高的保险水平是指社会保障支出增长过快，超出国民经济承受能力；社会保险支出具有刚性特征，政府在社会保险宏观管理中扮演最后出场的角色。因此社会保险支出危机必然带来政府债务负担，甚至财政危机，并最终转嫁给下一代人，由他们承担。对于社会保险基金而言，在资金筹集过程中，企业和个人的缴费水平需要符合各自的承受能力，过高的缴费水平不利于提高经济效率，损害企业竞争力，还容易降低劳动者的积极性，滋生逃避缴费、提前退休等问题，损害社会公平。

三是社会保险制度的安排与经济社会发展的协调性。社会保险制度是现代经济发展到一定阶段的必然产物，其资金来源于经济部门，运行机制和效果受制于整个社会运行状况，尤其是宏观经济运行状况，这就使得任何超越时代的社会保险政策都会导致物极必反的结果，任何落后于时代的社会保险政策亦不会真正解决公民面临的各种社会风险问题，无法达成制度目标。社会保险制度不仅受经济发展的制约，而且反过来又影响到经济发展，与经济社会发展水平相互协调是社会保险在发展进程中必须遵循的客观规律。因此，需要根据经济社会发展状况，科学合理地设计社会保险制度的制度结构、制度参数、运行机制，并保持动态优化，社会保险制度改革应当与其他相关制度改革或政策调整相协调；同时，社会保险各项目之间也保持协调发展。从而使社会保险制度与经济社会大系统的发展变化相适应，实现共同可持续发展。

二、社会保险制度可持续性与人口政策、人口结构的关系

社会保险制度建立的初衷除了应对市场风险以外，就是为了应对人口老龄化，其中养老保险制度表现得更为明显。因此，社会保险制度与人口老龄化密切相关的人口政策、人口结构存在密切的联系。

首先，从人口老龄化与社会保险的关联度看，人口老龄化与社会保险收支平衡关系存在正相关关系。人口老龄化与劳动力在总人口中的占比呈负相关关系，即60岁或65岁以上人口占总人口的比例上升，意味着适龄劳动人口占比下降；意味着社会保险缴费人数呈下降趋势，而社会保险待遇领取人数呈增长趋势，带来社会保险缴费相对减少和社会保险支出增幅加大，年度收支结果就是原来社会保险收支结余较多变为结余减少，或从结余变为赤字。据统计，我国65岁及以上人口占比（老龄化率）从2010年的8.9%上升至2018年11.9%，8年上升3个百分点；15～64岁适龄劳动人口占总人口的比重从2010年的75.5%下降到2018年的71.2%，8年下降4.3个百分点。虽然适龄劳动人口不一定都缴费，如学生，但社会保险收支变动趋势还是能得到一定印证。2010—

2018 年我国社会保险收入年均增幅 19.33%，而社会保险支出年均增幅达到 20.73%，支出增长快于收入增长 1.4 个百分点。而且随着我国人口老龄化的快速上升，社会保险基金收支形势将会变得越来越严峻，这也是社会保险制度财务可持续性受到巨大威胁的主要原因。

表 1   2010—2018 年我国人口结构变化情况   （单位：%）

年份	2010	2011	2012	2013	2014	2015	2016	2017	2018
15~64 岁人口占比	74.5	74.4	74.1	73.9	73.4	73	72.5	71.8	71.2
65 岁及以上人口占比	8.9	9.1	9.4	9.7	10.1	10.5	10.8	11.4	11.9

资料来源：国家统计局《2019 中国统计年鉴》。

其次，人口出生率影响人口老龄化率，进而影响社会保险收支的可持续性。我国是个人口大国，目前总人口已达 14 亿，与我国 20 世纪 50 年代初与 60 年代放开人口生育限制有很大关系。20 世纪 70 年代以来虽然奉行计划生育政策，从最初一对夫妇可以生育二孩到后来一对夫妇只能生育一个孩子，虽然有效地控制了人口的盲目增长，但也带来了新的问题，就是我国人口老龄化呈加速态势，发达国家经过 100 多年才进入高度老龄化社会，我国仅用 20 多年的时间进入高度老龄化社会。可见，一个国家生育政策深刻影响国家人口结构。2018 年我国 60 岁以上人口占总人口的比重达到 17.9%，65 岁及以上人口占总人口的 11.9%。2030 年我国人口老龄化率将超过 25%，成为深度老龄化国家。与此同时，我国出现了少子化严峻形势。少子化是生活压力与社会发展的趋势，但是也是加剧人口老龄化的重要原因。我国人口出生率从 2002 年的 12.86‰下降到 2010 年的 11.90‰，2015 年实施"单独二孩"政策后，2017 年反弹到 12.43‰。人口自然增长率从 1998 年的 9.14‰一路下滑到 2017 年的 5.32‰，2018 年再度下降到 3.81‰。少子化意味着老龄化率加快，后备劳动力的绝对减少，人口规模萎缩。人口老龄化率上升，导致适龄劳动人口占比下降，对社会保险而言就是缴费人数下降，而领取社会保险待遇人数增加，势必加大社会保险收支矛盾，引致社会保险收支难以可持续运行。

最后，老人抚养水平日益提高也是影响社会保险收支可持续性的重要因素。抚养是具备劳动能力的人对缺失劳动能力的人的养育，需要劳动者抚养的人群分为三类：未成年人、老人、残疾人。但是统计计算的抚养率只限于未成年人和60或65岁以上的老人。对于劳动者而言，抚养比越高，意味着供养负担越重。对于未成年人和老人而言，他们所消耗的一切物质资料来源于劳动者创造的劳动成果。近年来，有的专家反对放开二孩生育政策，原因就是小孩同样是劳动者的供养对象。人口老龄化的表现就是劳动者供养老人越来越多，据国家统计局统计，我国65岁以上老人抚养比从2001年的10.1%上升到2017年的15.9%。如果扩展到60岁以上老人，抚养比还要高。老年抚养比提高，虽然会带动老年消费，但消费增加，会导致储蓄减少和投资的减少，不利于经济增长。对于社会保险制度而言，就是缴费人数减少，领取待遇人数增加，增加收支不平衡的可能性。对于我国来说，人口老龄化率的快速增长，将加速社会保险收支的不平衡危机过早呈现，给国家经济带来一系列不利影响。

面对我国人口自然增长率的快速下降，人口老龄化的快速提高，如何更好地应对人口老龄化的挑战，适当放开生育政策限制，实行全面二孩政策是最佳选择。落实全面二孩政策，改变当前少子化矛盾，虽然会增加当期劳动者抚养负担，但将改变人口结构，不仅在一定程度上降低人口老龄化率，延缓老龄化高峰的到来，还会在我国老龄化高峰到来时，增加适龄劳动人口，降低劳动人口老年抚养比，更从容度过人口老龄化高峰。而全面二孩政策是否达到预期效果，关键是降低家庭二孩养育成本，包括适当延长育龄妇女产假时间，妇女生育期间工资薪酬按上班职工对待，儿童抚育和成长期间的衣食住行产品要得到政府税收优惠与财政补贴支持，特别是幼教成本与医疗成本要控制在正常家庭财力能承受的范围之内，形成"愿意生、养得起"的儿童成长环境。

三、社会保险制度可持续性很大程度上取决于社会保险制度的科学合理性和社会保险的可负担性

哲学中关于内因与外因的关系是这样描述的：内因是根据，外因是条件，外因通过内因而起作用。社会保险制度可持续性很大程度上取决于社会保险制度本身。这就要求建构科学、合理的社会保险制度，才能保证制度长期可持续运行。

我国社会保险制度包括养老保险、医疗保险、失业保险、工伤保险、生育保险五项，其中养老保险和医疗保险是五险中缴费与支出最高、资金规模最大、管理最复杂、与老百姓关系最密切的两项保险，如果这两项保险制度构建合理、管理体制健全、老百姓满意度高，那么社会保险制度总体运行就会平稳和可持续。而两项保险制度的完善最需要从三方面入手：处理好政府与市场关系；构建由基本保险、补充保险、商业保险构成的"三支柱"保障体系；缴费与待遇负担适当。

从社会保险制度构建如何处理好政府与市场的关系看，就是明确政府与市场的社会保险责任，把应该由政府完成的职责交给政府完成，该由市场完成的职责交给市场完成，交叉地带必须有法律法规加以明确。国际经验表明，政府包揽的高福利社会保险制度，国家将陷入"高税收—高赤字—高债务"的高福利陷阱。就"三支柱"的养老、医疗保险制度而言，政府的责任就是提供法律规范、政策支持、资金监管与基本保险的兜底。发挥市场机制的作用就是把应该由市场机制发挥作用且效率最佳的社会保险事务交给市场完成，基本保险结余资金借助资本市场投资运营，提高增值水平；企业年金、职业年金及补充医疗保险基金在遵循国家法律规范条件下，委托具有经营资质的金融中介收缴、发放与投资运营；商业养老保险、健康保险完全由具备资质的商业保险公司独立经营，政府主要提供政策支持与资金监管。发挥政府与市场"两只手"的作用，既减轻政府负担，又提高社会保险制度运行效率。

建构"三支柱"养老、医疗保障制度，可以从制度方面增强养老、医疗保障制度的可持续性。所谓"三支柱"养老、医疗保障体制，就是由基本保险、补充保险、商业保险组成的保障制度体系。养老、医疗"三支柱"保障制度之所以具有可持续性，是因为较好地解决了政府与市场的关系，政府与用人单位、职工个人三者的利益关系，是根据各国经济社会发展水平和负担各方的承受能力决定"三支柱"的组合方式。

从基本养老、医疗保险制度看，要依靠雇主与雇员共同缴费维持两项制度的基本运转，建立所有参保者缴费总额与所有领取待遇者支付总额之间的基本平衡关系，略有结余，才能维持两项保险收支可持续运转。只有在老龄化率快速提高，缴费人数快速减少、领取人数快速增加，发生基本养老保险收不抵支的情况下，才能由政府财政或国有资产处置收入弥补基本养老保险赤字，通常把政府财政弥补养老保险赤字称为"兜底"。基本医疗保险收支通常按照现收现付原则要求组织当年收支平衡，如果某年度发生赤字，就必须调整下年度医疗保险收支关系，直至收支平衡关系建立。而维持基本养老保险收支的长期平衡，找到基本养老保险缴费率与待遇支出标准间的匹配关系至关重要。一般来说，社会保险高支付标准靠高缴费率维持平衡关系，北欧高福利国家的教训证明，依靠高缴费维持高支付待遇或很全面的社保，将使国家经济陷入"高税收（缴费）—高赤字—高债务"的怪圈，不仅社会保险收支不可持续，整个国家经济体系都难以可持续发展。但是，社会保险低缴费率与低支付待遇维持平衡关系，依靠全社会的力量确保每个公民基本生活需要是社会保险制度建立的目的，而过低的支付待遇不能保障公民的基本生活需求，显然有违社会保险制度建立的初衷。可见，适度的社会保险缴费水平维持可以保障公民基本生活所需的支付待遇，是社会保险制度可持续运行的基本要求。其中基本养老保险收支长期平衡关系的建立，是整个社会保险制度可持续运行的关键。一般来说，基本养老保险缴费率不超过职工工资的20%，替代率相当于职工退休前工资的50%左右，如果因为老龄化率提高发生收不抵支情况，政府财政安排支出和补贴给予兜底。

从企业年金、职业年金制度看，保持收支的可持续性，必须按照缴费率与替代率匹配的原则，核定合理的缴费率和替代率，可以通过模型测算8%~12%的缴费率所征缴的基金，经过二三十年的投资运营，能达到多大的资金规模，能满足多高替代率企业年金支出需求，如果能达到20%~25%的替代率年金支出要求，就可以承担起应有的"第二支柱"作用。政府在建立企业年金、职业年金制度中的作用就是通过法律规范年金收支与运营；通过税收优惠与财政补贴等手段支持企业年金和职业年金的建立；通过行业年金协会和地方组合年金协会委托具有年金运营资质的金融中介进行投资运营，可以通过招投标方式签订委托投资协议，确保年金投资的安全运营，能按照既定的替代率支付职工年金待遇；建立健全年金收支与投资监管机制，确保年金安全和有效。

从商业养老保险制度看，政府允许公民个人享受定额税收优惠，购买商业保险公司养老保险产品，商业保险公司积极开发便于养老的商业养老保险产品，可以根据个人年龄、收入状况及养老需求设计多样化养老保险产品。政府可以给予适当的税收优惠，促进商业养老保险产业的发展，国家保监会制定商业养老保险监管办法，加强商业保险公司养老保险产品的监管，确保商业养老保险体系担负起养老保障"第三支柱"的作用，切实维护老百姓养老保障利益。通过养老保障"三支柱"合理搭配，发挥政府与市场在"三支柱"体系中的不同作用，满足人民对养老保障的资金需求。

四、社会保险制度与宏观经济、政府财政相互协调是其可持续性的重要特征

社会保险制度是人们规避生、老、病、残风险建立的社会共济制度，是通常由政府为主体组织与管理社会保险收支的制度安排。公民个人与家庭在市场经济就业竞争中因为经常受到生、老、病、残风险袭扰，家庭成员疾病得不到及时治疗、子女因家庭成员病残而中途辍学，而背上沉重债务包袱，陷入财政危机。因此，政府发动全社会力量，组织和安排社会保险制度，为受到不确定风险袭扰的家庭注入确定性，安全度过风险发生时期给个人与家庭带来的危机，保持社会稳定。正是社会保险制度注入的确定性，使全社会处在和谐、互济、友好的环境中，促进社会经济协调发展。但是，社会保险制度是通过雇主与雇员（个人）共同缴费建立的互济制度，其中基本保险政府负有兜底责任，就产生了政府、企业（单位）、职工缴费或补助负担问题，就产生了宏观经济与政府财政能否承担起支持社会保险制度运转顺畅的问题。

从社会保险制度与政府财政的协调性看，就是通过社会保险收支分别占财政收支的比重、社会保险财政补助占财政支出的比重，衡量社会保险收支或补助是否超过政府财政承受能力。我们通常以发达国家社会保险收支占财政收支的比重或社会保险财政补贴占政府财政支出的比重来衡量我国财政支持社会保险制度所做的努力，实际上这种判断存在不公平性，就像出生在贫富悬殊家庭的孩子所得到生活与教育的成本存在较大差别一样。发达国家市场经济搞了几百年，我国才搞了二十多年；社会保险制度搞了一百多年，我国虽然很早就建立了社会保障制度，但按照市场经济要求建立社会保险制度才二十多年，显然我们不能简单地与发达市场经济国家比。就经济发展水平而言，我国虽然跻身中等收入国家行列，但与发达国家相比还存在很大差距。我国社会保险制度还处在不断完善过程中，如养老保险制度，1997 年建立的企业职工基本养老保险制度存在"一柱独大"、缴费率过高、企业年金、商业养老保险发展缓慢、集中投资运营额不足结余资金的十分之一、监管不严等突出问题，难以胜任抵挡人口老龄化提高带来的养老保障重任。城乡居民基本养老保险制度主要依靠各级财政补贴维持运转，与城镇职工养老保险制度并轨还需要很长的发展过程。这一切说明我国社会保险制度还很不成熟，即使政府财政拿出更多的资金支持社会保险制度特别是养老保险制度运转也是不现实、不合理的。因此，将发达市场经济国家政府财政社会保险补贴支出占财政支出的比重套用到我国，是行不通的。我认为，仍然按照发展中国家社会保险财政补贴支出占政府财政支出的比重，来衡量政府财政对社会保险制度的支持比较可行。2018 年我国财政社会保障与就业支出占政府一般公共支出的比重为 12.23%，这一比重虽然大大落后于发达国家社会保障支出占政府财政支出大约 25% 的比重，但与我国经济发展水平、社会保险制度不完善状况还是基本适应的。随着我国经济发展水平进一步提高和社会保险制度更加完善，逐步加强政府财政对社会保险制度运行的支持也是必然趋势。而加强对社会保险收支与结余资金的财政管理也是社会保险制度与政府财政协调的重要内容。目前，我国政府财政主要借助社会保险收支财务会计制度、社会保险基金预算管理、收支两条线管理、结余资金投资运营管理等途径，对社会保险资金实施全过程管理，确保社会保险基金收缴、发放、投资等环节不发生违规、违法行为，保证基金的安全运行。尽管这些管理手段还存在软化、不到位等问题，但总体上处于不断完善与加强之中。

从社会保险制度与经济社会发展的协调性看，可以从数量与制度两方面加以判断：首先，从全国社会保险收入或支出总量占 GDP 的比例看，据统计，我国 2000 年社会保险基金收入 2644.9 亿元，占当年 GDP 的 2.64%；2018 年全国社会保险基金收入 79254.8 亿元，占当年 GDP 的 8.8%。这表明我国社会保险基金规模随着保险项目的健全、覆盖面的扩大、征缴力度的加强不断扩大，社会保险在国家经济社会运行的作用越来越大、地位越来越高。随着社会保险制度改革的深化，社会保险基金规模还将稳步上升，在国家经济生活中的调控功能将日益增强。其次，从社会保险制度与经济社会运行的协调性看，社会保险制度主要从养老、医疗、失业、工伤、生育等与老百姓密切相关的问题入手，建立广大群众参与、法律规范、确保基本生活需要的社会保险制度，成为国家市场经济体制建设的重要组成部分，为经济社会发展与市场经济带来的各种风险规避注入强大的确定性。社会保险制度从最初仅限于城镇国有企业职工到现在覆盖全体城镇职工及农村居民。据统计，城镇职工养老保险参保人数从 2000 年的 10447.5 万人增加到 2018 年的 30104 万人，同期领取养老保险待遇人数从 3169.9 万人增加到 11797.7 万人；失业保险参保人数从 2000 年的 10408.4 万人增加到 2018 年的 19643.5 万人，同期领取人数从 329.7 万人增加到 452.3 万人；基本医疗保险参保人数从 2000 年的 3786.9 万人增加到 2018 年的 134458.6 万人。工伤保险和生育保险参保人数均有大幅增加。而且所有社会保险项目支付标准均有较大幅度提高。企业职工基本养老保险支付待遇连续 15 年得到提高，基本医疗保险报销比例有较大提高，失业保险、工伤保险、生育保险待遇支付也有较大提高。老百姓在遇到生老病残等风险袭扰时，不再发生资金困难和家庭财政紧张的状况，生活更加从容、心理与身体更加健康。社会保险制度在经济社会运行中所发挥的保障基本生活、调节收入分配、稳定社会的功能越来越强。尽管社会保险制度还很不完善，存在不少问题，但促进经济发展与社会和谐的效应在不断释放，而且随着社会保险制度改革的深化，这方面的效应还会越来越强。

（原文发表于 2020 年第 5 期《财政科学》）

社会保障与消费关系研究

社会保障对消费的影响通过以下几方面表现出来，一方面社会保障作为政府的转移性支出，是调节收入分配格局的重要工具，可以通过增加居民的收入，尤其是提高低收入群体的收入水平，扩大低收入群体的消费；另一方面，人们的收入是否用于消费，取决于个人对未来生活的保障的期望，如果人们对未来生活有充分的保障与信心，那么当期收入用于消费的比重就会大幅提高，而人们对未来生活保障预期包括住房、子女教育、生老病残死等风险的收入保障程度的期望，很大部分属于社会保障的内容。因此，社会保障制度的完善程度和水平高低是制约人们消费的最重要因素。当前，我国经济增长主要依靠投资推动，消费疲软的主要原因是分配制度的不合理和社会保障制度的不完善，部分居民缺乏足够的消费能力和不敢消费。

一、社会保障与消费关系日益密切

社会保障支出是消费的重要组成部分，也是老、弱、病、残等社会弱势群体的收入和消费的主要资金来源。但能否构成消费的一部分，取决于社会保障资金的积累方式，如果采取部分积累或完全积累的方式，当期的社会保险基金就不能完全进入消费领域，部分被转作积累，用于职工退休后的社会保险基金发放；如果采取现收现付的方式，则当期的社会保险收入将全部进入消费领域，变为居民的消费支出。就社会保障的项目而言，只有基本养老保险基金一项需要采取部分积累或完全积累的方式，以应对老龄化高峰到来带来的养老保险支出的增加，而失业保险、基本医疗保险、工伤保险、生育保险以及城乡低保、社会救助资金均可以采取现收现付的方式，一般不需要保留结余。也就是说，只有基本养老保险基金的一部分作为积累保留下来，大部分社会保障资金均可以用于当期支付，转作消费性支出。客观上，社会保障资金性质上就是消费基金，与消费存在密切的内在联系。

从我国社会保障制度的改革进程看，社会保障资金与消费的联系日益加强。改革开放前，我国的社会保障资金虽然没有单独列出管理，但都包含在企业财务管理和行政事业单位的经费收支中。进入 20 世纪 80 年代中期，我国着手改革社会保障制度，社会保障资金逐步从企业财务管理和行政事业单位经费管理中独立出来，成为一项专门的社会性基金。但当时仅限于国有企业职工退休资金和待业保险基金社会统筹管理，资金量很小。1989 年，全国基本养老保险与失业保险基金规模仅 153.6 亿元，仅占城乡居民消费性支出不到 5%。20 世纪 90 年代，我国开始按照社会主义市场经济的要求全面系统改革社会保障制度，前期主要进行城镇企业职工基本养老保险、失业保险、基本医疗保险、工伤保险、生育保险的改革试点，1997 年以推出"社会统筹和个人账户相结合"的基本养老保险制度改革为中心，同时建立了失业保险、基本医疗保险、工伤保险、生育保险制度，陆续建立了城镇居民低保、农村低保、新型农村合作医疗、城镇居民医疗保险、社会救助等一系列社会保障制度，目前正在全国推行农村养老保险制度改革试点。至此，基本建成了覆盖全民、功能齐全的社会保障体系，使社会保障在调节收入分配、提高人民生活、稳定社会等方面发挥越来越重要的作用。社会保障支出在城乡居民消费支出中所占的比重逐年提高。2000 年全国社会保障支出（社会保险支出与财政社保支出之和）占城乡居民消费支出的比重为 5.64%，2005 年提高到 8.59%，2008 年大幅上升至 15.86%，说明社会保障支出对消费的影响越来越大。社会保障制度的健全、覆盖面的扩大、支出标准的提高，对全社会消费的撬动作用将更加明显。

二、收入分配差距过大引发公共消费风险

根据马克思社会再生产理论的观点，分配不仅是连接生产与消费的中介，还是决定消费的重要前提。分配的对象是生产的产品，生产的产品多少用于投资，多少用于消费，是分配的结果；生产的成果多少留给企业，多少分给职工，多少上交给国家，也是分配决定的；财富在地区之间、个人之间分配的多少，也是分配的结果。谁拥有收入的多少代表其所具有购买力的多少，无论是投资还是消费，最终都体现为购买力，所不同的是投资的购买的绝大部分是生产资料，而消费所购买的大多是消费资料。后者正是我们通常所说的消费。可见，分配的结果对消费起着至关重要的作用。

从当前收入分配现状看，我国收入分配格局不合理，已经成为制约居民消费和经济发展的重要因素。既有初次分配过于向政府和企业倾斜、工资制度不合理、财产性收入和非报酬性收入占比越来越高的问题，也有再分配中用于投资的比重过高、社会保障制度不完善、税收调节乏力等问题，致使再分配没有发挥应用的公平作用，加剧了当前收入分配过分悬殊的矛盾，引发了公共消费风险加大的矛盾。

当前收入分配的突出矛盾表现为：首先，居民收入相对下降。应该说，改革开放以来，随着我国经济发展，城乡居民收入呈稳定增长的态势。据统计，我国城镇居民人均可支配收入 1990—2008 年年均增长 13.15%，农村居民人均纯收入年均增长 10.73%。有人测算，1978—2007 年，我国居民消费年均增长 8.8%，其中人均收入增长贡献了 8.2 个百分点。可见，消费增长的主要原因是人均收入的增长。但是，城乡居民收入占 GDP 的比重出现较大幅度下降，这是抑制消费增长的重要原因。城镇居民人均收入占人均 GDP 的比重从 1978 年的 91.7% 下降到 2007 年的 53.4%，对城镇居民消费率的贡献为-300%。农村居民人均收入占人均 GDP 的比重从 1978 年的 35.7% 下降到 2007 年的 20.3%，对农村居民消费率的变动贡献约为-44%①，说明城乡居民人均收入水平的相对下降，制约了总体消费率的提高。

其次，收入分配差距日益拉大。

一是劳动者报酬占 GDP 的比重逐年下降，导致居民收入占国民可支配总收入的比重的逐年下降。据中国社科院课题组的相关报告，2007 年劳动者报酬占 GDP 的比重仅为 39.7%，比 1995 年下降 11.7 个百分点。企业的营业盈余占 GDP 的比重为 31.3%，比 1995 年上升 8 个百分点。城乡居民可支配收入占国民可支配总收入的比重从 1992 年的 68.35 下降到 2005 年的 59.4%，下降 8.9 个百分点。

二是城乡居民收入差距正在扩大。据统计，2008 年与 1978 年比较，城镇居民家庭人均可支配收入与农村居民家庭人均纯收入由 1∶0.39 下降到 1∶0.30，下降近 9 个百分点。也就是说，经过 30 年的改革开放，计划经济体制遗留下来的城乡差别与工农差别不但没有缩小，还有所扩大。1978—2007 年城乡居民家庭人均收入对比情况见表 2。

---

① 金山林. 我国消费需求不足原因何在［N］. 中国财经报，2009-12-15.

表2 城乡居民家庭人均收入对比情况 （单位：元）

年份	城镇居民家庭可支配收入	农村居民家庭人均纯收入	对比情况
1978	343.4	133.6	1：0.39
1990	1510.2	686.3	1：0.45
1995	4283.0	1577.7	1：0.37
2000	6280.0	2253.4	1：0.36
2005	10493.0	3254.9	1：0.31
2008	15780.8	4760.6	1：0.30

资料来源：《中国统计年鉴》（2009年）第317页。

三是不同地区之间城乡居民收入差距明显。据国家统计局的调查，2008年东部地区城镇居民家庭平均每人年收入20965.5元，中部地区14061.7元，西部地区13917元，东北地区14162元，以东部地区为100，则东部、中部、西部、东北地区城镇居民家庭人均年收入之比为100：67.07：66.38：67.55。可见，中西部及东北地区城镇居民收入差距不大，与东部地区的差距为22%～23%。2008年东部、中部、西部、东北地区农村居民家庭人均年收入之比为100：69.60：61.43：106.16。东北地区农民家庭人均年收入高于东部地区6个多百分点，中西部地区农民家庭人均年收入分别低于东部地区20.4、28.57个百分点。东、中、西、东北地区农村居民家庭人均年收入相当于城镇居民家庭人均年收入的比例分别为41.04%、42.58%、37.98%、64.49%，城乡居民收入差距最小的为东北地区，差距最大的为西部地区。2008年东、中、西、东北地区城乡居民家庭人均收入对比见表3。

四是城乡居民内部收入差距扩大。据国家统计局调查，2008年城镇居民家庭人均可支配收入，困难户3734.4元，低收入户7363.3元，中等收入户13984.2元，高收入户26250.1元，最高收入户43613.8元。困难户人均可支配收入相当于中等收入户的26.77%、高收入户的14.23%、最高收入户的8.56%。农村居民家庭年人均纯收入，低收入户1499.8元，中等收入户4203.1元，高收入户11290.2元，低收入户年人均纯收入相当于中等收入户的35.68%、高收入户的13.28%。这一状况表明，无论是城镇还是农村居民家庭的人均收入差距正在逐年扩大。

表3　2008年东、中、西、东北地区城乡居民家庭人均收入对比　（单位：元）

项目	东部地区	中部地区	西部地区	东北地区	对比（以东部地区为100）
（1）城镇居民家庭人均收入	20965.5	14061.7	13917.0	14162	100：67.07：66.38：67.55
（2）农村居民家庭人均收入对比情况	8604	5988.1	5285.8	9133.7	100：69.6：61.43：106.16
农村与城镇居民家庭人均收入之比	41.04%	42.58%	37.98%	64.49%	

资料来源：《2009年中国统计年鉴》第322页、第345页。

　　由于国民收入分配中劳动报酬占GDP的比重的下降、城乡居民收入差距、城乡居民地区收入差距、城乡居民内部收入差距均在扩大，城乡居民内部消费的差距也在扩大，高收入者难以扩大消费，最终依靠国家增加对低收入者的收入补贴和社会保障的支出，而演变为公共消费风险。政府对居民的收入补贴和社会保障支出越多，公共消费的风险就越大。一是人均消费支出占人均全部收入的比重逐年下降。据统计，城市居民家庭人均消费性支出占全部收入的比重由1990年的84.35%下降到2008年的65.87%。二是城乡居民家庭内部人均消费性支出占人均全部收入的比重存在较大差距。2008年城镇居民家庭人均消费性支出占全部收入的比重，困难户家庭为92.25%，中等收入户为68.71%，最高收入户为56.90%。可以看出，困难户家庭几乎全部的收入都用于消费，困难户全年消费支出仅相当于最高收入户消费支出的14.32%。在农村，低收入户生活消费支出占平均年总收入的69.81%，高收入户仅占46.01%，低收入户年消费支出仅相当于高收入户年消费支出的31.29%。城乡居民消费支出比重的下降和低收入群体消费能力的薄弱，说明当前消费环节已蕴藏着很大的可获得性风险，给各级政府如何刺激消费和提高低收入群体的消费能力提出了十分紧迫的要求，表明当前是各级政府运用社会保障加大对低收入群体的转移支付力度，防止公共消费风险扩散引发社会不稳定的最佳时期。

三、社会保障公共消费不足是消费预期长期居高的重要原因

　　社会保障资金从其性质上看仍是消费性资金，更重要的是因为影响人们消

费预期，而成为制约消费的重要体制因素。因此，扩大社会保障资金规模，增加社会保障支出，是扩大消费的重要渠道。但是，社会保障体系包含十分复杂的内容，一般由社会保险、社会救助、社会优抚安置、社会福利、社区建设等内容组成，而社会保险包括基本养老保险、失业保险、基本医疗保险、工伤保险和补充养老保险、补充医疗保险等内容构成。每一个分支都包括丰富的内涵。因此，如果不是在健全社会保障制度体系的基础上，扩大社会保障基金规模、增加社会保障支出，而是就社会保障的某一方面扩大支出，未必能起到降低消费预期、刺激消费的作用。

我国的社会保障制度体系虽然经过20多年的改革日趋成熟和完整，为提高和改善人民生活、扩大消费、稳定社会环境发挥了重要作用，但总体上看，仍处于建立和完善过程中，存在不少亟待解决的矛盾和问题，至少老百姓对现行社保制度心存疑虑，对自己的养老、医疗、工伤、生活困难等风险是否有保障，或者能有多大保障心里没底。

一是社会保障制度改革分块进行，缺乏系统性。我国的社会保障制度首先是在城镇进行的，而且是作为国有企业改革的配套措施提出的；后来是围绕城镇社会保障制度体系的健全展开的，包括城镇职工基本养老、失业保险、基本医疗保险、工伤保险、生育保险、城市居民最低生活保障、社会救助；再后来逐步扩展到农村社会保障制度改革，从农村新型合作医疗、农村低保、农村社会救助到处在试点阶段的农村养老保险制度改革。目前，仍是城乡分割的社会保障制度改革与运行格局，两者的统一还不是短时间内能做到的。城乡分割的社会保障制度格局在缴费依据、缴费率、待遇支付水平、政府补贴标准、低保标准等方面存在较大差距，在一定程度上固化了业已存在的城乡居民收入差距。

二是社会保障体系仍然不健全。经过20多年的社会保障制度改革，在城镇针对各种不同所有制的企业及职工建立了较完善的社会保障体系，包括基本养老保险、失业保险、基本医疗保险、工伤保险、生育保险、城乡居民低保、农村新型合作医疗、农村养老保险、社会救助、社会福利等。但是，农村养老保险制度才刚刚起步，且与城镇企业基本养老保险制度存在很大差别；行政事业单位职工社会保险制度仍未建立，而行政事业单位职工占城镇职工人数的14%还多；进城务工的农民工及其子女的社会保险制度究竟是纳入农村社会保险体系，还是区别不同情况分别纳入城镇或农村社会保险体系？加上已建立的社会保险制度存在许多不足之处，所有这些，不仅使没有参加社会保险制度的人群对自己未来的社会保险是否有保障心存疑虑，而且那些已经参加社会保险制度的个人也担心自身的社会保险利益是否会受到损害。

三是管理不善，加重了广大群众对社会保障制度的不信任。管理不善表现为管理不到位和管理制度的不完善。不仅基本养老保险隐性债务惊人，转制成本增高。基本养老保险隐性债务的产生，原因是人口老龄化的日益提高和老年人与中年人的转制成本。据世界银行测算，我国城镇企业职工基本养老保险隐生债务规模达 3 万亿，有关部门的测算还超过此数。隐性债务是威胁我国基本养老保险制度可持续发展的主要障碍，随着我国连续 6 年提高基本养老金发放标准，隐性债务的规模还在扩大。而且在中西部地区的一些地方已经出现基本养老保险当年收不抵支的情况，加上连续提高基本养老保险金发放标准，使本来不多的结余资金出现较大的下降。既有筹资渠道不畅、筹资手段软化的原因。从筹资渠道看，国家财政虽然对社会保险特别是基本养老保险补助逐年增加，但是国家财政面临建设和基本公共服务均等化等多重任务，每年都依靠扩大财政赤字和国债规模维持运转，更大力度支持社会保险基金存在困难；社会保险结余资金的投资收益，既受制于目前积累规模偏小，也受制于投资渠道限于购买国债、银行存款两条渠道，缺乏市场化运营渠道。企业缴费存在隐瞒缴费基数、拖缴和欠缴等问题，特别是部分新建企业因老龄化问题不突出而不愿意参加社保体系，即使参加了往往拖欠缴费，民营企业和私营企业隐瞒雇工人数拖欠缴费，造成社保收入的流失。个人缴费存在拿高工资按社平工资缴费，或者不愿参加社保缴费。根本原因是缴费制引发的政策多样性，缺乏严肃性和统一性，不如缴税制的规范性和强制性，而且社保缴费征管不如税务部门征管机制健全。

四是覆盖面窄。现行社会保险制度由于是按城乡分别建立的，本身就存在制度差异。因此每一项社会保险制度所覆盖的人群都是局部的，如城镇职工社会保险制度所覆盖的人群都是局部的，如城镇职工社会保险制度所覆盖的仅是城镇企业，行政事业单位并未纳入其中，而且一些外资企业、民营企业、个体工商户也未完全纳入。在农村，只有新型农村合作医疗制度和农村低保制度的覆盖面较广，农村养老保险制度还刚刚起步，覆盖面有限。据统计，2008 年城镇企业职工基本养老保险制度覆盖率为 83.75%，失业保险参加人数 12400 万人，基本医疗保险参加人数 31698 万人，工伤保险参加人数 13810 万人，生育保险参加人数 9181 万人，农村新型合作医疗覆盖率为 91.5%，农村低保人数 4284

万人。可见，在城镇社会保险制度仅覆盖到大部分企业职工，行政事业单位职工并未覆盖到；在农村社会保险制度覆盖有限，其他几项还有待提高。社会保险覆盖面偏低，意味着还有相当一部分人游离于社会保险制度之外，不能享受社会保障带来的安全感。

五是各项社会保障支付标准和待遇偏低，使城乡居民消费欲望受到抑制。无论是社会保险的支付，还是城乡低保的支付以及各项社会救助的支付，面向的主要是中低收入的人群，而且多数是生活困难的弱势群体，如果支付标准过低，势必影响这些人群的基本生活。适当提高支付标准，不仅可以提高中低收入阶层，特别是弱势群体的生活水平，也可以刺激消费，推动经济增长。

据统计，2008 年城镇企业职工基本养老保险待遇人均 13933.2 元，相当于当年城镇居民家庭人均可支配收入 15780.8 元的 88.29%，相当于城镇居民家庭人均消费支出 11242.8 元的 123.93%；失业保险待遇人均 9705.2 元，相当于城镇居民家庭人均可支配收入的 62.60%，相当于城镇居民家庭人均消费支出的 86.33%；工伤保险待遇人均 10772.5 元，相当于城镇居民家庭人均可支配收入的 68.26%，相当于城镇居民人均消费支出的 95.82%。2007 年，农村社会养老保险待遇人均 695.4 元，相当于农村居民家庭人均纯收入 4140.4 元的 16.8%，相当于农民家庭人均生活消费支出 3223.9 元的 21.57%。尽管上述社会保障待遇标准不一定都是城乡居民收入或消费的组成部分，但有些社会保险项目和低保则直接构成收入的来源和消费的保障，如基本养老保险待遇、失业保险待遇和城乡低保支出等。从上面的分析可以看出，现行的社会保障待遇和支出标准，尽管每年都在提高，但对于那些仅靠社会保障待遇维持基本生活的居民而言，待遇支付标准低于当地居民家庭人均收入的水平，甚至低于当地居民的平均消费水平，这意味着依靠社保待遇仍难以满足居民的基本生活需要。可见，社会保障制度的不健全、管理的不到位，没有给人们提供对未来收入和生活足够保障的信心，这也是消费预期长期居高的重要制度根源。

消费预期居高还可以从城乡居民收入与储蓄存款的增长中得到佐证。2000—2008 年，城乡居民人均收入从 3711.8 元提高到 9794.9 元，年均增长 12.90%，城乡居民人均储蓄存款从 5075.8 元增加到 16406.8 元，年均增长 15.80%，城乡居民人均消费支出从 3632 元增加到 8183 元，年均增长 10.69%。从城乡居民人均收入、储蓄、消费的增长速度看，储蓄增长分别超过收入增长 2.9 个百分点，高于消费增长 5.1 个百分点。而人均消费增长是 3 项指标中最低的，低于收入增长 2.2 个百分点。可见，城乡居民储蓄欲望远远超过其收入和消费的增长，反映出人们对未来的生活和收入保障缺乏足够的信心。

四、社会保障对消费结构的影响

消费结构是在一定社会生产力条件下人们在生活中所消费的各种消费资料和劳务的构成与比例关系。通常按消费者收入水平分为高、中、低收入群体消费；或按消费层次分为生存资料、发展资料、享受资料。社会保障对消费结构的影响，既受人们总体生活水平的制约，也受收入分配状况的制约。目前我国居民生活水平已达小康，说明生存资料在消费结构中的比重将逐渐降低。但是，在当前收入分配差距扩大的情况下，中低收入者的消费欲望受到抑制，特别是低收入户和困难户家庭仍停留在为自己温饱奔忙的阶段，客观上要求社会保障对低收入者和困难家庭给予更多的关注和资助，提高他们对生存资料、发展资料的购买能力，促进消费结构的升级。

目前，社会保障制度的不完善对消费结构的影响表现在以下几方面：

一是社会保障支付标准偏低，使社会保障对象购买生存资料、发展资料的能力难以提高。从社会保险的支付情况看，主要是基本养老保险、失业保险的支付标准影响居民购买消费资料的能力。2008 年城镇企业职工基本养老保险人均年支付 13933.2 元，相当于城镇居民家庭可支配收入的 88.30%，相当于城镇居民家庭人均消费支出的 123.93%，这是在连续 6 年提高基本养老保险支付标准的基础上取得的成绩。如果基本养老保险面向的主要是城镇企业离退休职工，那么失业保险、城乡低保面向的是下岗失业的职工和陷入贫困的低保家庭，他们属于真正的社会弱势群体。但是目前失业保险和城乡的低保支付标准明显偏低。2008 年城镇企业失业保险人均年支付额 9705.2 元，相当于城镇居民家庭人均可支配收入的 61.55%，相当于城镇居民家庭人均消费支出的 86.32%。也就是说，如果一个失业者将全部失业保险金用于个人消费，还赶不上人均消费水平。看城乡低保的年支付标准，根据民政部的统计，2008 年城镇居民低保人均年支付额 2733 元，仅相当于城镇居民家庭人均消费支出的 24.31%，相当于城镇居民家庭人均食品支出的 64.16%；2008 年农村居民低保人均年支付额 1210.1 元，相当于农村居民家庭人均消费支出的 33.05%，相当于农村居民家庭人均食品支出的 91.99%。也就是说，城乡居民低保年人均支出标准，不够他们购买食品的支出。显然，当前城镇职工的失业保险支出标准和城乡低保人均年支出标准，低于城乡居民人均消费支出，甚至低于购买食品的支出。这在一定程度上加大了城乡低收入者与高收入者之间的差距。

二是农村社会保障制度建立滞后于城镇，使农村消费需求难以启动。我国农村社会保障制度改革开始于 21 世纪，目前农村新型合作医疗制度和农村最低生活保障制度基本普及，而农村养老保险制度仅在全国不到 10% 的县、区试点，且目前的新农合和农村低保给付水平很有限，农村养老保险制度规定对年满 60 岁的农民由地方财政发放每月 55 元的养老金，不考虑个人账户的因素，这个支付标准也是很低的，对启动农村消费的作用十分有限。其他如五保户供养制度、教育救助、医疗救助所覆盖的人数有限。可以说，农村社保制度的建立虽然解除了农民的部分后顾之忧，但受支付标准和资金量的限制，还不能更大地启动农民的消费需求。

三是在社会保障制度改革过程中，政府与个人责任划分不清，容易产生政府责任不到位、抑制个人消费的现象。首先，在就业问题上，不仅对下岗失业人员发放的失业救济金标准偏低，不足以让失业者维持自身及家庭的基本生活需要，而且在就业培训、就业支持政策上存在补助标准偏低、政策支持不到位和优亲厚友等现象，使失业者的生活和工作难以摆脱困境。其次，在养老、医疗保险费用支付上，制度本身存在个人付费比例上升的现象，在城镇不少企业因经营不景气或破产，出现欠费、逃费、少缴费等现象，而社保机构只有等企业和个人缴费齐全才能办理发放手续，逼着职工除了缴纳个人缴费部分外，还要替企业缴齐欠费，压缩个人开支，增加储蓄，交当期消费为预期消费。目前农村农民个人的养老和医疗费用绝大部分还是个人负担，新农保和新型合作医疗制度只能承担小部分费用。最后，在子女教育和住房问题上，尽管政府在义务教育方面提供免费教育，但对于农民工子女的义务教育和超过义务教育阶段的高中、高等教育所支付的费用，不少中低收入家庭难以承受。而住房的市场化改革，虽然有部分经济适用房、两限房提供给无房户和住房困难家庭，但因为是较远的偏僻之处，即使价格较便宜也少有人问津；而目前许多城市的房价与居民家庭收入之比达到 10：1 甚至更高，远高于国际惯例 3：1～6：1 的区间。居民要买房，一般要花费半辈子或一辈子的积蓄。显然，在上述社会保障范畴的提供上，政府究竟承担什么责任，居民个人应承担什么责任，现在很模糊，结果往往是政府把责任推给个人，让个人承担更多的支出压力，而迫使个人增加储蓄，用于预期的社会保障消费。

从当前消费结构也可以看出这种影响来。首先，从不同收入阶层的城镇居民家庭消费支出构成看，彼此的差距是十分明显的：2008 年，城镇居民家庭食品的支出占全部消费支出的比重，最低收入户 48.14%，中等收入户 40.42%，高收入户 34.03%，最高收入户 29.18%，最高收入户与最低收入户相差 18.96 个百分点。居住占全部消费支出的比重，最低收入户 12.27%，中等收入户 10.25%，高收入户 10.04%，最高收入户 9.94%，最高收入户与最低收入户相差 2.33 个百分点。交通通信支出占全部消费支出的比重，最低收入户 7.62%，中等收入户 10.43%，高收入户 14.72%，最高收入户 18.48%，最高收入户超过最低收入户 10.86 个百分点。教育文化娱乐服务支出占全部消费支出的比重，最低收入户 9.36%，中等收入户 11.32%，高收入户 12.84%，最高收入户 14.67%，最高收入户超过最低收入户 5.31 个百分点。显然，在生存资料的消费中低收入户占比高，在发展和享受资料的消费中高收入户占比大大超过低收入户占比，在一定程度上反映目前的社会保障对低收入户的补贴作用不十分明显。2008 年城镇居民家庭消费支出构成见表 4。

表 4　2008 年城镇居民家庭消费支出构成（单位%）

项目	平均	最低收入户	中等收入户	高收入户	最高收入户
食品	37.89	48.14	40.42	34.03	29.18
衣着	10.37	8.78	10.99	10.38	9.80
居住	10.19	12.27	10.25	10.04	9.94
家庭设备用品及服务	6.15	4.12	5.96	6.76	7.14
医疗保健	6.99	7.15	7.24	7.03	5.89
交通通信	12.60	7.62	10.43	14.72	18.48
教育文化娱乐服务	12.08	9.36	11.32	12.84	14.67
杂项商品与服务	3.72	2.47	3.39	4.19	4.90

资料来源：《2009 年中国统计年鉴》第 320~321 页。

其次，从农村居民不同收入阶层的消费支出构成看，2008 年农村居民家庭食品支出占消费支出的比重，低收入户 38.54%，中等收入户 37.74%，高收入户 32.72%，低收入户高于高收入户 5.82 个百分点；居住占消费支出的比重，低收入户 19.20%，中等收入户 18.12%，高收入户 23.10%，高收入户高于低收入户 3.9 个百分点；家庭设备用品与服务占消费支出的比重，低收入户 5.25%，中等收入户 5.61%，高收入户 10.06%，中等收入户 10.94%，高收入户 12.67%，高收入户高于低收入户 2.61 个百分点；文教娱乐用品及服务占消费支出的比重，低收入户 8.78%，中等收入户 10.02%，高收入户 10.40%，高收入户高于低收入户 1.62 个百分点。很显然，农村收入分配差距没有城镇那么严重，但目前农村社会保障调节收入分配的作用还不十分明显。

通过上述分析，我们认为社会保障对低收入的调节，直接影响和制约消费结构的变化和升级，加大对低收入者社会保障资助力度，对促进收入公平分配、扩大消费十分重要。

五、完善社会保障制度，促进消费的若干建议

马克思曾经在论述社会再生产四个环节的关系时指出："生产表现为起点，消费表现为终点，分配和交换表现为中间环节。""在分配中，社会以一般的、居于支配地位的规定的形式，担任生产和消费之间的媒介"，深刻地阐明分配在生产与消费之间的中介地位，并在一定程度上决定消费。而分配环节是由初次分配的工资、利息、利润和地租等形式构成，以及再分配的财政、社会保障、补贴等形式构成。这些分配和再分配工具以不同的方式影响和制约消费。因此，要发挥分配环节诱导和促进消费的作用，必须综合运用各种分配工具。社会保障作为政府运用的再分配工具，对促进消费发挥重要的作用。

1. 双管齐下，才能有效促进消费

要从分配和再分配入手，才能有效启动和扩大消费，促进和扩大消费是一项巨大的系统工程，不能单纯依靠调整和扩大社会保障消费。从初次分配入手，就是调整工资，提高工资占 GDP 的比重。工资是城镇职工和农民工的主要收入来源渠道，加强对企业职工工资的调控和管理，有条件的企业实行计件工资和绩效工资，确保职工工资随企业效益的提高而提高；一些经营不太景气的企业，应实行最低工资，企业不能依靠压低职工工资扭转企业亏损。地方政府劳动部门加强对各类企业职工工资的管理，并制定工资指导线，企业最低工资以不低于当地城镇居民人均消费支出为宜。要努力确保职工工资随着企业效益和地方经济增长而增长，提高劳动报酬占 GDP 的比例。要加强对企业盈利水平的控

制，凡是依靠压低职工工资增加盈利的企业，劳动部门有权给予公告、行政处罚和经济处罚，联合工会等群众组织维护职工的权益。从再分配入手，就是财政税务部门运用税收、财政支出和社会保障手段，一方面加大对高收入者的所得税征管，抑制高收入者收入的过度增长；另一方面财政部门通过增加补贴、社会保险补助、城乡低保支出、社会救助支出等方式，增加对低收入者的收入资助力度，增强低收入者的购买能力，缓解收入分配差距过大的矛盾，实现收入分配的相对公平。只有通过工资、补贴、社会保障等分配工具的调节，确保职工和低收入者收入稳定增长，增强他们的消费能力，才能从根本上启动和促进消费的增长。

2. 健全低收入群体社会保障制度，是扩大低收入群众消费需求的重要途径

低收入群体是蕴含公共消费风险的主要对象，改善低收入群体的收入状况，增强他们的消费能力，是扩张消费、稳定社会环境的有效途径。为此，应加大对低收入群体的社会保障支持力度。一是健全城乡低保制度，适当提高低保标准。建立城乡低收入群体收入调查制度和收入统计指标体系，加强对低收入群体家庭收入的调查核实，确保城乡低保资金发放到真正困难的人群手中。建立健全的分类分层低保制度，对于有劳动能力且未达到退休年龄的低保对象，要限期脱贫，如一年，到期不能脱贫的，取消低保资格，纳入社会救助范围；而对于无劳动能力达到退休年龄的个人，凡符合农村"五保"条件的纳入五保供养范围，凡有条件领取养老金的个人纳入城乡基本养老保险范围，剩下的低保对象才能享受低保金待遇。适当提高城乡低保标准，低保标准的确定，既要考虑当地的财政承受能力，更要根据当地居民的消费水平、物价水平适时加以调整。使低保对象的基本生活得到更切实的保障，也是让低保人群分享改革发展成果的最佳途径。二是健全灾害救助、临时生活困难救助、医疗救助、教育救助等构成的社会救助体系。我国灾害发生频繁，灾害救助是社会救助的主体，包含受灾地区企业和灾民生产恢复的救助和灾民生活的救助，要根据受灾的范围和损失程度，加大灾害救助投入。凡是因灾、因病生活陷入贫困，又不能纳入低保对象的人群，均可以享受临时生活救助。可以根据救助对象的困难程度给予标准不等的一次性生活困难救助。对于低保对象和社会救助对象家庭成员患大病持续投入较大量资金的情况，由病人家属申请求助，根据所需的资金量，给予不超过最高限额的医疗救助，防止低收入困难人群因病返贫、因病致贫。同样，对这些家庭的子女完成义务教育或有条件完成高等教育的情况，给予家

庭和子女一次性或定期的教育救助，帮助其子女完成义务教育和高等教育。社会救助标准应根据当地的财政能力、贫困家庭的生活困难程度给予不超过最高限额的救助，救助标准应定期调整和提高。通过定期调整低保标准和社会救助标准，提高低收入家庭的购买能力，不仅可以改善他们的生活状况，而且可以更好地拉动消费，促进经济增长。

3. 扩大社会保障覆盖面，适当提高社会保障支付标准，发挥社会保障拉动消费的作用

我们知道，社会保障支出规模取决于社会保障的受益面和支付标准。受益面就是我们通常所说的覆盖面，现行社会保障制度虽然存在"碎片化"现象，但未覆盖的人群主要有两类：一类是还未建立相应社会保障制度的人群，如行政事业单位职工；另一类是已经建立了社会保障制度还未覆盖到的人群，如城镇企业基本养老保险制度，有部分"三资"企业、私营企业、个体户、农民工没有参与其中。要扩大覆盖面，对于第一种情况就是加紧建立行政事业单位的社会保险制度，最好与现行城镇企业职工社会保险制度对接，提高城镇社会保险制度的统一性；对于后一种情况，就是增强执法的强制性，凡是应纳入现行社会保险制度的人群，应通过行政和法律手段强制纳入。扩大覆盖面，既有利于增加社会保险征缴收入，也有利于提高社会保障制度的公平性和统一性，也是让广大群众享受党和政府对社会保障投入带来的实惠。适当提高社会保障项目的支付标准，使之与当地的经济发展、收入增长、消费水平、财政能力、物价水平保持较高的相关性，使广大社会保障对象的基本生活得到更充足的保障，增强他们的购买力，也是扩大国内消费的有效途径之一。

4. 加快农村社会保障制度改革，缩小城乡社会保障差距，扩大农村消费需求

农村是我国弱势群体比较集中的地区，要启动农村消费，必须从提高农民收入入手。加快农村社会保障制度的建立，增加农民的社会保障收入，是启动农村消费的有效途径。一是加快农村养老保险制度的普及，解决农村"老有所养"问题。将现在试点的农村养老保险制度尽快在全国推广，各地根据自身的经济发展水平和财政能力，在中央财政补助中西部地区60岁以上农村老人每月55元养老金的基础上，再适当提高养老金发放标准，要从财税政策方面鼓励农民和农村集体为农民"个人账户"多缴养老保险费，对"个人账户"基金实行"财政专户"存储，给予优惠利率的照顾，以提高农村老人养老金的发放水平，

提高老年农民的消费能力。二是完善新型农村合作医疗制度，提高各级财政对农民参加新型合作医疗的补助标准，提高农民就医的报销比例，增加对农村医疗服务的投入，扩大农民受益范围，切实解决农村"就医难、看病贵"的问题。三是建立健全以农村低保为基础的，以农村医疗救助、教育救助、法律援助、五保户供养、临时生活困难救助为内容的农村社会救助体系，并与国家扶贫政策机制相配套，建立有劳动能力的贫困家庭国家给予援助、无劳动能力的贫困家庭国家给予救助、防止脱困的家庭返贫的社会救助新机制。从制度安排上，确保农民收入有保证，促使农民购买力的稳步上升，带动农村消费的健康发展。

5. 增加社会保障财政投入，提高社会保障制度的可持续性，增强居民的消费能力

政府是社会保障的最终责任人，有义务增加对社会保障的投入，特别是在有效需求不足的条件下有必要运用赤字和增加社会保障投入刺激消费需求。一是增加对社会保险项目的财政补助支出，适当提高社会保险项目的支出标准，达到增加居民收入、扩大消费的目的。比如，我国已连续6年提高企业职工养老金支出标准，对缩小居民收入分配差距，提高城镇居民收入起到了很好的作用。今后应根据经济发展要求，继续适度提高职工基本养老金支出标准、失业救济金标准、基本医疗保险报销比例、工伤和生育保险支出标准，使社会保险支出标准的提高与居民总体收入水平提高和消费水平提高保持合理水平。二是增加必须由政府承担的社会救助支出、社会优抚安置支出、社会福利支出、社区服务支出，使总体社会保障支出增长与国家经济社会发展相适应。三是加强社会保障资金投资运营和监管，提高资金的效率和安全。建立健全社会保险结余资金投资运营机制，在完善现行国债、银行存款投资工具的条件下，探索社会保险结余资金进入资本市场运营，购买企业债券、金融债券、政府基金、适度投资股票等途径，提高资金增值水平，更好应对人口老龄化对社会保障资金的需求。建立社会保障预算，使社会保障资金收支活动受到严格的预算监督，提高社会保障预算的透明度，保证社会保障资金的安全。通过上述途径，逐步提高社会保障支出占国家财政支出的比重，使社会保障财政支出成为提高城乡居民收入和扩大消费的重要途径。

（原文发表于 2010 年第 6 期《社会保障研究》）

养老保障从收入养老向生活养老转型的研究

中国正进入老龄化快速上升阶段，养老保障问题成为政府、社会、个人普遍关注的社会问题。随着经济发展和人民收入水平提高，特别是我国正处于全面建成小康社会阶段，人民对养老保障提出了越来越高的要求，如何加快我国养老保障模式从收入养老向生活养老转型，是各级政府和社会需要认真面对的问题。本文就如何促进这一转型提出我们的一些看法，以供参考。

一、养老保障从收入养老向生活养老转型的内涵及其必要性

（一）收入养老和生活养老的界定

收入养老是指为老龄人口提供基本的经济和物质上的保障，即养老的经济保障，如让老年人获得适当的收入、医疗保障服务、住房等。生活养老是指对老年人进行物质供养和经济奉养的同时，通过为老年人提供诸如生活照料、家政服务、康复理疗、医疗保健、精神慰藉、紧急救援、社会参与、权益保障等各类养老服务，达到全面满足老年人生活需要、提升其生活质量的目的，它是收入养老与养老服务相结合的综合养老范畴，其实质是将老年人从传统的关注"老有所养"转变为更加关注"老有所乐"和"老有所为"。从现实情况来看，经济保障和物质需求仅是养老需求的一部分，而老年人对生活照料、精神慰藉等方面的需求已超过了经济供养的需求。

（二）从收入养老向生活养老转型的内在原因

经济发展、社会进步是从收入养老向生活养老转型的至关重要因素。毋庸置疑，人的生存和发展需要及其满足程度是社会发展的基本出发点。在经济发展较为落后时，经济增长与满足人们的基本生活需求是社会发展的主要目标，当经济发展到一定程度后，社会发展目标就会向如何提高生活质量和促进人的全面发展转变，即只有经济水平的提高，老年人的物质生活、精神生活、身心

健康等才能得到更为充分的满足。国际经验表明，人均 GDP 在 1000 美元以下，居民的消费主要以物质消费为主；人均 GDP 在 3000 美元左右，居民的消费进入物质消费和精神文化消费并重时期；人均 GDP 超过 5000 美元，居民的消费转向精神文化消费为主的时期。2015 年中国的人均 GDP 接近 8000 美元，中国逐渐迈入消费不断升级的时代，中国消费者将更加注重产品品质和服务体验。

随着我国社会经济的发展，特别是在全面建成小康社会的过程中，老年人生活水平必然逐步提高，老年人在物质需求得以基本满足的基础上，对精神生活的需求将会越来越强烈。老年人口是对社会和家庭做过贡献的群体，理应有权分享社会发展成果。同其他人口群体一样，在全面建成小康社会的过程中，老年人口对生活质量的追求不仅仅停留在物质生活层面，还会对精神生活提出更高的要求。

（三）从收入养老向生活养老转型的客观要求

1. 共产党执政为民理念和重视民生的客观要求

"执政为民"是中国共产党最根本、最核心的执政理念。关注民生、重视民生、保障民生和改善民生，成为一切工作的核心和出发点，体现了中国共产党执政为民、科学发展、求真务实的执政理念。老年人群体是社会的一个重要组成部分，其需求结构随着社会的进步而发生重大的变化。按照马克思的人类物质需求理论，人们对物质生活的需求可以分为生存需求、发展需求、享受需求。而且人们对美好生活日益增长的需求与生产力发展和人们的收入水平一同增长。在全面建成小康社会的进程中，作为老年人最基本需求的物质需求正在下降和弱化，教育科技的发展需求逐步得到满足，而文化和健康、精神等享受层面的需求逐渐成为老年人心里最为强烈的一种需求。政府执政不仅要巩固人民的物质需求的满足，还要更加重视人民对健康、精神、文化等方面的享受需求的满足，尽管这种健康、文化、精神的享受需求与物质形态的享受需求有一定差别，却是以物质财富极大丰富为前提的。老年人的养老需求也会随着经济发展不断丰富和发展，要求养老保障应随经济社会的发展不断充实其中的内容，通过提高养老保障水平逐步缩小人们对美好生活的需求与发展不平衡不充分的矛盾。

2. 经济发展和人民生活水平达到较高水平后人们对健康生活不断提升的要求

随着经济发展和人民生活水平的不断提高，受收入水平、身体状况、受教育程度、家庭状况等各方面因素的影响，人们对健康生活具有日益强烈的需求。

健康生活是由健康理念、健康行为、健康服务、健康保障、健康产业等多环节构成的有机整体。国家为此专门制定了《"健康中国2030"规划纲要》。老年人虽然只是总人口中的一部分，却是健康需求最强烈的人群。健康服务又是养老服务最重要的组成部分。老年人养老服务需求呈现多元化、多层次特征。老年人的服务需求不仅有家政、老年餐桌等日常生活类服务需求，还有大量的医疗康复服务需求，包括长期照料、康复、护理，以及精神文化娱乐等方面的需求。调查数据显示，老年人对家政服务和老年餐桌服务的需求的分别为33.3%和42.2%；对医疗康复类服务的需求的占比超过20%，其中58.8%的老人有健康讲座服务的需求。此外，老人对听书读报、棋牌娱乐、老年大学等文化娱乐类和社交类服务的需求的比例也超过20%。这说明老年人在基本生存需求得到满足后，对养老服务的需求的转向精神慰藉和社会参与等更高层次的需求。

3. 养老保障制度和水平不断发展的必然结果

我国自2000年进入人口老龄化社会以来，国家制定和颁布了系列的社会养老保障制度和政策。2000年国务院办公厅转发了民政部等11个部门制定的《关于加快实现社会福利社会化的意见》，主张尽快实现社会福利兴办主体的多元化、服务对象的公众化、服务内容的系列化和服务的专业化。2005年民政部出台了《关于支持社会力量兴办社会福利机构的意见》。2006年国务院办公厅转发了国家老龄办和民政部等部门《关于加快发展养老服务业的意见》，具有里程碑意义的文件是2010年我国颁布的《国民经济和社会发展的"十二五"规划纲要》，其将社会养老列入其中。2011年国务院办公厅又进一步出台了《社会养老服务体系建设规划（2011—2015年）》，其中明确"社会养老服务体系是与经济社会发展水平相适应，以满足老年人养老服务需求、提升老年人生活质量为目标，面向所有老年人，提供生活照料、康复护理、精神慰藉、紧急救援和社会参与等设施、组织、人才和技术要素形成的网络，以及配套的服务标准、运行机制和监管制度"。上述政策的实施对推动我国社会养老服务体系的建设发挥了重要作用，各级政府也越来越重视社会养老服务体系的建设，陆续出台了一系列优惠政策支持社会资本进入社会养老服务领域，使近几年我国社会养老服务体系得到长足发展。这些社会养老服务制度和政策的颁布和实施，为从收入养老向生活养老转型提供了有力的制度保证、政策契机和现实基础。

4. 人口老龄化提高对养老保障制度提出的客观要求

我国不仅是世界人口大国，也是老年人口最多的国家。截至2016年底，我国

60 岁以上老年人口已达 2.3 亿人，占总人口的 16.7%。我国人口老龄化速度快，具有数量大、增速快、高龄化、空巢化等特点。而且随着生活水平的提高及医疗卫生条件的改善，人口预期寿命更进一步上升，老龄化和高龄化现象会愈加严重（见表 5），预计 2020 年老年人口将达到 2.43 亿，2025 年将突破 3 亿，而 80 周岁的高龄老人在 2020 年将达到 3067 万人，占老年人口的 12.37%。随着人口老龄化的加速，特别是日益庞大的需要养老的高龄老年人口和失能、半失能老年人口的不断增加，单纯的收入养老难以解决老年人的养老问题，随着老年人生活照料、医疗健康、精神文化等需求的日益增强，为保证老年人的生活质量不下降，从收入养老向生活养老转型势在必行。

表 5　2008—2016 年 60 岁以上老年人口数量和比重

年份	2008	2009	2010	2011	2012	2013	2014	2015	2016
60 岁以上老人（万人）	15989	16714	17765	18499	19390	20243	21242	22200	23086
占总人口的比重（%）	12.0	12.5	13.26	13.7	14.3	14.9	15.5	16.1	16.7

数据来源：民政部《2016 年社会服务发展统计公报》。

二、当前我国养老保障制度运行的现状与问题分析

改革开放前，我国城乡养老保险制度基本上是企业职工退休金由企业发放，机关事业单位职工退休金由政府财政发放，农村老人由家庭养老。从 20 世纪 80 年代开始，我国城乡养老保障制度改革从国有企业职工基本养老保险社会统筹逐步扩大到全体城镇企业职工基本养老保险社会统筹，再延伸到农村养老保险改革；从改革初期注重建立制度和保障收入，到后来重视制度扩面和保障收入为主，再到近年来重视养老服务体系建设，初步实现从收入养老向生活养老的转型。

（一）我国养老保障制度现状：收入保障特征明显

1. 改革初期：以养老、失业保险制度改革为重点，解决国企退休和下岗职工收入保障为出发点

20 世纪 80 年代中期，为了推动全民所有制企业改革，解决大中小型全民所有制企业养老负担畸轻畸重带来的竞争不公平问题，国家开始对全民所有制企

业职工退休费用实行社会统筹试点，对市、县全民所有制企业按照"以支定收、略有结余"的原则，实行退休费统一收缴、统一发放，企业职工离退休费实行县、市级统筹管理，后来要求上升到省级统筹管理。当时，企业职工工资水平普遍较低，职工退休金的统一发放也限于保障职工基本生活需要。客观上，全民所有制企业职工退休金社会统筹机制改革，在一定程度上起到了公平划分不同类型企业之间的养老负担的作用，为大中型老企业减轻职工退休金负担、提高竞争力发挥了较好的作用。

2. 改革中期：以制度扩面、城乡普及、健全体系和收入保障水平不断提高为主要特征

进入 20 世纪 90 年代，我国经济体制改革进入攻坚阶段，党的十四届三中全会通过的《中共中央关于建立社会主义市场经济体制若干问题的决定》，把建立社会保障制度作为社会主义市场经济基本框架的五个组成部分之一，是社会主义市场经济体制的内在要素。改变了过去把社会保障作为国有企业改革的配套措施的认识，而是将其作为社会主义市场经济的重要组成部分；同时改变了过去社会保障改革单一突进的办法，采取了综合配套、整体推进的做法。不仅社会保险制度改革采取养老、失业、医疗、工伤、生育五项保险总体推进的做法，而且在城乡养老保障体系建设方面选择了城乡结合和基本保险与补充保险相结合的配套改革路径。

以养老保险制度为例，1995 年国务院下发《关于深化企业职工养老保险制度改革的通知》，决定建立"社会统筹与个人账户相结合"的制度模式，并决定在全国试点。1997 年国务院发布了《关于建立统一的企业职工养老保险制度的决定》，在全国推行统一的企业职工基本养老保险制度，按照"社会统筹与个人账户相结合"的模式运行，无论国有企业、集体企业，还是私营与个体企业，均纳入企业基本养老保险制度覆盖范围。而统一的企业职工基本养老保险制度的实施，较好地解决了不同所有制和不同类型企业在职工就业和养老方面的公平问题，有效地促进了市场公平竞争。同时，1998 年为了加强企业职工基本养老保险基金管理和调剂力度，国务院决定实行企业职工基本养老保险省级统筹和行业统筹移交地方管理。连续 12 年调整企业职工养老金发放水平，年均提高幅度前 10 年都在 10%，最近两年在 6.5% 和 5.5% 不等，主要解决经济发展和收入水平提高带来的养老金标准相对偏低的问题，确保每一个退休职工基本生活不断有所改善；还结合《社会保险费征缴暂行条例》出台之机，采取了扩大社

会保险覆盖面的措施，提高社会保险基金征缴能力和抗风险能力。建立了企业离退休人员基本养老金社会化发放机制，社会保险经办机构委托银行、邮局等机构发放养老金，社会化发放率 2002 年达到 99%。加强了社会保险基金的财务管理与监督，财政部先后出台了《企业职工基本养老保险基金财务管理办法》和会计核算办法，又与劳动社会保障部联合颁布了社会保险基金财务制度与会计制度，加强了社会保险基金收支的核算和监督，并出台了社会保险基金投资管理暂行规定和社会保险基金监管办法，提高了基金的安全性。从总体看，这一时期的社会保险制度改革是以健全制度、扩大覆盖面、保障职工基本生活为主要特征。

3. 改革深化期：以完善制度、加强管理、提高制度公平性为主要特征，养老服务被提上议事日程

进入 21 世纪，养老保险制度改革越来越重视制度的公平性和规范性，而且为迎接人口老龄化的挑战，不断创新养老保障制度功能。

一是建立农村新型养老保险制度，消除农村养老保险"短板"。多年来，由于工业化和城镇化的快速推进，农村青壮劳动力大多进入城镇和沿海地区成为建筑业、加工工业、商业服务业等领域的重要劳动力来源，农村老龄化问题日益突出。为了解决农村养老问题，2009 年国务院在全国开始农村新型养老保险制度试点，采取缴费环节由地方财政补贴，支付环节由中央财政统一补贴，2012 年基本覆盖全部农村居民。2011 年国务院启动城镇居民养老保险制度试点，采取个人定额年缴，地方政府给予缴费补贴，与个人缴费一起纳入个人账户管理，发放环节中央统一补贴，与个人账户每月发放额一起作为个人每月发放额。2014 年正式将两项保险合并为城乡居民基本养老保险制度，实现了农村养老保险与城镇居民养老保险制度的统一，形成了覆盖城乡居民的养老保险制度。虽然起点不高，但财政投入力度较大，对实现城乡养老保险制度的公平性和促进劳动力合理流动与城镇化起到了较好的作用。

二是建立行政事业单位基本养老保险制度。按照"社会统筹与个人账户相结合"的办法，建立了行政事业单位基本养老保险制度，不仅实现了城镇职工基本养老保险制度的全覆盖和相对公平，而且实现全社会城乡养老保险制度的全覆盖，为城镇职工基本养老保险制度最终并轨创造了条件。

三是先后出台企业年金和职业年金制度。尽管年金制度还不完善，但为养老保障的"三支柱"或多支柱建立创造了条件，也分散了基本养老保险的风险。

四是出台基本养老保险基金投资管理暂行办法，对养老保险结余资金投资运营机制做了合理的安排，开辟了多元投资渠道，解决了长期存在的资金闲置和不保值问题，增强了公民参与养老保险的积极性。

五是加快养老服务体系的建设。随着人们收入水平的提高，对自身养老的需求已不再满足于收入保障单一层次，而向收入保障与养老服务相结合的生活养老转变。近年来，为了应对老龄化快速提高的挑战，中央和地方各级政府越来越重视城乡养老服务体系的建设，不仅加大了对机构养老和社区养老的投入力度，而且从政策方面加强了对养老服务体系的支持，使我国养老服务体系得到较快的发展。截至 2014 年底，全国 19 个省份建立了 80 周岁以上高龄老人津贴制度，23 个省份建立了生活困难老人养老服务补贴制度，4 个省份建立了失能老人护理补贴制度，各个省份均出台了老年人社会优待政策。居家和社区养老服务加快发展，日间照料服务覆盖近 70% 的城市社区和 37% 的农村社区，各类养老机构发展到 3 万多家，床位 577.7 万张，每千名老年人拥有养老床位达到 27.2 张。2016 年底，全国享受高龄补贴的老年人 2355.4 万人，比上年增长 9.3%；享受护理补贴的老年人 40.5 万人，比上年增长 52.8%；享受养老服务补贴的老年人 282.9 万人，比上年增长 9.7%。

（二）收入保障型养老保障制度存在的问题

1. 养老保险制度功能单一，仅满足人们对收入的期望，不能满足老年人对生活照料、健康医疗、心理慰藉等多层次的需求

老人达到退休年龄以后，就要退出工作岗位，除了领取养老金没有别的收入来源。通过参加职工基本养老保险制度获得与基本生活要求相适应的养老金，保障每个职工退休以后的基本生活，是建立基本养老保险制度的初衷。20 世纪 80 年代中期开始的国有企业职工基本养老保险制度改革试点，除了解决不同类型企业之间职工养老负担不平衡的问题之外，保障退休职工基本生活也是改革的出发点。90 年代按照市场机制要求建立企业职工基本养老保险制度，覆盖面不再局限于国有企业，而是所有城镇企业，目的是公平划分企业之间的养老负担和推进市场公平竞争。无论是缴费还是支付养老金，都是以保障退休职工收入为目的，并未将提供养老服务提上议程。其实，就收入保障而言也是不足的，因为 1997 年开始的职工基本养老保险制度改革，仅对基本保险做出制度规定，没有把补充保险和商业保险作为职工退休收入保障的重要来源提出，形成退休职工收入保障来源仅靠基本保险单一渠道的格局，无疑加大了基本保险的支付

压力，一方面政府每年拿出大量资金提高基本养老金发放标准；另一方面退休职工仍感基本养老金不够维持基本生活需要。虽然 90 年代我国的老龄化问题还不突出，但单一功能的基本养老保险制度显示出本身的局限性。随着我国对外开放的加深和工业化的推进，农村劳动力大量流入沿海地区和大中城市，成为工业化推进的重要劳动力来源，农村开始出现依靠老人和妇女种田的现象，农村的空巢老人和孤寡老人的养老问题日益突出；城镇没有被企业职工养老保险制度覆盖的贫困家庭老人养老问题日益突出。即使被企业职工养老保险制度覆盖，但退休老人的生活照料、健康医疗、精神慰藉等养老服务滞后问题也很突出。也就是说，收入保障的养老保险问题尚未得到较好解决，而与收入增长和经济发展相伴而生的养老服务体系建设问题已逐渐摆到人们面前。

2. 收入保障受制于企业、个人及政府的负担能力，保障程度高必然加重企业、个人、政府负担而难以持续

建立企业职工基本养老保险制度的目的是满足职工退休以后基本生活的收入保障问题，但仅靠基本保险支撑职工退休生活是远远不够的。从保障退休职工生活角度来看，养老收入来源一般包括基本保险、补充保险（企业年金）、商业人寿保险和个人储蓄保险等"三支柱"或多支柱，但是，90 年代开始的企业职工基本养老保险制度改革仅对基本保险的缴费与待遇支付做出了规定，未对企业年金和商业保险做出相应规定，形成了基本保险"一枝独秀"的格局。由于第二、三支柱滞后，企业职工退休生活保障主要依靠基本保险支撑，尽管中央政府连续 12 年提高基本养老保险支付待遇，职工仍感养老金支付标准太低，不能满足基本生活需要。这使得基本养老保险缴费与待遇支付出现了一个怪圈：一方面基本养老保险总缴费率达到职工工资总额的 27%，其中企业缴纳 19%，使我国成为世界各国基本养老保险缴费率最高的国家之一，企业不堪重负；另一方面养老金支付连续 12 年提高标准，可是职工仍然感到太低。究其原因就是仅靠第一支柱支撑职工退休生活，第二、三支柱严重滞后，没有起到补充职工养老收入、分担养老风险压力的作用。就企业年金而言，2000 年开始试点，2004 年劳动和社会保障部颁布了《企业年金试行办法》，明确了企业年金的缴费率和税前列支的优惠政策，到 2015 年全国已经建立企业年金的企业 75000 多家，参保职工 2316 万人，约占同期企业职工人数的 7% 左右，积累资金 9525 亿元。同时，商业养老保险因为 2017 年初才出台相关政策，且起点较低，发展十分缓慢。可以看出，目前多数企业并未建立企业年金，职工养老主要依靠基本

养老保险。由于企业年金发展缓慢，企业职工养老依靠基本养老保险单一支柱，基本保险缴费率过高，挤压了企业年金的成长空间，抑制了企业年金的发展。

3. 收入保障缘于解决温饱的需求，不能适应经济发展进入全面小康社会阶段人们对生活的追求变得日益多样化

无论是 90 年代开始的企业职工基本养老保险制度改革，还是进入 21 世纪之后的较长时期，建立新型农村养老保险制度和城镇居民养老保险制度，后来合并为城乡居民基本养老保险制度，以及 2014 年在全国推行的行政事业单位基本养老保险制度，都是以收入保障作为改革的出发点。尽管这一系列改革解决了社会保险制度的覆盖面与公平性问题，但与我国经济发展与人民生活水平提高已不相适应。因为这几项养老保险制度改革的主要目的是解决人群覆盖问题和制度的相对公平性问题，也就是让所有人群都能享受养老保障，并未将生活保障作为改革目的，收入保障也大打折扣。只有连续 12 年提高企业职工基本养老保险支付待遇以及对城乡居民养老保险发放中央财政划拨的最低养老补贴后，允许地方财政根据自身财政状况增加养老金补贴，才使得两项基本养老保险制度具有收入保障的目的与功能。即使如此，企业职工基本养老保险平均支付水平仍然大大低于机关事业单位职工退休金平均水平，以至于引发企业退休职工群体上访事件。如果说收入保障是经济发展处于解决温饱阶段人们生存需要的基本要求，城乡养老保险制度把收入保障作为改革的出发点无可非议，但是我国经济发展水平已经步入中等收入国家行列，人均 GDP 已达到 8000 美元，正在向全面小康阶段迈进，显然城乡养老保险制度停留在解决温饱问题的阶段已落后于经济发展的现实。随着我国人口老龄化的快速提高，最近几年，各级政府开始重视养老服务体系建设问题，对养老机构的建设及老年人的健康医疗、饮食起居、精神慰藉等养老服务体系建设越来越重视，从资金和政策上加大支持力度，意味着我国的养老保障制度开始从过去的扩面和收入保障逐步向收入保障与养老服务相结合的生活养老转变。但这一转轨过程才刚刚开始。

4. 轻视养老服务体系建设，使我国养老保障制度不能适应人们对养老需求多元化和品质化的要求

一个国家养老保障体系应该由基本养老保险、补充养老保险、商业人寿保险、老年人社会救助、老人福利、养老服务体系等多环节、多层次养老保障制度构成。哪一个环节不到位，说明养老保障体系不完善。从目前我国养老保障体系看，基本养老保险制度形成了全覆盖，而且从收入保障角度做了许多完善，

但是其他养老保障制度才刚刚起步，很不完善，不能形成协调配套的养老保障功能，致使我国养老保障体系建设不仅滞后于经济发展和人民生活提高的要求，而且难以适应老年生活多元化和品质化的挑战。

一是补充保险、商业人寿保险、高龄失能失智老人社会救助制度发展缓慢，使老人的养老资金来源缺乏可靠保障。如果说基本保险只是退休老人养老资金的第一支柱，也是养老资金的主渠道，但作为第二支柱的补充保险和第三支柱的商业养老保险发展缓慢，也就是退休老人养老资金主要依靠基本保险提供，不仅会加大基本保险支出压力，也会导致老人生活质量下降。特别是高龄失能失智老人是老人群体中的弱势群体，需要专人护理照料，会带来较重的经济负担，如果没有专门的社会救助机制和福利制度，就会产生一系列社会问题。因此，养老保障制度中收入保障也是依靠上述几种制度的配套才能形成"多支柱"的保障体系。

二是养老服务体系发展滞后，意味着越来越多的老人养老服务需求得不到满足。养老服务体系是由机构养老、社区养老、居家养老、健康医疗、家政服务、精神慰藉等诸多环节构成，近几年在机构养老方面有较快发展，但管理混乱、服务内容单一、服务人员缺乏且素质较差，社区养老、健康医疗服务、老人家政服务、老人休闲、精神慰藉等养老服务发展非常缓慢，远远不能适应老年人对养老服务的需求。

三是与老龄化快速提高不相适应。老龄化的快速提高意味着老年人越来越多，随着人们收入水平提高，养老保障不再局限于收入保障，更多地需要内容健全、形式多样、服务规范、收费合理的养老服务。养老服务业发展缓慢，不仅影响老年人生活质量的提升，而且影响未来产业结构的升级和经济增长。

5. 公共财政对属于公共服务领域的生活养老投入不足，使养老保障模式转型缓慢

生活养老包括收入保障和养老服务体系两方面内容，无论是收入保障还是养老服务体系建设，很多内容属于应由政府承担的公共产品或准公共产品领域，尽管养老保险中基本保险和补充保险都是按照权利与义务相统一的原则由雇佣单位（企业）和个人共同缴费建立的保险制度，只有基本保险收支出现不平衡的情况时，才会要求政府财政给予补贴，保证基本养老保险收支的正常运转。而对于补充保险和商业人寿保险，政府财政主要给予政策支持，而不承担兜底责任。在养老服务体系建设中，对公立养老院建设和公私合营、公建民营、民

办养老院基础设施建设和床位及经营价格给予一定的补贴支持，对其他养老服务的经营主要通过税收和信贷优惠政策支持。近几年，各级政府财政在支持养老服务体系建设上，虽然下了不少功夫，但总体上看，不仅投入的资金量少，而且支持的范围偏窄，政策支持手段较单一，没有起到"四两拨千斤"的作用，导致养老服务体系建设发展缓慢，许多方面存在"缺位"现象。这也是我国养老保障体系生活保障功能弱化、养老服务体系不健全的重要原因。

三、若干发达国家从收入养老向生活养老转型的做法与经验

从全球范围看，发达国家更早地进入了老龄化阶段，老龄化程度也普遍高于发展中国家。据世行统计，2015 年，以 65 岁以上老年人人口占全部人口比重计算的高龄化率排名最高的是日本，高达 26.34%；意大利和希腊分别位列第二、三位；排名第四位的是德国，为 21.24%；葡萄牙、芬兰和保加利亚分列第五至七位；瑞典排名第八位，为 19.94%；美国排名第三十八位，为 14.78%。这些老龄化程度较高的发达国家普遍在完善其收入养老政策体系的基础上同时注重生活养老制度的建设，基本上已经形成了比较成熟的生活养老服务政策体系，积累了很多宝贵的经验。这里，我们主要选取了日本、德国、瑞典和美国这四个有代表性的国家，重点考察其生活养老方面的制度、政策与经验，以期为我国这一领域的改革与发展提供可资借鉴的经验。

（一）老年人生活保障的基础：收入养老

发达国家所谓的收入养老，侧重于保障退休后的老年人的收入水平没有大幅度降低，从物质上能维持健康幸福的晚年生活。很显然，为达成这一目标，一个健全的养老金制度必不可少。从日、德、瑞、美四国养老金制度运行的历史看，随着这些国家老龄化程度的不断加深，公共养老金账户都曾经面临或正面临着未来难以平衡的难题。为了解决这个问题，日本、德国、美国除了调整其公共养老金政策，如提高退休年龄、调整保险费率、增加财政支援等措施外，目前更加倾向于注重发挥企业与私人养老金的作用；而瑞典则选择了彻底改革其公共养老金制度，于 1999 年开始实行名义账户制，并且设置了名义账户自动平衡机制，即依据账户收支预测状况，及时调整计息率以使账户资产负债保持平衡。

1. 养老金制度概况

日本的养老金制度通常称为年金保险，由国民年金、厚生年金（2015 年 10

月起，原"共济年金"并入厚生年金）和企业年金三个部分组成。国民年金是全民性的，要求全部国民参加；厚生年金以雇员为保险对象；企业年金由企业自主运营。国民年金和厚生年金为公共养老金，按赔付种类可分为老龄年金（养老），残障年金（伤残赔付）和遗族年金（死亡赔付）。国民年金、厚生年金为国家直接运营的公共养老金，由厚生劳动省所属法人机构——日本年金机构（Japan Pension Service，简称"JPS"）负责管理。2015年，国民年金缴费率为定额16260日元、厚生年金缴费率为工资的17.828%，雇主和雇员各缴纳一半；最低加入年限约为25年；领取养老保险年龄国民年金为65岁，厚生年金为男性61岁、女性50岁（计划男性到2025年，女性到2030年，提高到65岁）。

德国的养老金制度亦由"三支柱"组成，包括公共养老金制度、企业养老金以及个人养老金。公共养老金的特征按职业分类，主要指"一般养老保险"（以全体雇员为对象）和"矿业从业者养老保险"（以矿业从业者为对象）。德国公共养老金的最大特点是其保险者不是国家本身，而是实行自治的"公共法人"——德国养老保险协会。就是说，德国的养老保险的管理由国家立法与社会自治管理相辅相成。养老保险的立法和制定政策权在联邦政府，全国高度统一，但具体事务由社会自治管理，全国养老保险协会统一调剂结余基金，不足部分由联邦财政调剂。2015年，养老保险缴费率为工资的18.7%，自营业者全额缴纳，有雇佣关系者雇主与雇员各缴纳一半；最低加入年限约为5年；领取养老保险年龄为65岁3个月（计划到2029年提高至67岁）。

瑞典的养老保险制度是1999年改革后的名义账户制度，由中央政府负责。对无业者和低收入群体的基本生活保障由瑞典中央政府财政负责支付，其余由保险费现收现付。瑞典养老保险制度的特点主要是：①由通过征收保险费方式运营的名义账户养老金、通过积累的方式运营的积累账户养老金以及通过国库无偿拨款方式运营的对于无业或未满最低收入者进行支付的基本生活保障养老金三部分构成。②采用了名义固定缴费制，即名义账户制。名义固定缴费制是指，以在职时缴纳的保险费为前提，把工资上涨率作为"假定投资收益率"计算出养老金总额，再除以平均余命，最后得出养老金金额。③在保险费率固定的范围内进行给付。为应对少子化等社会经济的变动导致养老金财政陷入债务过高的处境，避免等待政治上的决定而快速做出调整，引入了可以自动调整给付的"自动平衡机制"。2015年，养老金缴费率为工资的17.21%，雇主缴纳

10.21%，雇员缴纳 7.0%；最低加入年限约为 25 年；领取养老保险的年龄为 61 岁。

美国的养老金具有完备的"三支柱"特点，由联邦退休金制度、私人年金计划和个人退休金计划组成。其中联邦退休金制度是最基本的公共养老保险制度，又称作"老年、遗属和病残养老金"（Old-Age Survivors and Disability Insurance，简称"OASDI"）。OASDI 由联邦政府负责，资金来源于雇主和雇员缴纳的社会保障税，具体的养老金给付条件与标准等均由联邦政府规定。OASDI 由联邦政府社会安全（保障）总署负责制定有关法律和进行具体业务指导，具体事务由分设在全国 10 个大区的社会安全（保障）局以及分设在各县、州（市）的办公室承办。2015 年，养老保险缴费率为工资的 12.4%，自营业者全额缴纳，有雇佣关系者雇主与雇员各缴纳 6.2%；最低加入年限约为 10 年；领取养老保险年龄为 66 岁（计划到 2027 年提高至 67 岁）。

2. 收入养老情况

养老金制度是发达国家老年人收入养老的主体部分，此外，还包括老年人的劳动收入、财产收入等（参见表 6）。以老年人最终可支配收入为 100 计算，日本和美国的老年人消费支出分别达到了 122.4 和 159.5，这意味着这两个国家的老年人必须以自己年轻时积累下来的储蓄或借款维持老年后的生活。此外，日本、德国、瑞典老年人公共年金收入分别为 110.7、78.3 和 92，美国为 60.5，说明美国的老年人收入养老更倾向于依靠私人养老金等。

表6　日本、德国、瑞典、美国老年人收入养老情况

	日本（2009 年）	德国（2007 年）	瑞典（2008 年）	美国（2008 年）
最终可支配收入	100	100	100	100
总收入	115.7	118.8	—	115.2
劳动收入	8.8	6.3	—	35.0
财产收入	1.2	19.2	—	16.1
其他收入	4.4	4.2	—	0.7
社会性保障给付	101.3	89.1	—	63.4
公共养老金收入	100.7	78.3	92	60.5
利息支出	—	—	—	5.9

	日本 （2009 年）	德国 （2007 年）	瑞典 （2008 年）	美国 （2008 年）
税、保险费等支出	15.7	18.8	—	9.3
消费支出	122.4	93.1	81.4	159.5
储蓄	-22.4	6.9	18.6	-59.5

资料来源：日本ニッセイ基础研究所。

（二）老年人生活保障的质量提升：生活养老

人类文明的重大成果之一就是人均寿命的不断刷新。随着工业化、现代化、城市化、全球化、IT 化等的快速发展，人类的生产、生活方式发生了翻天覆地的变化，人们的生活变得更方便、更幸福，但同时，生育率降低、人均寿命越来越长等也带来了人口老龄化加重等负面问题，传统的单纯依靠家庭养老以及政府养老的模式已经很难满足老年人的需求，于是，各发达国家根据其自身特有的历史、文化、制度背景演化出了各不相同的社会化、市场化、产业化等生活养老模式。概括地说，日本和德国的生活养老服务是政府与市场相结合的模式，日本模式中政府的作用更大一些，而德国模式中则是市场的力量更大一些；瑞典是典型的政府主导模式，而美国则是以市场力量为主导的模式。

1. 日本和德国政府与市场相结合的生活养老模式

（1）日本的生活养老模式

按照联合国的标准，老龄化率超过 20% 就意味着进入超老龄社会。日本是全球老龄化率最高的国家，其老龄化速度非常快，从 1970 年的 7% 增加到 1994 年的 14%，仅用了 24 年时间。预计 2030 年其老龄化率将达到 31.5%，到 2050 年，日本老年人口将达到 3748 万人，老龄化率将达到 39% 左右。在这样背景下，日本政府在 20 世纪 90 年代以来特别注重从老年人的收入、医疗、护理等不同角度对老年人的生活进行保障。

①政府直接提供老年人护理服务，为老年人生活养老奠定坚实的基础

日本政府直接提供的老年人生活养老服务是非营利性的，集中在老年人生活护理方面。1997 年 12 月，日本政府颁布《护理保险法》，决定从 2000 年 4 月开始实行"护理保险制度"。护理保险制度提供的老年人护理服务包括居家护理服务和设施护理服务。

居家护理服务主要是入户提供护理，也包括老年人自行到养护中心接受护

理等。具体项目有入户护理、入浴护理、入户康复训练、居家疗养管理指导、养护中心护理、康复训练、短期生活护理、短期疗养护理、痴呆症患者共同生活护理、入住特定设施老年人生活护理等。并提供租赁或购买福利用具所需费用、住宅改造和居家护理援助等。

设施护理服务是指在政府指定的福利设施中为老年人提供的护理。这些设施主要包括特别养护老年人中心、老年人保健中心、老年人疗养中心等。这些中心都是根据老年人福利法，经过都道府县批准建立的。特别养护老年人中心入住的主要是身体或精神状况较差、生活无法自理的老年人，在特别养护老年人中心从事护理工作的工作人员都是经过专门培训的，可以为入住的老年人提供入浴、排泄、进食等护理，同时能够帮助有需要的老年人进行机体能力训练、健康管理、疗养以及其他生活方面的照料；老年人保健中心入住的主要是那些病情稳定、需要护理的老年人，保健中心有医生和护士，老年人在他们的指导下进行身体机能训练或享受日常生活照料；老年人疗养中心是护理疗养型医疗设施，是在医院或诊所单独设立的疗养病房，入住疗养病房的老年人，在医生和护士等的指导下进行机能训练，并享受其他必要的医疗服务。

日本的护理保险对象不仅包括65周岁以上的老年人，还涵盖了40~64周岁参加了医疗保险的人。当被保险人因卧床不起、痴呆等需要起居护理或需要有人帮助料理家务和日常生活时，均可得到护理服务。护理服务的财源一半来自被保险人交纳的保险费（其中65岁以上被保险人的保险费率为19%，40周岁到64周岁被保险人的保险费率为31%），另一半由政府财政负担（中央政府负担50%，都道府县政府和市町村政府各负担25%）。护理保险制度的建立减轻了老年人家庭负担，为日本老年人生活养老打下了坚实的基础。

②政府构建专门的老年人医疗保障制度，解除老年人生活养老的后顾之忧

老年人的生活养老一般会面临身体患病增加的威胁，医疗保障对老年人生活养老来说非常重要，健全的医疗保险制度和老年人医疗保障制度对老年人有着重要意义。就医疗保险制度来说，由于日本早已实行全民医保的医疗保险制度，老年人患病时能获得及时有效的医疗服务。但是，老年人的特点是医疗需求与保健需求常常相伴而生，针对这种情况，日本政府于1982年制定了《老年人保健法》，并依据该法为老年人提供医疗和保健服务一元化的医疗保障。老年人保险的经费来源主要是政府财政经费，保障对象是参加了医疗保险并年龄在70岁以上或者65~69岁卧床不起的老年人。随着日本老龄化程度的加深，老年

人医疗费支出不断膨胀。2001 年，日本老年人医疗费约 11.7 万亿日元，占全部医疗费的 37.2%。面对老年人医疗需求有增无减的增长势头，在日本财政状况极不乐观的情况下，《老年人保健法》已经很难正常运转，2002 后不得不做出修改。修改后的《老年人保健法》规定，在特定的医疗费中老年人个人要负担 10%（每月有最高限额），同时规定从 2002 年 10 月开始，用 5 年时间阶段性地提高医疗费给付年龄，逐渐把年龄从 70 岁提高到 75 岁。

③政府提供多种多样的项目，满足老年人生活养老的情感需求

在基本的物质生活得到保障的前提下，那些身体相对健康的老年人生活养老的一个重要内容就是情感需求，日本政府采取措施提供多种多样的项目满足这一需求。一是鼓励老年人参加社会活动，寻找人生价值，通过创造继续学习的环境，成立"终身学习"促进机构等，为老年人提供学习项目信息、组织开发学习项目等，支持老年人老有所学、老有所为，在老年人学有所成时还组织这些老年人参加志愿者活动等；二是鼓励老年人继续就业，使老年人老有所为，实现人生价值，满足其参与社会生活的情感需求。2005，日本政府修改了《高龄者雇用稳定法》，该法规定 2006 年 4 月以后，雇主有义务采取措施满足老年人继续就业的愿望，具体措施包括提高退休年龄（逐步提升到 65 岁）、废除退休制，对达到退休年龄仍有工作意愿的并能够继续工作的员工，雇主必须重新雇用或延长雇用合同。此外，日本政府还开办了老年人职业介绍所，为老年人再就业提供免费的服务。

④市场提供多样化、高层次的老年人生活养老服务

日本除了政府提供的老年人护理方面的生活养老服务，民间市场以老年人生活养老服务为对象，为满足老年人多样化、高层次的生活、文化需求为目标，开发了诸多面向老年人的商品和服务，形成欣欣向荣的老年人福利产业。

日本市场化的老年人生活养老产业兴起于 20 世纪 70 年代末，那时日本开始迈入人口老龄化门槛，老年人口不断增加，老年人需求也相应扩大，但是政府提供的服务却不能适时地满足老年人的生活养老需求。在这种背景下，日本政府对老年人生活养老政策进行了调整，通过提供优惠贷款利率、税收减免等政策手段鼓励民间市场力量开发老年人生活养老产业，以满足老龄社会开始带来的各种需求。目前，日本市场化的老年人生活养老产业主要包括面向老年人的住宅产业、金融产业、家政服务产业、器械用品产业、文化生活服务产业等。其中老年人住宅产业发展迅速，主要提供收费型老年人公寓、老年人集体住宅、

昼夜看护服务设施等；老年人金融产业提供老年人终身保险、护理保险、特殊医疗保险、养老金资产代管理等服务；老年人家政服务产业主要提供家务服务、保健护理、登门洗澡服务等；老年人器械用品产业包括销售疗养床、轮椅、拐杖、多功能便池等；老年人文化生活服务产业包括组织老年人旅行、创办老年人文化大学、举办各种体育健身活动等。

日本市场化老年人生活养老服务产业的兴盛离不开政府的法律与政策支持。早在1974年，日本厚生省就公布了《收费养老院设置运营指导方针》，用法律规范了相关产业标准。该项法律对养老机构的属性、设施标准、人员配置、服务标准和优惠贷款制度等都做出了明确规定，同时要求市场化的养老机构每年都必须向政府提交相关报告，接受政府监督。80年代后，日本政府创新了监督管理方式，制定了"银色标志制度"，对市场化社会养老机构、老年人产品、服务及其厂商等进行认证，为公众提供了权威、透明的信息渠道。90年代以后，日本老龄化程度加剧，瘫痪或痴呆症老年人增加，家庭护理能力严重不足，为此，日本政府制定了《推进老年人保健福利10年战略》等，进一步鼓励民间市场参与老年人生活养老产业。

（2）德国的生活养老模式

德国老龄化率全球排名第四位，人口老龄化问题相当严峻。但作为社会保障制度先行国家，德国各项社会保障制度非常健全，老年人无论是在收入保障方面还是在医疗救助方面都有切实的保障。目前针对老年人的生活养老，德国政府主要在住房和护理两个方面提供了有力的政策支持。

①住房养老政策

德国社会保障是全方位的，其中保障居民住房需求是联邦政府最重要的政策目标。首先，政府通过税收手段降低自住老年人的购房成本，如自有自用的住宅不需要缴纳不动产税，但用于出售的房地产则首先要缴纳评估价值1%到1.5%的不动产税，房屋买卖还要缴纳3.5%的交易税，这抑制了德国人投资买房的需求，为老年人购房降低了门槛。其次，以房贷固定利率机制作为稳定房价的制度保障。所谓房贷固定利率制，是指储蓄房贷利率低于市场利率且固定不变，抵押贷款固定利率期限平均为11年半，这种长期的房贷利率周期，消除了金融市场波动的影响，对房贷市场起着稳定作用。再次，政府对建房储蓄体系给予大力支持，国家对参加住房储蓄者给予奖励，对建房、购房者在缴纳个人所得税问题上采取优惠政策，同时企业给予雇员储蓄津贴。最后，对购建住房者给予补助。德国政府根据家庭人口、收入及房租支出等情况给予居民以适当补贴，保证每个家庭都能够有足够的住房支付能力。政府的住房政策使有居家养老意愿的老年人能够安心地居住在家中。一般来说，老年人更愿意在年老时继续居住在家中，在原有社区环境中生活，当身体状况不佳需要护理时，德国大部分老年人也会选择继续居住在家中而通过护理机构提供的入户护理服务满足需要。

②护理服务政策

德国 1995 年起正式推行强制性老年人护理保险。按照法律规定，本国国民必须参加护理保险。护理保险的保险费率为月收入的 1.7%，雇主和雇员各承担一半，退休人员的护理保险费由退休人员和养老保险机构共同承担，失业人员保费由国家支付。对老年人提供的护理服务一般分为三级：一级护理服务每天 90 分钟；二级护理服务每天 180 分钟；三级护理服务每天 300 分钟。特别需要的护理服务时间上可以增加 30%。目前德国需要护理的老年人有三分之二是居家养老的老年人，为这些老年人服务有专业的护理公司，他们派遣护理的人员均需经过一定培训后才可以上岗，政府有专门机构对护理服务效果进行监督。对于老年人精神慰藉方面的需求，一些民间慈善机构正在发挥作用，陪老年人聊天、谈心等服务已经开始出现，这有助于提高老年人生活养老质量。德国的养老护理制度专业化水平高，市场化运作特色明显。政府只对各类护理标准进行规范，通过立法、监督等保证了养老护理的效果，使老年人的生活养老有了可靠的保障。

2. 瑞典政府主导的生活养老模式

瑞典的社会保障制度建立在高税收基础之上，国民要负担最高 50% 的所得税以及 25% 的增值税。正所谓高负担高福利，瑞典政府在征收高税收的同时，为全体国民提供了"从摇篮到坟墓"期间的各种保障。在瑞典，子女和亲属没有赡养和照料老人的义务，赡养和照料老人完全由国家来承担。政府在提供给老年人充足养老金的基础上，主要通过建设与运营各类生活养老服务设施，提供周到的养老护理服务，实现高福利养老保障模式。

（1）市政区政府对老年人生活养老负有具体实施的责任

瑞典老年人生活养老服务工作机构由中央、省、市政区三级政府共同负责，但具体实施责任在市政区政府。省、市政区政府均配置有相应的老年人生活养老服务工作机构，专门负责老年人的健康和社会照料服务等工作。20 世纪 70 年代末期以前，瑞典老年人去养老服务设施中养老的情况比较普遍，但随着人口老龄化加剧，瑞典的养老护理服务设施供不应求，出现排队等候现象。为解决这一问题，瑞典政府在大量增加护理设施建设的同时，开始提倡居家护理方式。1982 年，《社会服务法》（*The Social Service Act*）开始实施，老年人生活养老的社会化护理服务被明确划归市政区政府负责，居家医疗护理和初级医疗护理划归省政府负责。随后的政策执行过程中，市政区和省政府之间的界限渐渐变得模糊。例如，在医院接受治疗后的老年人的护理一般很难移交给市政区政府进行社会化护理，因此，老年人在治疗后仍占据医疗病床的现象开始增多。为解决这个问题，更有效地利用医疗资源，同时为了提高老年人生活质量，1992 年瑞典进行了彻底的老年人生活养老护理服务改革。

1992 年改革的主要内容是将省政府负责的老年人医疗护理责任以及老年人生活养老护理设施等全部移交给市政区政府管理。同时规定不同护理服务设施（如服务住宅、老人疗养院等）必须根据老年人需要护理的程度分别确定入住标准。对居家或入住服务设施的老年人以及残障者的护理统一由市政区政府负责，并且在医院接受医疗服务以后的老年人（即使仍旧住在医院）的护理费用也由市政区政府负责。这次改革解决了老年患者治疗后长期占据医疗床位的问题，实现了市政区政府对老年人的生活养老责任的一元化管理。

瑞典市政区政府提供的老年人生活养老服务的费用绝大部分来自市政区财政支出，少量来自中央财政拨款，个人亦需要承担少部分费用。市政区财政大约承担了 82%~85% 的费用，这部分资金主要来自地方所得税，各市政区政府根据当地老人的数量和基本服务的花费标准来具体决定所得税税率，目前该税率约为 20%。

（2）政府护理服务的具体内容

瑞典老年人生活养老护理服务按居住地点可分为住在自己家里的居家护理服务以及住在按法律规定建立的"特别住宅"中（养老院等社会化服务设施）的设施护理服务。

居家护理服务是向老年人提供的最重要的服务方式。服务包括代购物品、家庭扫除、做饭、洗衣等几乎日常生活所需的所有内容。居家服务为 24 小时服务，即使有特别护理需要的老年人，也可以选择住在自己家里。对有特别需要的居家老人，可以在其住宅安装安全警报装置，可以提供三餐送达服务等。2006 年，为减少老年人摔倒概率，护理服务加入了代换窗帘、灯泡等内容。对残障者和老年人需要在住宅安装辅助自由移动设备的，可以领取安装补助费并且没有上限限制。居家养老的老年人只要有需要，都可以提出居家护理服务或补助申请。市政区政府根据申请者的收入、健康状况做出评估后，就申请者是否应该享受服务及补贴做出决定。具体护理服务的次数和范围根据需要确定，有的只提供一个月一次的服务，有的则提供一天数次的服务。

设施护理服务由于老年人集中度高，更容易开展。设施护理服务的设施主要是根据《社会服务法》运营的"特别住宅"。这种设施并非仅以"收容"高龄者为目的的，而是为了更好地对那些有特殊要求的老年人进行有效护理而设置的。瑞典老年人养老服务设施曾经和日本一样，根据老年人不同的健康状况设置不同的服务设施，如提供给相对健康老年人的集体住宅、收容生活不能自理的老年人的养老院以及老年痴呆症患者入住的设施等。但近年新建的"特别住宅"已不再具体针对特定类型的老年人。"特别住宅"主要由市政区政府投建，但 2006 年瑞典中右翼政党上台后，进行了引入市场化的改革尝试，委托民间运营"特别住宅"的情况开始出现。2010 年，瑞典 65 岁以上老年人中有 5.4%，约 93980 人生活在"特别住宅"中。此外，以 55 岁居民为对象，瑞典还有法律规定范围以外的一般性住宅设施，这种住宅的入住不需要市政区政府审核，入住的居民可以使用共同的厨房，得到同样居住在此的家政服务人员的 24 小时的医疗、护理服务。

3. 美国以市场为主的生活养老模式

如前所述，美国的老龄化率 2015 年全球排名第 38 位，与其他发达国家相比美国的老龄化压力稍小。根据美国人口统计局的统计数据，65 岁以上老年人口 1940 年仅约 902 万人，占全国总人口的 6.8%，1980 年约 2570 万人，比重达到 11.3%，之后一直缓慢上升，2010 年约 4027 万人，占 13%，2015 年约为 15%。目前，美国政府没有主导老年人福利政策，而是以政策为辅助将老年人生活养老问题交给了市场。

（1）政府的老年人生活养老支持措施

美国政府关注并有相关政策配套的老年人养老问题主要有两个：一是收入保障；二是护理服务。为解决这两个问题，美国出台了以高龄者收入保障等为目的的《社会保障法》《老年人法》以及"老年人医疗保险照顾计划"（Medicare）和"医疗补助计划"（Medicaid）等。

老年人医疗保险照顾计划的对象主要是年龄 65 岁以上的老年人，此外还包括一些残障人士以及晚期肾病患者，2011 年，该项计划的受益人约为 4900 万。老年人医疗保险照顾计划最初由两个部分组成。一是住院医疗保险（Part A），主要支付被保险人的住院费用，以住院医疗服务为主，也提供在家医疗、短期专业护理服务、临终关怀等；二是补充（附加）医疗保险（Part B），主要支付保险人门诊服务费及住院诊断、临床检查、外科手术、放射治疗等费用；三是医疗保险优选计划（Part C），为参加私人医疗的被保险者提供相当于 Part A 和 Part B 的服务；四是处方药计划（Part D），主要为被保险者支付处方药方面的开销。老年人医疗保险照顾计划的支出责任为联邦政府，2011 年联邦 Medicare 支出约占联邦财政总支出的 18%，约占整个 Medicare 计划支出的 40%。

医疗补助计划是针对低收入群体的医疗计划，由州政府负责，但联邦医疗照顾和医疗补助服务中心（CMS）负责制定医疗补助计划的基本政策指南，经费由州政府与联邦政府共同负担。在联邦政府制定的医疗补助计划的基本政策范围内，各州负责制定具体的给付范围、给付对象以及给付内容等。各州一般以一定的收入标准决定医疗补助计划受益对象的范围（一般以联邦制定的家庭所得贫困线的 133%~185% 为标准）。2010 年，医疗补助计划支出总额 4060 亿美元，其中联邦补助支出 2740 亿美元，占 67.5%。

（2）市场化的社区生活养老

美国市场化的社区生活养老是最重要的养老方式。老年人在养老社区里自由生活，既可以得到护理服务也能够参与社交活动，生活质量很高。美国的养老社区规模有大有小，既有地产商专门开发建设的养老社区，也有由于年轻人外迁自然形成的养老社区。养老社区对有独立生活能力的老年人来说，只需要按时支付房租和服务费用即可；那些需要生活互助的老年人可以选择互助生活区，区内可以提供老年人日常生活护理，如洗澡、穿衣、吃饭、服药提醒等，可以提供 24 小时服务；如果老年人可以半独立地生活，可以选择连续护理社区，在老年人可以独立生活时可以自由生活在社区提供的住房内，当生活出现障碍需要护理时，社区可以提供辅助生活和医疗护理服务。

养老社区除了提供给老年人护理服务，还注重通过成立老年人活动中心等方式开发其他项目给相对健康的老年人，老年人们可以享受到满足精神生活需要的各种服务。如交通和陪伴服务，老年人可以随时为出行预订交通工具，也可以选择乘坐中心的班车，有的中心还提供陪伴老年人外出服务，保证老年人的出行安全；有些社区还建有老年食堂，为老年人提供午餐，既解决了老年人的生活实际问题，又能通过这个平台传播健康营养信息，也为老年人聚会、交流提供了场所。

美国市场化的社区养老离不开政府政策的引导和支持，特别是美国政府的住房政策起到了重要的促进作用。1956 年美国住房法帮助 60 岁以上老人获得由住房管理局担保的抵押贷款，1959 年综合住房法案规定直接向老年人住房项目提供补助。具体补助方式：一是为非营利机构提供资金补助用以支付部分建设、更新或购买住房的花费，前提条件是该开发项目能让低收入老年人居住达到 40 年；二是提供房租补贴。政府的财政支持有力地促进了社区养老住宅的开发建设。1965 年，美国政府又出台政策对老年人和残障人士的住房维修、翻新与改建提供资金补助，养老社区住宅建设得到了更加有力的支持。

（三）几点经验

从日、德、瑞、美等国家从收入养老到生活养老转型的过程看，有如下几点重要经验：

1. "三支柱"或多支柱的养老保障体系是各国居民收入养老的可靠保障

收入养老是生活养老的基础。市场经济国家大多以"三支柱"的养老保障体系作为退休老人收入保障的主要来源。日本的养老金制度通常称为年金保险，由国民年金、厚生年金（2015 年 10 月起，原"共济年金"并入厚生年金）和企业年金三个部分组成。德国的养老金制度亦由"三支柱"组成，包括公共养老金制度、企业养老金以及个人养老金。美国的养老金具有完备的"三支柱"特点，由联邦退休金制度、私人年金计划和个人退休金计划组成。通过"三支柱"养老保障体系使退休老人得到足够的养老收入保障，为他们生活养老奠定坚实基础。

2. 不断完善养老服务体系，为退休老人提供内容更加全面、服务更加规范的生活养老条件

在日本，政府直接提供老年人护理服务，为老年人生活养老奠定坚实的基础；政府构建专门的老年人医疗保障制度，解除老年人生活养老的后顾之忧；政府提供多种多样的项目，满足老年人生活养老的情感需求；市场提供多样化、多层次的老年人生活养老服务。针对老年人的生活养老，德国政府主要在住房和护理两个方面提供了有力的政策支持。美国政府为老年人生活养老提供政策支持措施，市场化的社区生活养老是最重要的养老方式，养老社区除了提供给老年人护理服务，还注重通过成立老年人活动中心等方式开发其他项目给相对

健康的老年人，老年人们可以享受到满足精神生活需要的各种服务。养老服务在上述国家依靠政府和市场的力量得到较快发展，服务内容日益健全，服务方式多样。

3. 挖掘市场潜力，将市场力量引导到老年人生活养老事业中来

老年人生活养老不断增长的需求一方面需要政府提供的福利型供给，另一方面更需要市场化的高品质的产品。政府采取税收优惠、减免费用、信贷支持等特殊政策，积极鼓励、引导和规范个体私营和外资等非公有资本参与养老产业的发展。

4. 动员社会力量，使社区服务在老年人生活养老事业中发挥积极作用

鼓励社会力量开展以社区为基础的老年人生活养老服务工作，在生活照料、家政服务、康复护理、紧急救援、心理咨询等方面给予老年人帮助，形成社区型老年服务网络体系，为居家老人提供优质、便捷的服务。社区可以建立老年人活动中心，使老年人在这里可以参加各种提升自身价值与意义的文化、体育、人际交往活动。

四、实现从收入养老向生活养老转型的政策建议

（一）指导思想

发挥政府与市场两个作用，按照政府保基本、保公共服务、保困难人群的思路，加快养老保险制度改革和养老服务体系建设，在收入养老保障上建立健全基本保险、补充保险、商业保险"三支柱"的保障架构，在养老服务体系建设上建立居家养老为主、社区养老为辅、机构养老作补充、服务内容更加全面、服务制度更加规范、服务队伍更加壮大的养老服务体系。

（二）原则

1. 制度先行、政策跟进

社会养老保障的制度、法规和政策是做好养老保障工作的依据和保障。科学的政策法规体系，能明确政府、部门、组织和个人在养老工作中的职能、权限和义务，协调各方关系，规范各自行为。政府应在发展经济的基础上进一步完善社会养老保障制度和法律、政策支持体系，把老年政策纳入整个社会发展的宏观轨道，不仅针对老年人制定专门的政策，还要考虑鼓励家庭养老和制定家庭福利政策，使现有老年人供养体系不断完善，老年生活质量不断提高。

2. 轻重缓急、逐步落实

养老保障制度的改革和转型是一项宏大的系统工程，涉及政府、社会、家庭的方方面面，不能一蹴而就，必须立足具体的社会环境和实际情况，分清轻重缓急，逐步落实。一定要正确处理尽力而为与量力而行的关系，对那些条件允许、迫切需要解决的养老保障问题，要当机立断，马上进行改革和完善；对那些时机尚不成熟但亟待解决的养老保障问题，要创造条件，分阶段、分步骤地逐步解决。

3. 多元投入、形式多样

养老保障是一个复杂的社会问题，单靠一方面的力量是远远不够的，必须坚持多措并举。在"未富先老"的条件下，老年人提高生活质量必须由政府主导、社会与全民参与和支持。政府成为养老体系的政策和资源供给者，社区成为老年人社会生活的主要载体，家庭成为养老责任的主要承担者，同时合理引入其他社会力量，一起构建共同参与、多元合作的养老保障模式。要大力发展老龄服务事业和产业，集中财力加大对城乡社区养老机构和设施的投入和建设力度；鼓励吸引社会力量投资兴办不同档次的养老服务机构。唯有社会、政府、社区、家庭齐发力，方能为老年人提供充分的养老保障，真正实现老有所养、老有所依、老有所为、老有所乐，切实缓解已步入老龄化的中国社会对于养老问题的全民焦虑。

4. 明确目标、稳打稳扎

要通过深入调研和认真分析梳理，找准目前养老保障制度存在的主要问题，针对这些问题，制定切实可行的行动目标，并研究相应的解决办法，落实责任主体，强化保障措施，切实把既定目标落实好、完成好，确保养老保障制度改革的稳步推进。

（三）对策建议

1. 做好养老保障转型顶层设计，加快我国养老保障转型进程

养老保障由收入养老向生活养老转型既是经济社会发展和人民生活水平提高的要求，也是政府管理社会保障工作、体现执政为民理念的需要。做好我国城乡养老保障转型顶层设计，明确全国社会保障工作思路，把握养老保障工作主动权，稳步推进养老保障从收入养老向生活养老转型。养老领域改革要摆到国家改革总体战略中，与社会保障改革、医疗改革、人口政策、产业政策相协调；更加重视顶层设计，逐步使养老服务领域内法律、法规、规范性文件和政

策措施在纵向上相连贯、横向上相协调，逐步地打造一个脉络清晰、内容完整的养老保障体系。

一是要把养老保障转型纳入国家经济社会发展同步轨道。经济社会发展是养老保障转型的条件，没有经济社会发展，养老保障转型缺乏应有的物质基础，在解决温饱的阶段，养老保障就是满足人们温饱的需求，收入养老是最重要的；在全面建成小康社会阶段，养老保障不能停留在温饱阶段的收入养老水平，而是根据人们收入增长带来的发展需要和享受需要适时向生活养老转型，即以养老服务体系建设和健康医疗、精神慰藉等多方面、多层次生活养老需求得到满足为目标，实现城乡养老保障全面转型。

二是区分近期和中长期养老保障转型的重点，分步实施，有序推进。通过调查研究，了解近期人们最关心的养老保障工作重点和难点，根据国家经济发展要求和财力许可，从政策和资金方面采取有效措施解决养老保障工作中的重点难点问题，逐步提升我国城乡居民养老保障水平。明确中长期养老保障工作目标，分阶段推进养老保障体系建设，最终实现城乡养老保障体系的创新与转型。

三是发挥政府、市场、社会三方面力量的作用。按照公共产品理论区分养老服务建设和健康医疗建设中公共产品和准公共产品及市场调节领域，在养老服务及健康医疗的规划、基础设施建设、教育与人员培训等方面，要发挥政府政策和资金的主导作用；在准公共产品领域和市场调节领域，政府仅限于政策引导与支持，要充分发挥市场和社会力量的作用，在资金投入、经营组织等方面积极引导和支持市场和社会力量参与养老服务体系、健康医疗体系、精神抚慰体系的投入和经营，促进生活养老保障体系的健全和转型。

2. 收入养老仍然是社会保障制度改革的重点，但政府与社会应日益关注和重视生活养老

收入养老是人们生活的基础，它是满足人们丰衣足食的基本需求，如果没有基本的物质保障，就不可能有生活养老。从近期来看，收入养老仍然是社会保障制度改革的重点，应不断强化收入养老保障制度的改革和完善。但是，衣食无忧不是养老的终极目标，以物质供给来代替精神需求的做法是不可行的，因为无论任何形式的物质供给，都无法真正满足老年人的内心需求，一定物质基础上的身体心理双重健康才是老年人的真正期望。实质上，未来随着经济水平的不断提高及社会保障制度的不断完善，物质需求将不再是最主要的方面，

不少老年人完全可以依靠自身的力量来满足养老的物质方面的需求，而生活养老特别是精神需求欠缺才是我国老年人亟待解决的问题。因此，在不断提高养老物质保障的同时，政府和社会也应该更多关注和重视生活养老问题，特别是老年人的晚年精神生活。首先，要继续完善养老收入保障制度，从收入方面确保老年人养老无忧。不仅要完善现行养老保险基本保险制度，还要加快企业年金和职业年金制度的覆盖范围，促进商业人寿保险制度发展，健全老年人特别是孤寡老人、失能失智老人的最低社会保障等社会救助制度，形成"一个都不能缺"的老年人养老收入保障制度体系。同时，一方面要鼓励兴建更多养老服务设施，满足老年人的养老服务需求；另一方面，要鼓励各类民间组织、义工团体去关爱老年人，丰富他们的精神生活。最重要的是整个社会尤其是年轻一代要发扬敬老爱老的传统，常怀敬老之心、常兴爱老之风、常做助老之事。总之，只有真正地关怀和帮助老年人解决生活养老特别是精神需求问题，才能真正地让老年人感受到幸福和快乐，安享幸福愉快的晚年。

3. 建立分层次的收入养老保障机制，解除人们对养老的后顾之忧

要按照优先照顾中低收入阶层人员的养老金收入问题建立统一的多层次养老保障体系。从结构上看可将整个养老保障体系划分为基本养老保险、补充养老保险和商业养老保险三个层次。

基本养老保险由企业、单位、集体与个人共同缴费，属于法定强制保险，缴费率与替代率的确定以满足城乡居民基本生活需要为前提，由政府组织收缴与发放，当收支不平衡时，政府负责通过安排财政支出和国有资产处置收入弥补。它通常被称作"第一支柱"。

补充养老保险可以采取强制保险，由企业、单位与个人共同缴费，也可以仅由企业或单位缴费，实现完全储蓄积累制，到个人退休时按月发放，达到补充个人基本保险不足、提高个人和家庭养老生活水平的目的。它通常被称作"第二支柱"。

商业养老保险是在政府政策支持下由个人为自己养老购买的商业保险产品，完全由商业保险公司负责设计、售卖和发放，目的是使退休人员过上更加富足和高品质的退休生活。还要发挥个人储蓄保险、家庭财产收入、家庭养老的作用。它通常被称作"第三支柱"。

同时，通过政府社会福利制度解决没有参加社会养老保险制度和生活困难人群的养老保障问题。设立多层次、多品种的政府养老补贴制度，包括：完善

城市"三无"、农村"五保"老人的政府供养制度;建立高龄津贴制度;建立养老服务补贴制度,支持低收入且高龄、独居、失能等养老困难老年人入住养老机构或者接受社区、居家养老服务;建立民办公助制度,对于民办养老机构、居家养老服务设施或组织,给予建设补贴或运营补贴等,以照顾低收入老年群体,保障其基本生活。

4. 转变养老服务观念,更多从提高生活质量、区分层次角度设计和改革养老保障体系

养老保障体系应该与国家或地区的国情、区情相结合,与经济发展水平相结合,与老人的居住习惯相结合,与传统文化相结合。过去谈到养老问题,人们普遍的养老观念就是为老年人提供经济上的帮助,首先想到的就是养老金的发放水平、养老金的筹集标准以及老年人自身物质生活条件等物质保障,却很少真正有人想到老年人的精神需求。因此,要建立变管理为服务的理念,在满足老人吃饱吃好的前提下,更加关注老年人的精神文化需求,从温饱型的生活照顾向亲情型关怀转变,充分满足老人被爱、被尊重的强烈愿望,使老人身心健康、精神愉快。依据我国的客观实际和我国不同老年人的不同需求,我国需要建立多渠道、多元化、多层次的养老保障体系,最大程度地满足老年人经济供养、生活照料、精神慰藉等多方面的需求。创新养老体系的一项重要内容是要想办法让老年人有事干,除了干自己的事,还要参与到养老工作中来,让老人在干事中主动养老,而不是无所事事"被养老"。通过创新养老体系,让老年人真正达到养身、养心、养脑相统一。其次,按照收入层次建立高、中、低养老服务体系,高收入人群养老服务交给市场解决,政府主要加强监管;中等收入人群养老服务政府给予政策支持和引导,引导社会资本和力量投入养老服务体系建设,为中等收入人群提供较低廉的养老服务;为低收入人群和特困人群提供完全由政府承担的基本养老服务。从而健全居家养老为主、社区养老为辅、机构养老作补充、服务内容更加全面、服务制度更加规范、服务队伍更加壮大的养老服务体系。

5. 完善居家养老制度,加快养老服务体系建设

我国养老服务体系建设仍然要坚持"居家养老""家庭养老"为基础的方针,家庭养老是中国延续几千年的传统美德,讲究孝道是中华民族的优良传统,子女提供的养老服务和精神慰藉是任何社会机构所无法提供的。政府一方面加强国民传统美德教育,稳固家庭养老基础;另一方面积极为"居家养老"提供

服务的第三方养老机构和社区养老机构提供政策和适当的资金支持，促进居家养老、社区养老、第三方养老服务体系的发展。要以提升老年人生活和生命质量为核心理念，坚持以人为本，引导养老服务机构优先满足老年人基本服务需求，鼓励和引导相关行业积极拓展适合老年人特点的健康服务、文化娱乐、精神慰藉等服务。支持企业积极开发安全有效的康复辅具、食品药品、服装服饰等老年用品用具和服务产品，引导商场、超市、批发市场设立老年用品专区专柜。从鼓励企业创新老年产品用品、丰富功能、扩大供给、规范流通等方面下功夫，实现产品研发与满足需求对接，发展商贸流通与维护老年人消费权益结合。引导和规范商业银行、保险公司、证券公司等金融机构开发适合老年人的理财、信贷、保险等产品。

6. 政府财政支持养老保障转型，重视养老服务体系建设的政策与资金支持

近年来，中央政府在土地、税收、用水、用电等方面提出了一系列优惠扶持政策，以鼓励社会资本兴办养老机构、参与养老服务体系的建设。一些地方政府相继出台了促进社会资本投建非营利养老机构的政策，如山东省 2012 年出台了《关于加快社会养老服务体系建设的意见》，明确了养老服务设施在建设规划、土地供应、资金投入、民办公助、税费减免等方面的一系列优惠扶持政策。财政部门从 2013 年起到 2015 年，每年投入不少于 10 亿元专项资金，支持社会养老服务体系建设。对符合条件的养老机构，省级按东、中、西部地区分别给予每张床位 4500 元、5500 元、6500 元的一次性建设补助；对养老机构收住的自理、半自理和完全不能自理老年人，每人每年分别补助 360 元、600 元和 720 元；对符合条件的城市社区老年人日间照料中心，按建筑面积分别资助 25 万元、20 万元、15 万元。但由于享受这些优惠政策设置的门槛和条件相对较高、部分政府部门的认识不到位等，一些优惠和扶持政策无法落实，从而无法充分发挥这些优惠政策对社会力量兴办养老机构的扶持和激励作用。未来应进一步完善和落实政府财政扶持养老保障的各项政策，特别是对有关政策落实后养老仍然得不到保障的困难群体，要创新政府财政扶持政策，制定"特保"政策，提高标准，确保特困地区、特困群体老年生活得到切实保障。

（本文与王敏、李三秀二人合写，发表于 2018 年 7 月 10 日《中国财经报》。王敏，中国财政科学研究院研究员，研究方向为财政与社会保障；李三秀，中国财政科学研究院研究员，研究方向为财政政策与理论）

发挥人民群众在社会保障制度建设中的作用

社会保障跟我们每个人的自身利益密切相关，在整个社会保障制度的改革和建设过程中，我们每个人都是受益者，同时也是参与者。我们不是被动地接受服务，而是主动地参与制度改革。我今天讲的题目就叫如何发挥群众在社会保障制度建设和改革中的作用，副标题是以养老保险体制改革为例。为什么呢？就是我的报告里面穿插着两方面的内容。一是养老保险制度。养老保险制度在整个社会保障制度改革中占有主导地位，而且是一个特别典型的涉及每一个群众、每一个老百姓的社会保险项目，所以把它作为一个范例。二是人民群众的参与。毛泽东曾经说过，只有人民才是创造世界历史的动力。我们要重视每一个人在历史发展过程中的作用。古人也说过：水能载舟，亦能覆舟。讲的就是人民群众在整个历史发展过程中的作用。社会保障制度改革建设同样如此，需要人民群众的广泛参与。

一、充分认识人民群众在社会保障制度构建中的作用

（一）人民群众是社会保障的服务对象

社会保障制度以政府为主体来参与国民收入分配，在人民群众遇到生老病死以及自然灾害等社会风险的情况下给予一定的物质帮助。整个社会保障制度里面，主体是政府，就是说政府负责全面组织。人民群众是直接的服务对象，人民群众是整个社会保障制度的服务对象。如果没有人民群众的参与，这个社会保障制度，就不能发挥作用，或者说不能建立。社会保障里面有一条原则叫大数法则，也就是参加的人越多，这项制度抵御风险的能力就越强；参与的人越少，整个制度抵御风险的能力就越弱。也就是说我们每个人都参与，这项制度抵御风险的能力才最强。俗语说，一根筷子易折断，十根筷子折不断。社会保障制度就是这么一个道理。大家都来参与，大家都投一部分钱，然后大家都

能受益，自己在遇到生老病死的时候就能得到正常的、符合法律规定的物质帮助。为什么说是服务对象呢？因为我们社会保障制度的所有项目都是针对不同人群设置的。比如社会保险，它面向的是全体人民，但是不是一下覆盖到所有人。我们在改革过程中，社会保险不是一下就覆盖到所有人，它是不断扩展到一部分人，最后覆盖到所有人群的。比如，我们的养老保险分为企业职工养老保险、城镇居民养老保险、农村居民养老保险和事业单位养老保险，这几种养老保险都是针对不同人群设置的。这几项保险在我们的条件许可、条件成熟的情况下，要合为一个，或者说合为两个，也就是在城镇应该就是一个，城乡之间可能略有区别。对于农村和农民这一块，要与城镇完全实行一致的或者同样的养老保险制度，可能还要有一个发展过程。我们的目标是要建立城镇统一的养老保险制度。如果统一了城镇养老保险制度，双轨制就不存在了。只有推行了统一的养老保险制度，才有可能真正地实行公平的、公正的养老保险待遇。再比如，我们的社会救助，也是根据不同的人群设置的。我们的困难救助是针对低保以下困难家庭设置的。城镇居民最低生活保障制度，也是针对生活在最低生活保障线以下居民提供的一种物质帮助。

教育救助，是针对家庭子女上学存在困难提供的一种资金帮助。还有医疗救助，它是针对患有大病的个人或者家庭提供一定的资金帮助。我们不同的项目是针对不同的人群，综合起来它是面向我们广大群众的。所以在整个社会保障中，人民群众是接受服务的对象。但我们不是被动地接受，还有主动地参与。

（二）人民群众是社会保障制度的参与者

怎么参与？实际上这个参与有几种方式：一是建言献策，二是监督。所谓建言献策，是针对现有的制度，我们的老百姓每个人都有权通过正当的渠道、正当的方式把自己对现行养老保险制度的一些意见、看法告诉上级政府或上级劳动人事部门；或者说用写信的方式、座谈的形式、面对面的交流形式等跟他们交流，比如我的养老待遇低了，你们看怎么办，当然要讲得有道理，一级一级往上传达。这种参与不仅是指承担缴费义务，领取支付待遇也是参与。除了缴费和领取待遇之外，更重要的参与是要成为社会保障政策的建议者，资金安全的监督者。在整个社会保险资金的运行和管理过程中，我们有权利进行监督。

（三）人民群众是社会保障制度的积极推动者和建议者

一项社会保障政策的出台，首先要听取广大群众的意见。如果大多数群众反对，就不能出台；如果大多数或者大部分人支持，这个政策就可以出台。比如，北京市公交车票、地铁车票或者是出租车票要提价了，首先要听取大家的意见。听取意见的渠道和平台要设置得更多一些，争取让我们所有的老百姓都能参与政策的制定过程。在试点和推行过程当中，要及时地听取群众意见，发现制度存在的不足。我们所有的社保制度都有一个试点期，哪怕是正式推行的阶段，也是可以给各级政府提出完善制度的一些建议，作为下一步完善制度的参考。社会保障跟我们广大群众的利益密切相关，我们每一个人遇到的生老病死所有这些风险都跟社会保障发生关系。

（四）人民群众是社会保障制度好坏和效果的检验者

一个制度好不好，不是我们政府说了算，是人民群众说了算。比如，服务对象，就是一项社会保障制度的服务对象是否准确？服务手段是否合适？服务的力度是否到位？我们每个群众都能体会到的。在服务的过程里面，对于哪些方面存在不足或者存在不到位的地方，我们每个人都可以把自己的感受通过正常的方式反馈给各级政府、各级社保主管部门。对这个制度有意见的人多了，自然而然就要调整这项制度。如果大家都反映这项制度不好，那么这项制度肯定存在问题。如果服务力度超过国家财政所能承受的限度，也就是说财政拿不出这么多钱，大家又想提高一些标准，在这种情况下怎么办？我们要多向群众解释，群众也不会无理要求的。给大家算算账，财政的收入都干什么去了，社保方面我们只能拿出这么多钱来，就是给群众说明理由，群众不会不听解释的。只要解释清楚了，群众自然会接受政府正常的社会保障支付，不会提无理的要求。群众满意是检验一项制度好坏的重要的标准，或者说是基本的标准。因为每一个部门，都有一些数据，衣食住行我们到底需要多少钱。我们现在除了衣食住行之外，也要有一定闲暇时间的享受，比如出去游一游、玩一玩。当然，这个出去游一游、玩一玩不是社保本身能提供的，而是靠我们自己勤劳致富，自己为自己的老年生活提供一些积累。基本的生活保障应该通过社会保障来满足。

（五）人民群众是社会保障资金的监管者

这一点很重要。社保资金在运行过程中会发生什么问题？社会保障收支，包括项目去向、额度、标准等这些要通通公开在我们的媒体、网络上面，让广大群众能够及时从媒体、网络上看到这些信息；让他们了解一个地区或者整个国家的社会保障资金是怎么运行的，去向是什么，大体的结构是什么，基本标准以及一些具体政策的执行结果是什么；接受大家的监督。资金的监管有3种途径：一是内部监管。内部监管就是我们人保部门设定的监管机构通过定期和不定期的检查来规避资金运行过程中出现的各种浪费现象，通过检查发现问题，加以纠正。二是要发挥政府监管部门的作用。如审计，我们最近10年以来审计署对于社保资金的审计、对于财政资金的审计、对于项目的审计还是非常严格的，而且每一次审计都能发现大量问题。现在我们有一个词叫"审计风暴"，一谈到审计的时候，我们每个管理者，或者每个部门的领导，神经都绷得很紧，就说明这个审计对于资金运行的监管力度是很大的。三是社会监管。社会监管就是我们的新闻媒体、广大群众，还有人大代表、社会团体等这些社会力量监督社会保障资金的运行，发现制度运行里面、资金收支里面存在的一些问题，共同维护社会保障资金的安全和有效的使用，真正使社会保障资金的每一分钱都用到老百姓身上。这是我们各位以及其他广大的老百姓都可以行使的正当权利。

二、老百姓对于社会保障的关注点

社会保障跟每个人的利益密切相关，所以大家对社会保障制度非常关注。

（一）制度是否完善

一项制度的出台首先要看这项制度覆盖的人群、缴费的标准、待遇的享受、待遇的领取以及缴费时间的长短等这些因素是不是跟我们每个人所想的、所需要的基本一致。除了养老保险，还有失业保险、基本医疗保险、生育保险、工伤保险也跟我们每个人都有密切的关系。跟我们有关的这些制度，我们都可以看其在制度构建方面有没有存在问题。比如，管理措施是不是到位、管理制度是不是健全，管理机构是不是尽到了自己的责任。就是每一项制度的设计里面所讲的收费和领取，以及每一个环节怎么使用的、是不是合适，都是我们衡量制度完善的标准。但是制度完善没有一个绝对的标准。养老金标准太低了，人们基本生活不能维持，那肯定会导致民怨，最后会影响社会稳定。

（二）项目是否健全

项目齐全也有一个过程。我们国家的社会保障整体改革起步比较晚，真正改革是20世纪90年代开始的，养老保险和失业保险1997年正式开始，到现在还不到20年的时间，现在已经基本上形成了一个覆盖城乡的社会保障网络，也就是说所有的项目基本上都有了。比如，我们的养老保险尽管不统一，但是覆盖全社会所有的人群了，还有医疗、生育、工伤以及我们的城市低保、农村低保、教育救助、大病救助和农村的合作医疗等这些保险，都是最近十几年之内建立起来的。为了建立社会保障制度，政府下了很大的功夫，花了很大的精力，投入了大量的人力物力财力，用这十几年建立一个基本的框架，政府是功不可没的，各级政府都做了大量的工作。我们原来对社保都不了解，现在我们去看病、吃饭都能接触到。比如，北京市有高龄津贴，一个月100块钱，这说明政府在反复想着我们每一个老百姓，在我们遇到困难的时候尽量地让我们得到帮助、照顾和政策的优惠。现在我们项目的健全还存在一些问题，至少行政事业单位这一块是滞后的。

（三）参保是否合算

这是我们每个老百姓都会想的，我参不参保首先想到合不合算这么一个问题。从我个人来讲，我要衡量买社保合适还是存银行合适。我们现在社保每年的增值水平很低，也就是不到2%，我存银行应该一年至少拿4%~5%。从个人出资缴费的这一点来说，我可能不去购买社保。因为我们的社会保险基金和养老保险基金的投资运营这一块没有做起来，按照国家的规定我们只能存银行和购买国债，实际上各级政府真正购买国债的也不太多。但是反过来要算一下，我除了自己缴费，企业也在缴费。比如，城镇企业养老保险，企业投20%，个人投8%，如果个人的8%不投进去，企业的20%就不会给你。所以这么算起来，还是合算的。相对投资增值率低而言，这个20%的份额也比个人缴费的那一部分要大得多，也就是最后领取的养老金比缴纳的费用要多得多，所以大家一般都积极去买社会保险。

（四）缴费是否适度

我们的缴费实际上是企业交一部分、个人一部分，另外政府补贴一部分。我们现在职工养老保险个人缴纳8%，还有工伤、生育、失业，失业是个人1%，加起来大概12%。这个缴费比例是不是我们每个人都能承受？如果能承受，那我们就应该积极响应号召。参与缴纳费用不仅是为了自己取得保障，也是为了保证制度的正常运转。每个人都按照法律履行缴费义务，社会保障就能正常运转。领取的时候我们就能享受到一个更好的服务，也就是能够拿到更多的钱。如果大家都不缴费，领取的时候就不可能拿到那么多钱。你缴得越多，拿到的也就越多。因为我们养老保险里面都有个人账户，你在个人账户里面积累越多，退休的时候拿到的钱就越多。所以有些项目适当地多交一点，对于我们每个人享受服务是有好处的。当然这个缴费比例也不能过高，我个人认为，现在我们的企业缴费有点偏高，为什么这么讲？比如，养老保险，在国际上企业和个人的缴费比率一般而言不会超过 20%，就是两个加起来一般不会超过 20%，我们国家 28% 明显高于国际标准。这里面主要是我们的企业多交了一块。企业多交有一个好处，就是政府可以掌握更多的资金来应对我们的养老保险问题。反过来说，多交了之后有一个问题，就是补充的养老保险和补充的医疗保险企业承受不了。我们从合理运行的要求来看，如果我们的基本保险企业缴费能降 5 个百分点，我们的补充保险建立就有充分的余地，也就是说拿降低的 5 个百分点可以补充养老保险。对于企业来说就是建立企业年金，对于机关事业单位来说就是建立职业年金。如果企业年金能够培养起来，我们的养老就更有保障了，基本保障加上一块企业年金，这两块加起来我们的退休工资能够达到退休前工资水平的 80%~90%，也就是说基本上达到退休前的工资。如果有补充保险能够跟进的话，我们的整个社保就会出现一个良性循环的格局，我们每个人拿到的养老金可能会更多。所以缴费的高低影响整个社会保障制度的良性运行，假如我们的企业缴费比例能降下来，那么我们的社保制度就会进入一个良性循环。所以我个人认为应该建立企业年金，这样有利于整个制度的健康运转和良性循环。

（五）支付标准和待遇是否能保障基本需要

也就是说包括养老金、医疗保险的报销、失业保险金等，这些我们拿到手的社会保障服务能不能保证我们的基本生活需要。我们的社会保障的基本点就是满足大家的基本生活需要，如果我们拿到的养老金不能保证我们的基本生活需要，那说明我们的支付标准偏低。这个基本生活需要是可以算出来的，就是前面我讲的衣食住行的需求，每个城市都是有统计的，衣食住行各个方面的生活开支到底要多大。当然我们要在衣食住行以外适当地有一些机动余地。整体来讲，如果基本生活需要都不能得到保障，就说明我们的支付标准和待遇需要调整。这就是我们连续 8 年提高养老金标准的一个出发点，就是为了保障大家的基本生活需要。

（六）收缴和领取是否方便

整个社会保险都存在一个收缴和领取的问题，我们建立了由银行和邮局等发放的机制，在收缴方面我们建立了地方税务部门代征以及人保部门自己征缴双重并举的方式。也就是一部分人交到人保部门，有一部分企业通过地税部门代征。地税部门是依法规进行征收的，而且有专门的征管队伍，这个征管队伍是跟其他的地方税统一一块进入企业的，不是另外增加一个机构。假如我们的人保部门单独设立一个征管机构进入企业，等于企业又多了一个负担。现在人保部门设立的有养老金管理局、医疗保险基金管理局，如果失业保险、工伤保险、生育保险都分别设立了征管部门，这5个部门进入到企业，企业能受得了吗？采取地税代征的方式能够大大地简化征缴手续，让企业能够不应对那么多部门。就是减少征管的一些手续，实际上也节省了征管的成本，节省了管理成本，等于给财政省出一部分钱。把这些钱用于给大家提高待遇、提高支付水平，比花在管理上要合适得多。通过拿社保卡去银行和邮局领取养老金和医疗保险金也简化了很多手续，也很方便，另外也节省了一些成本。因为我们每个人都要到银行去存款，到邮局去发信件，顺便就可以领取养老金和医疗保险金。所以我们的收缴领取方不方便，实际上我们每个老百姓是真真实实能够感受到的。如果方便的话，我们就对现行的这些发放和领取办法进一步完善；如果不方便的话，我们就要对领取的手续进一步改革，直到大家感觉到方便为止。我觉得人保部门是可以做得到的，面向广大老百姓的具体服务工作都是完全可以改进的。

（七）管理是否规范

监管体系是否健全？资金在管理过程中是否会流失？从中央人保部门一直到街道社区整个的管理体系是不是健全？管理办法、管理制度是不是规范？在资金的收支过程里面手续是不是严格规范？收支管理过程里面有没有出现跑冒滴漏的地方？如果出现跑冒滴漏的地方，就说明我们的管理过程还不严密，还不规范，就有必要对管理过程进行改革和完善。我们的人保部门，还有其他相关部门如审计、财政这些监管部门对于社保资金的监管是不是都很健全？如果存在漏洞，哪方面不完善，我们每一个接受服务的人员都有权提出意见，有关部门都应该积极地把意见转交给决策机关和决策部门。我们还要发挥外部监管的作用，外部监管这一块是比较缺失的，也就是说我们社保资金的公开透明这一块现在还做得不够。比如，街道有多少人领取养老金、医疗保险金，把名字写出来公布到网上。如果公开的话，自然就能制止不遵守法律规范的人。

三、政府在社会保障建设中的主要工作

政府是提供服务的一个主体，每一级政府部门都设立了负责社会保障事务的人保部门以及承担相关职责的民政部门、卫生部门、财政部门等，这些部门在整个社会保障制度建设里面都承担一定的职责和任务。我们政府是社会保障的组织者、管理者以及责任的最后承担者。在整个过程中，政府做了大量的工作，具体有以下五项。

（一）符合城乡需求的社会保障体系得以奠定

前面讲了，我们从 1997 年开始社会保障改革，到目前为止不到 20 年，积淀了一个包括城镇企业职工养老保险、城镇居民养老保险、农村养老保险、农村合作医疗保险、城镇基本医疗保险、失业保险、工伤保险、生育保险、教育救助和医疗救助等一系列的社会保障项目，应该说是比较健全了。这个体系它是从社会保险、社会救助、社会福利以及社区服务、优抚安置这些方面建立的，应该说是越来越健全了。这些工作是我们各级政府承担和组织的。

（二）以基本保险为基础的社会保险基金的征缴和发放管理体系的建立

具体资金的收和支都是要有相应的部门来组织。比如，征缴无论是地税代征还是人保部门自己设置征管机构来征收，都有专门机构来承担这项职责，每一个项目的发放都有专门的渠道。我们的这一套征管和发放的机构的建立，对于整个社保制度的建立和管理发挥了很重要的作用。

（三）城镇职工基本养老保险社会统筹层次逐步提高

我们过去都是县市统筹，现在又上升到省级统筹。城镇职工基本养老保险这一块，理论界提出来要实现全国统筹。为什么要做这件事？刚才讲了，我们的经济发展水平地区之间非常的不平衡，地区差距非常大，西部地区如果靠自己经济发展的水平来维持它本身的社会保险资金运转可能比较困难。我们提高统筹层次和调节能力，目的就是让东部地区的社会保险资金调剂到西部地区一部分，这是社会主义大家庭的作用。如果我们不上升到全国统筹，西部地区那些贫困县，如何能做到社会保险资金的收支平衡，它们本身经济运转、社保收缴都很困难，支付无法到位。所以说要打破统筹层次过低。提高统筹层次，实际上是为了保证我们不同发展水平的地区的人民都能享受到国家统一的社会保险政策的好处，也就是让同样职业、工作年龄同样的人都能享受基本一致的社会保险服务，这就是要做到纵向公平和横向公平。如果不提高统筹层次，这是无法做到的。从社会保障来说，参与的人群越多，保险抵抗风险的能力就越强，也就是说一个省的人都参加，那么在这个省的范围内这项保险的抗风险能力就越强。如果我们停留在县市一级来抵抗风险，显然这个人群的数量很有限；如果依靠全国的人群来抵御这种风险，自然这个制度本身抗风险的能力就会更强。所以提高统筹层次也是提高社会保险抵抗风险能力的一个客观要求。所谓抗风险就是收支的平衡能力，如果收支平衡能力缺乏的话，社会保险就无法正常运转。所以提高统筹层次关系到整个社会保险收支能否健康运行、能否可持续运行。

（四）各级财政投入大量资金

政府资金的投入，保障了社会保障制度的正常运转。我这有几个数据，就是 2007—2011 年全国社会保障支出的一个基本数据。2007 年国家财政承担的社会保障合计是 5447.2 亿元，2011 年全国是 11109.4 亿元，年均增长 19.5%，这个幅度是很大的。具体的项目有财政的社会保险补助、行政事业单位离退休费用、就业补助、城市居民最低生活保障、自然灾害生活救助，还有农村最低生活保障。提升增长幅度最大的是农村的最低生活保障，由 2007 年的 109.1 亿元，增加到 2011 年的 665.5 亿元，年均增长 57.2%。当然对于社会保障这一块力度也是很大的，年均递增率是 25.4%，也就是说我们的各级财政，投入大量资金保证了社会保障制度的运转。未来随着人口老龄化的提高，各级财政投入到社会保障资金的财力还会有更大的增长，主要是人口老龄化带来的养老保险、医疗保险以及其他社会保障支出的需求会增长很快。当然，单靠财政的投入还是不够的，还有刚才讲的如国有资产要拿出一块来满足人口老龄化带来的社会保障资金需求的增加。所以我们每个老百姓要对我们的社会保障制度未来的可持续运行、可持续发展抱有充分的信心。我们一方面财政拿钱，另一方面有大量的国有资产，另外还有发行国债的工具，这些都能保证我们每个人特别是养老、医疗这方面的资金需求。当然我们需要加强管理、完善制度，管理上面不能出漏洞。社保资金的投资要做起来，但是要在法律规定的前提下去做好社保基金投资问题。

四、社保制度存在的突出问题

（一）对养老保险的认识存在误区

人们对于养老保险的认识还存在一些误区。什么误区？我们政府的有关部门对于养老保险本身存在一些错误的认识。养老保险在收费和领取之间要保持一种协调关系，也就是说要贯彻执行权利与义务统一的原则。只有在承担缴费义务的基础上，才能享受领取社会保险金的权利。如果没有履行缴费义务，是不能享受领取待遇权利的。我们过去几年为了扩大社会保险的覆盖面，把一些人的缴费标准降低了，把他们强制地纳入我们的整个社保体系。这种降低缴费的办法，实际上是没有可持续性的。扩大覆盖面是为了抵御风险，但是就像美国这样发达的国家也不是每个人都参加了社会保险的，也有很大比例的人在制度之外。所以我们没有必要用降低缴费待遇、缴费标准的办法强行地把一些人纳入制度体系，因为纳入进来了之后他们就要享受相应的服务，服务标准不能减少。因此用降低待遇、缴费标准的办法扩大覆盖面，著者个人认为是不合适的。

（二）群众参与养老保险和社会保障改革的保障措施不明确

我们社会保障资金的运行、管理缺乏应有的透明度，透明度不够人民群众就无法参与。如果我们能够提高透明度，让社会保障资金的管理制度、管理办法以及收支的具体过程都能公开透明，为接受广大群众的监督就自然提供了方便；如果我们透明度不够，让群众来参与我们的养老保险制度是无法做到的。所以关键是要把透明度提高。我们在享受有关待遇的时候，也可以给各级政府和主管部门提一些意见，对我们制度的不完善提出建议。

（三）养老保险制度碎片化较严重

我们知道养老保险的种类较多，有城镇企业职工养老保险、城镇居民养老保险、农村养老保险、事业单位养老保险。这些养老保险无论是缴费标准，还是领取待遇办法都不一样，这几项保险制度统一起来很难，我个人认为要有一个过程。养老保险的缴费办法不一样，比如，农村养老保险从 100 到 500，一年交一次；城镇居民是 100 到 1000，10 个档次里面选 1 档，一年交一次，但是城镇企业是每个月都交，按照合理的工资基数上缴。缴费办法不一样，水平不一样，这几项养老保险制度怎么统一？著者个人认为统一要有一个过程，从中长期来讲，统一城镇的养老保险可能时间会短一些，所以消除养老保险的不公平关键要统一制度，如果不统一制度，要消除这种养老保险的不公平是无法做到的。

（四）行政事业单位养老保险制度改革滞后

行政事业单位的保险到现在为止也没有建立起来，我们还按传统的财政供给退休金的办法在执行；而企业职工保险我们从 1997 年建立到现在已经 17 年了，实际上企业职工的养老保险待遇确实要比行政事业低一块。这个待遇的差别就影响小孩大学毕业之后是去企业还是去行政事业单位，进了企业之后再进机关就很难；反过来进了行政事业单位以后想到企业去也很难，这是我们人为设置了一个养老保险制度门槛，造成了一个体制的隔阂。如果我们要消除这种体制隔阂，那就要把两者的养老保险制度统一起来，而统一的前提是我们行政事业单位先把养老保险制度建立起来。只有统一了才能享受到统一的待遇，也就是缴费和待遇能够完全做到公平公正公开。

（五）与社会保险配套的相关管理制度不健全

这个问题主要表现在养老保险上。一是养老保险引进债务的弥补机制没有建立起来。我们大家都知道有一个隐性债务。什么叫隐性债务？就是我们养老保险新制度建立的时候，有老年人和中年人的问题，老年人到了60岁就不能在新制度里面履行缴费义务了，中年人也就是40~50岁的这部分人，到新制度建立以后不能履行15年的缴费义务，对于这一部分中年人来说他们也欠缴了保费，也就是按照法定缴费年限有一部分人是没有缴费的。退休以后他们要拿到的养老金是一分不能少的，怎么办？那么就有必要对这部分老年人和中年人所欠缴的养老金建立一个弥补机制，这个弥补机制怎么建立？就是刚才讲的财政拿一点，国有资产补一点，其他方式筹建一点，成立一个弥补机制，真正用于老年人、中年人的养老保险债务的补偿。这个老年人、中年人的债务在我们国家是一个很大的数目，有人测算，就城镇企业这一块未来30年大概需要弥补5万亿到11万亿，如果把行政事业算进去数额要更大。如果我们建立了一个弥补机制，就能保证养老保险在真正需要支的时候不发生支付危机；如果我们支付的时候拿不出钱来，那么养老保险制度就无法持续，整个制度就得解体。所以著者觉得如果我们把养老保险的隐性债务机制、弥补机制建立起来了，就能够保障养老保险正常地可持续地运行下去。二是养老保险投资运行机制没有真正建立起来。这影响了我们每个人参保的积极性，为什么？我们现在养老保险基金的增值率不到2%，连活期存款的利率都不到。如果我们的投资运行这一块建立起来，那么对于我们未来人口老龄化带来的养老保险基金支付的需求就能得到满足；如果我们依靠投资，就是提高投资回报率、提高增值率，对于我们应付人口老龄化的养老保险资金的需求就有很大的支持和支撑。我们算一下，现在城镇企业职工养老保险结余资金是2万亿，如果提高1%，1%至少是200亿；如果投资运行机制建立起来，很可能要提高到5%，提高3个百分点，也就是600亿，光企业这一块可以每年增加600亿的收入，600亿可以减轻财政的很大负担，而且对于我们未来养老金的支付有很大的保障。我们知道社保理事会承担社会保障的储备资金，它的储备资金现在大概是1万亿，它的平均增值率是多少？年回报率8%。我们的养老保险这一块还不到2%，如果能达到8%，我们是不是有更多的积极性来买社保，参与到社保里面来。所以我们建立一个更规范、回报率更高、更有效的投资运行机制，对于社保的健康可持续运行是一个很重要的保障。

（六）补充养老保险和商业人寿保险发展缓慢

前面讲了由于基本养老保险这一块缴费率过高，所以现在企业设立企业年金的积极性很低，企业负担太重，它不可能拿出更多的钱来购买补充养老保险。如果使企业年金得到健康的发展，我们每个人的养老保险的保障水平就能更高，至少提高20%。商业人寿保险这一块是我们个人为自己养老购买的人寿保险，而主要是我们对于人寿保险的税收优惠和信贷优惠政策还不到位，使得人寿保险这一块发展得也不是很快。这几块如果发展好了，对于未来人口老龄化带来的养老保险的需求就是一个有力的支持。我们的整个养老保险体系是由基本保险、补充保险和个人购买的人寿保险三块来支撑的，后面两块支撑缺失了，第一个基本保险来应对人口老龄化带来的养老保险需求是难以支撑的，只有把补充保险和人寿保险都培养起来，我们的养老保险才更有保障。所以我们从现在开始要把人寿保险和企业年金好好地培养起来，使其成为一个支持力量。

五、推进社会保障制度的改革和完善

一是要依靠人民群众。推进社会保障建设，使社会保障制度成为促民需、解民急、顺民意、财力可的制度体系。什么叫促民需？我们的社会保障体系健全了，我们的保障水平到位了，补充保险和商业人寿保险这一块跟进了，我们的保障能力也就提高了。顺民意，整个社保体系的建设就是一个顺民意的制度工具。如果我们的社保制度不健全，那就是对我们老百姓的社保服务还不到位。健全社保制度，让每一个人都能感受到社保服务的温暖，那就能够使我们广大群众对社保体系更加满意。财力可，财力确实是一个问题，我们对于社会保障资金的需求，可以说是无限的，越多越好。反过来说这是不可能的。为什么不可能？国家财政每年有正常的发展社会事业的任务，有正常的国家机器运转的需求，有正常的国防建设的要求。所以它只能在财力许可的前提下满足社会保障需求，就是讲量力而行的问题。二是要提高社会保障收支管理运行的透明度。

接受广大群众对于社会保障资金运行的监督。三是要端正认识。切实按照养老保险制度的规定办事，就是按权利和义务对称的原则来组织养老保险资金的运行。四是要建立行政事业单位统一的基本养老保险制度。行政事业单位养老保险制度建立起来了，才有可能和企业的基本养老保险制度接轨，才有可能解决养老保险制度的不公平问题。五是要完善现行的农村养老保险制度和城镇居民养老保险制度。提高定额养老金的标准，同时要增加个人账户的积累，只有这样才能保障我们未来的农村居民、城镇居民养老保险资金的需求和待遇不断提高，解决我们农村和城镇居民的养老问题。六是要解决农民工的养老保险分流问题。

（原文发表于 2013 年 9 月 17 日宣讲家网）

社会保障风险与财政风险的关联与规避

社会保障风险与财政风险的关联与规避问题，风险存在于所有的领域，包括生活方面，如经济的风险、自然的风险。但是对于社会保障而言，就目前来看我国的社会保障风险的确比较严峻，所以我们选这个题目来探讨是有紧迫性的。

一、社会保障风险

著者个人认为社会保障资金需求的扩张性和资金供给的有限性在一定时期内无法达到平衡，而这种不平衡带来的隐患不断增大，导致社会保障制度的运行不可持续，也就是任其发展下去的话，可能社会保障制度就运行不下去，甚至会破产或者停止运转。若出现这种情况，我们社会保障对象的利益就会受到直接的损害。既然这个风险我们能够预期到，在风险还不是很严重之前，我们就要事先做好准备和防范，使得短期内爆发的风险在长期准备下降下来，尽可能小地发展。

我们现在的社会保障风险跟我们的财政收支紧密相关，如果社会保障收支出现问题，那会转移给财政成为财政一个重要的风险源，也就是未来我们国家财政收支不平衡最大的一个隐患或者风险源是社会保障。社会保障风险的规避一方面要靠社会保障制度的完善和调整，另一方面要通过调整财政支出的结构来满足社会保障资金的需要，但是一旦它转变为财政风险的时候我们要预先做出准备和防范。所以，我们必须弄清楚划分社会保障风险的渠道、转嫁的机制，只有弄清楚了才有可能采取预先防范的措施。

首先讲一讲社会保障风险概念的辨析。我们的社会保障资金管理风险包括这么几个部分，主要一部分是社会保险，这是社会保障资金的一个主体。我们把我国社会保险资金跟社会保障资金的关系以及国外社会保险资金跟社会保障资金的关系做过数量性分析，大概要占到 60%、70% 甚至更大一定的比例，风险最大的还是社会保险这一块。另外有一部分是社会救助，社会救助目前在我们国家是一个体系，而不是一个保障项目是由若干个保障项目构成的，比如，城市居民最低生活保障它是社会救助的范畴，还有农村最低生活保障，还有教育救助、医疗救助、法律援助、自然灾害发生后对生活和生产的救助、农村五保户供养等都是社会救护的范畴。还有社会福利，这是目前我们国家研究相对滞后的一个领域，管理比较分散，从社会福利构成上看有老人福利、儿童福利、残疾人福利等。现在也有人把住房保障作为社会保障的新领域，还有就是优抚安置，主要是对于军队和军人而言。社会保障主要是以上分类，也有把社区服务纳入社会保障的范畴的，但社区服务更多的是一种服务，它有一定的收入，与社会保障单纯的供给有差别。社区服务对社会保障的影响是非常大的，比如，我们现在搞医疗卫生这一块，就强调要把社区卫生院、医疗卫生设施放在社区医疗点的建设上，另外社区也是作为社会保障基础管理工作最重要的一个环节，社会保障资金的收缴和发放都可能主要借助社区这个平台来运作。

目前我国的社会保障资金是在政府集中管理下由独立的社会保障经办机构具体实施的，那么社会保障资金管理形成了两层的委托代理关系，第一层是基金的实际所有者即社保对象、广大的受益者与地方政府的委托代理关系，社会保障很大程度是由地方政府来实施的；第二层是地方政府与社会保障经办机构之间的委托代理关系。在我们社会保险里面专门设置了社会保险的经办机构，民政管理的社会救助，也设置了民政管理员，也是一种委托代理关系。社会保障资金管理关系实质上是一种法律强制下的新型的委托代理关系，那么这种关系体现行政权力，代理方和委托方的权利并不是平等的，容易造成代理方受损。社会保障资金的监管就是要消除管理关系中存在的风险和不平等，达到相互之间的一种协调配合。那么社会保障资金的风险就是社会保障资金在收缴、下拨、支付使用之前的多层委托代理过程中，由于管理制度的不健全和管理行为的不当产生的风险，这种风险表现为社会保障预计目标不能实现，社会保障资金的完整性、安全性受到威胁。社会保障风险分类来讲主要包括制度设计风险、资金营运风险、投资风险、资产流动风险、偿付风险、财政风险、灾难风险、政治风险等，我们主要讲的是财政风险。

制度设计风险就是社会保障制度设计的缺陷造成的风险。我们的制度并不是很健全，在制定的时候会留有漏洞。比如，我们现在的缴费年限是 15 年，著者研究的其他国家社会保险特别是养老保险缴费年限应该是 30 年而不是 15 年。15 年这个漏洞导致收支矛盾更尖锐，需要国家财政来承担。如果我们缴费 30 年，然后才在达到退休年龄的时候正式领取养老金，那么按 30 年的年限来缴费的话我们的积累能力就很强，收支出现赤字的风险就要小一些，制度设计上就留了一些不足。当然制度设计方面别的问题一样存在，比如，现在说的社保覆盖范围要扩面。扩面在我们国家是作为一种政治任务甚至是跟我们一些行政部门特别是社保部门的责任直接相关的，要扩面有的人不愿意参加社保就采取定额缴纳，交五万、十万，不计算交费年限，通过降低门槛纳入新型社保体系中。另外，在自由职业者这一块我们采取了和现行制度不一样的规定，自由职业者是按当地职工平均工资的 20% 比率缴纳社保费，现行的规定是企业缴纳 20%，个人缴纳 8%，自由职业者个人交 20% 意味着个人受了损失，这在制度上就是不平等的待遇。有固定企业缴纳的只需要缴纳 8%，而自己缴纳要缴纳 20%，雇佣自由职业者的企业逃避了缴税的义务。

资金营运风险是指潜在的管理失败引发的风险，包括制度不适应，管理中出现的错误和遗漏，以及无效的控制机制、欺诈、资金挪用和人为失误造成的风险。

投资风险就是投资过程中发生的损失，有客观的原因也有主观的原因，也就是由于系统性的经济不景气、不良的投资战略、对某项投资选择的不当投资没有产生预期的回报所带来的风险，包括信用风险、缺乏足够投资多样化导致的风险以及资产与其预期支付债务之间的不匹配所带来的风险、由于行政干预将资金投到没有经济回报或者存在大量风险的资产所产生的风险。比如，一些地方政府把社保资金挪来搞基础设施建设、市政建设等，这些领域有的是没有回报的或者利润率很低的，导致资金不能按时回报或者回报的利润率达不到要求，有的甚至成为呆账死账。

资产流动风险是指在市场上不能找到买主或者不能按现行市场价格完成交易而引发的风险。比如，面临社保资金的支付，但是社会保障资金投到基础设施等固定资产上不能马上变现，这种风险就是资产流动风险。

偿付风险也叫债务风险，对于养老金而言包括长寿风险、通货膨胀风险、残疾疾病退休风险、年金风险、费用开支的风险以及立法或者监管的风险都会导致一定的债务风险或者给付的风险；对于医疗保险而言包括人口老龄化风险、医疗费用上涨风险、设施陈旧风险、传染病风险、疾病流行风险和道德风险，导致医疗保险不能按时支付或支付不到位。

财政风险，包括经济周期变化对收入水平和就业带来的冲击以及通货膨胀对社会保障支付造成的影响等。经济形势也可能对计划的债务责任带来巨大影响，当经济出现滑坡的时候，失业保险待遇中的人数会呈现上升趋势，社保基金的支付跟经济运行是逆向的。经济正常增长的时候失业保险支出可能是下降的，因为失业率低了；在经济滑坡的时候它的支出是增加的。失业保险是一种逆向调节的问题。经济风险比较大带来的社保经济支付的风险会更大。

灾难风险，现在我们国家的救灾体系越来越健全，很大程度上是依靠国家财政提供的社会救助，自然灾害救助的量。如汶川地震，就是一个中国特色的抗灾的尝试和经验。如果光靠拿钱解决汶川地震的救灾问题，那不会有今天的结果，今天之所以发生翻天覆地的变化跟我们的救助机制是分不开的，它是一省帮一县、一省帮一区、一市帮一乡，点对点面对面的救助方式，规定救灾资金的比例不得低于被救助地方财政收入的1%，目前777亿的救助资金，强调资金使用责任的落实到位，可以节约财政资金。

政治风险，在我们国家政治风险还是比较明显，但在社会没有出现大的问题的时候，政治风险对整个社保资金的影响还是比较小的。我们行政领导的频繁更换也会对社保基金的使用产生一定的影响，某些政治举措通常情况下用意是好的，但是不可持续，某些情况下会产生不良后果或者使整个社会保障系统复杂化。目前我们的社会保障制度越来越碎片化，一块一块的分块制度。这种碎片化，缺乏系统性，造成了不同社保对象对我国社保制度的质疑。现在这种不平衡的社保体系，造成大家对于社保体系的不满。如城市和农村，城市分城镇职工、行政事业、城镇居民，在农村农民工、土著农民之间在社保待遇方面的差距还是很大的，不同人群建立不同社保制度解决了不同人群的覆盖问题，但当地政府官员对实施效果却不去过问。这个就可以理解为政治体系对于社保体系的影响。此外对于政府绩效的衡量，在社会保障体系上也没有具体的衡量办法，没有指标可以衡量。这个讲的就是社会保障风险的问题。

二、社会保障风险来源的理论依据

我们学经济学应该都清楚这3个基本理论：委托代理理论、外部性和信息不对称，这3个基本理论对于社会保障风险理论的影响比较突出。委托代理关系还是比较复杂的，包括中央与地方的委托代理关系、经办机构与社保对象之间的委托代理关系，还有办理收付业务的银行和社保机构的委托代理关系。委托代理理论是指委托人和代理人存在信息不对称，具有信息优势的一方利用信息优势在交易中获取更大的利益，而损害了委托方的利益。但也不完全就损害了委托方的利益，有可能双方都获得了更好的利益。政府的外部性，指的是公共机构，尤其是政府部门的官员追求自身利益或者单位利益，而对于公众利益和社会福利造成的损害，甚至把公众利益作为实现单位利益的手段。委托代理和道德风险是有紧密关系的。由于政府外部性的存在，政府的干预措施可能达不到一定的目的。中央提出的政策是考虑了全局的，但是经历了若干个环节以后，如地方政府按照地方利益来进行调整，到了社保对象这个层次以后，已经经历了三四次调整，地方保护的是自己的利益。也就是说，地方真正享受社保的对象和中央出发点保障的对象是有很大区别的，没有达到中央希望达到的效果。甚至某些人为了自身利益，也在这里面做了手脚，没有严格按照规定标准来执行，牺牲社保对象的利益，使单位和个人的利益得到一定的满足。信息不对称也讲的是信息双方对于信息的了解不对称，双方掌握的信息往往是不一致的，导致在交易中处于不对等的位置。社保在实施的过程中，由于受到信息不对称的影响，让广大社保对象对于资金的运营的过程和结果了解得不全面，不能有效受到公众的监督，从而使社保对象利益受损。

我们国家社会保险分为社会统筹和个人两块，都是由地方政府强制集中统筹管理，地方政府基于法律和社保受益人而形成了委托代理关系，地方政府具有垄断能力和信息优势出于考虑自身利益，有可能损害社保受益人的利益。比如，地方政府要去搞政绩工程或地方建设，从而有可能挪用社保基金，牺牲社保对象的利益，也就是按照自己的需要调整社保基金的运营。另外就是很多地方财力有限，社会保障基金被其当作一块肥肉随意挪用。前几年，财政部和劳社部专门对社保基金进行了检查，对于地方社保基金的检查结果是令人痛心的，剩下可以利用的资金只有20%，其他80%都被挪用了。好多地方政府用社保基金投资的钱是根本收不回来的，如建办公楼、搞房地产、搞地方基础设施建设、炒股。对于上海的社保基金案，大家应该都有所了解。这不仅在上海发生，在山西、河南等都有发生。上海的陈良宇社保案件中，社保基金被用于修建高速公路项目上，社保基金用于高速公路并不是不可以，这是有较高回报的投资项目，但是他没有走法律程序，完全是个人自己的决策，这就是错误的。人们完全就可以怀疑在这个暗箱操作里面，利益会被分配的截留、贪污等，因为资金量很大。地方政府内部的各个社会保障管理机构为扩大部门利益，争相取得有关社会保障的事权和财权，导致社会保障资金管理的分散化、多元化，政出多门、条块分割、管理分散化等。

著者研究社会保障有二十多年了，提出了比较激进的观点，也和财政部社保司的原司长都一起做过课题。当时，社会保障资金人保部门说是多少就是多少，财政部门没有相应的数据和依据去说明人保部门管理的资金数据是否正确，因此财政部门很被动。著者觉得就应该让财政部参与社保基金的管理，而不能只让社保部自己管理。在我们国家，社保基金管理是一个从分散到相对集中的过程。在我们国家管理社保基金的部门有财政部、社保部、民政部、卫计委等，此外还有残联、体委等。体育彩票有很大一部分要用于发展体育事业和运动员的福利。还有红十字会、中华慈善总会等一些部门都有社会保障的职能和事权，都参与到社保基金的管理当中。地方政府与经办机构的委托代理关系所引发的内部风险。社保经办机构及官员利用自己手中的权力为自己谋取利益，为自己创收。目前社保经办机构受到财政预算经费的限制，极有可能利用手中的社保资金用于自己的创收，以改善办公条件和提高内部工作人员的待遇。这些创收活动主要是向企业贷款、投资房地产、投资股票等。由于对社保机构主要领导的决策行为缺乏有效监督，他们有可能进行违规操作和借款，同时机构中的人员会从中获得大量的利益；个别官员的腐败行为，可能导致整个机构无意识的腐败，变成所有机构人员都参与的违规行为。这是地方政府委托代理关系产生的社保资金风险，因为上级社保部门对下级社保部门的影响力远远不如当地地方政府，所以对于下级社保部门的行为难以制约。中央社保部门对地方省一级社保部门的行为鞭长莫及无能为力，在政策实施和制定上面就出现这样的问题。中央政府无法干预地方政府的行为，这就是委托代理造成的营运风险。政府可以加强对社保经办机构的领导，加强监督等，从而避免这个委托代理风险问题。

三、产生社会保险风险的因素和原因

整个社会保障的管理风险存在于社会保障制度运行的全过程。从制度上来说，不仅与社会保障项目、范围和标准等制度因素密切相关，也与社会保障资金的收缴、发放、投资运营等管理因素相关，还与人口老龄化问题紧密相关，那么可以从这3个方面分析社会保障风险产生的因素和原因。从制度上，从项目、范围和标准3个方面考虑，哪些因素会促使产生社会保障资金的收支不平

衡和不可持续的可能性呢？

第一，社会保障项目的不断增多。这个首先是反映了我国经济发展规模水平的不断增大，是发展的结果，这个对于人民来说是个好事。但是项目越多，资金需求量就越大，对于社会保障基金运行本身并不是好事。资金需求量是跟我们的制度设计和管理高度相关的，按照正常来讲，社保资金本身的供给量与经济发展水平同步增长。但是有个问题就是资金的供给与需求之间是不匹配的，也许需求超过供给，在我们国家由于行政的干预，突然增加了某个项目，但是相应的资金筹集却没有配套措施，资金的供给没有来源，就会加大各级财政弥补缺口的压力，就会短时间内产生收支不平衡问题。这无疑就加大了中央财政和地方财政的压力。那么这个缺口怎么办？实际上，社会保障项目多少取决于社会保障制度的类型，是选择基本型的社会保障制度还是选择福利型的社会保障制度。

我们知道在国际上，社会保障制度在一些发达国家是有区别的，如在英国以及北欧国家，它实行的福利型的社会保障制度是比较健全的，实行的是"从摇篮到坟墓"的制度，这个从二战以后到 21 世纪，确实解决了这个国家人民的社会保障问题。但是长期运行的结果就造成了社保负担越来越重。比如，在瑞典，由于社会保障负担过重，缴税率是全世界最高的，40%多的社保税率，导致个人和企业交费负担加重，企业生产成本上升，造成了这个国家的产品出口变得艰难，同样类型的产品由于出口价格过高，国家和企业国际竞争力下降，国家赋税加重。因为它除了社保税提高以外，国家财政每年在社会保障方面的弥补或支出也在不断地提高，一般社保支出都在国家财政支出的 30%以上，不少国家还在 50%以上。项目太多太全，造成一个恶性循环，税负增高、赤字加大，国家债务规模越来越大，再加大税负，又导致赤字，经济无法持续，经济肯定也无法持续，社保也无法持续。所以太全的，标准太高的社会保障体系并不是可取的。所以我们强调只保障基本的生活需要，并不保证全部的生活需要。我们国家从当前来讲，项目较小，而且低标准、广覆盖，但是我们要防止陷入福利陷阱，也就是北欧国家在这方面带来的教训。目前我国社会保障项目越来越多，比如，职工基本医疗保险、城镇职工医保、医疗救助、教育救助、城镇居民低保、农村低保、救灾、优抚安置、城镇居民的基本养老保险还有补充的养老保险、补充的医疗保险，个人单位履行部分缴费义务以外，多数由财政负担。这些项目越多意味着企业负担、个人负担越重，也意味着财政负担越重。

社保风险很大程度上是由社会保险所带来的，当然也有自然灾害等方面的因素影响。但是从制度和管理上来讲，社会保障风险更多的是制度和管理的风险，也就是说社会保障风险转化为财政风险，比如社会保险救助转化为养老救助。

第二，社保的范围越来越宽。社会保障对象和覆盖面，社会保障是政府依法组织的活动，具有强制性和法定性，都是依法进行的。一旦确定为社会保障的缴费对象还是发放的对象，只要符合法律条件的都应该依法履行义务和依法行使权力和获得保护。我们国家社会保证对象也随着国家发展、经济增长，和税保障体系的逐步健全，逐步由部分人变成全体公民。缴费人数和享受对象迅速增长，意味着社会保障收支规模的利益扩大。目前养老保险已经由城镇职工逐步覆盖到部分农村。按照温家宝总理的政府工作报告，全国24%的县市要推行农村建立养老保险。按规定享受社会保障待遇的老人在日益增多，即每个月享受60块钱的老人是不断增长的，但是缴费的人是没有随着享受的人数而增长的，很可能这个制度后来会是财政一家扛。另外我们这个行政事业单位和农民工的社会保险制度还没有被纳入现行整个国家的社会保障体系范围内，今后如果把其纳入社保体系，这样社保覆盖范围越来越广，国家的责任越来越重，蕴含的风险将越来越大。

第三，社会保障支付标准越高，风险越大。整体来讲，国家从2004年7月开始提高企业职工基本养老保险待遇标准，特别是最近十年社会保障支付标准提高的速度和幅度很快很大，包括社会优抚的保准、社会救助的标准、社会保险的支付标准等都是在不断地提高。这个结果，一方面需要越来越多的财政支持，另一方面吃空了我们过去几年或者十几年的社保基金的储蓄。这两方面导致的一个结果就是，未来社会保障资金的可用储备资金越来越少，大量的结余资金通过提标被消化吸收了，社会保障资金支付的风险越来越大。那么社会保险支付标准提高是否转化为风险，取决于缴费标准是否也随之提高，如果缴费标准低于支付标准就会导致收不抵支，如果缴费标准高于支付标准就会出现结余出现积累；还取决于缴费人数和支付对象多少的对比，只有缴费人数多于支付对象，缴费数额超过支付数额才会出现结余，反之则会出现赤字。在支付覆盖面不断扩大的情况下，支付标准的提高必然加重社会保障支付负担，导致社保风险的提高。我国6年连续提高城镇企业职工基本养老金发放标准，既有经济发展和居民收入增长的原因，也有城镇企业职工基本养老保险发放标准原来偏低的原因。由于大幅度提高支付标准，客观上已经给城镇职工基本养老保收支带来很大压力，一些地方除了增加基本养老保险的补助以外，还将历年的社会统筹和个人账户的结余动用了很大一部分，形成社会统筹和个人账户的空档。如果不及早弥补这两个账户的空档，势必影响未来基本养老保险金的支付，会造成很大的潜在支付风险。根据自己的利益来选择参与不参与社保。这跟我们社保制度的强制性差异很大，参与社保是一个强制性的义务，而不允许自我选择。而现实是我们有些企业有些职工选择只参与基本养老保险、基本医疗保险，剩下的不参加，不缴费。但按照新的缴费要求是没有选择余地的，必须参与。

第四，降低门槛，扩大社会保障覆盖面。扩面不仅侵蚀了原缴费者的利益，而且还加重了社保基金的支付负担。自由职业者只交了个人12%的比例，剩下的8%只能由社保基金来承担。有些无力承担缴费的亏损企业还采取只缴应缴总额一定比例的费用就可以领取一定数额的养老金的措施。这些说明制度不严肃，法定性不强，导致一些参保者的权利受到损害，另外加重了一些地方财政的额外负担，增加了社会保险基金的支付风险。基金的发放率方面，首先是虚报冒领侵占了社保基金的支出。比如，一些下岗职工一边领取社保资金，一边打零工或者到私企赚高工资。这些是隐形失业者。还有一人参保，全家吃药的现象；还出现低保领取者开着车牵着宠物去领低保的现象。其次是提前退休造成了社保基金的支出的增加。有些企业减员增效，为了安排就业，让一部分不到退休年龄的职工提前退休给年轻人让出岗位。这里面一部分人是企业通过别的渠道安排了提前退休的养老金。有的企业自家把其列入领取养老金的范围，向地方的社保部门讨取养老金，侵害了地方原履行缴费义务的成员的利益，也加重了地方财政支出负担。最后是五项社会保险基金的经办机构分别设立。因为养老保险搞审计统筹，就专门设立了独立的经办机构，有独立的编制、独立的办公地点，还有专门的经费安排。那么如果五套机构都这样的话，管理成本就很高，效率就很低。实际上我们很早就提出如果要成立经办机构，五项保险应只设一个经办机构，可少安排经费。不然企业的应付开支也会加大。降低社会保险基金的管理效率，加大社保基金的运行风险。因为五套机构本身就要占用一部分社保基金的经费。虽然法律不允许，但是难保地方都遵守。

第五，投资运营方面很滞后。这导致大量资金闲置，没得到保值。按照现有规定，社保基金只能购买国债和银行存款。那么银行存款大部分都是活期存款的形式，就给一些地方挪用社保基金提供了方便，也给一些地方人利用社保基金投资高风险项目谋取不正当利益提供了可乘之机，给社保基金的安全和增值留下了很大的隐患。实际上我们现在的投资政策，有些地方名义上是遵照规定，但实际上大量挪用到了投资回报高的领域，如基础设施、房地产，甚至股票。由于缺乏监管，有些收益被个别单位和个人截留或者私分。现在我们社保基金投资的运营机制滞后体现为没有明确的投资运营机构、投资运营渠道和相关的法律法规，导致每年损失可以说是数以亿计。对我们未来社保支付来说是个非常大的潜在隐患。我们今年准备在我们研究室搞一个项目课题来研究社保基金投资运营，提出一些意见和政策建议。

第六，人口老龄化对养老保险收支和医疗保险收支的影响。人口老龄化对社会保障基金的影响主要限于养老保险和医疗保险两方面，对社会保障的其他项目影响并不大。原因是随着人口老龄化的提高，老年人占总人口的比重上升，养老保险基金和医疗保险基金的需要量将日益增长，其他项目并不受人口老龄化的影响。我国人口老龄化 2000 年达到 10%，进入国际公认的老龄化社会。据有关专家推算，2000 年我国 60 岁以上人口 1.276 亿，2010 年 1.611 亿人，2040 年 3.765 亿，老龄化率从 2000 年的 10%、2010 年的 11.8%上升到 2040 年的 24.8%。发达国家老龄化社会从 10%上升到 20%以上经过了 100 多年时间，而我国只用了不到 30 年时间。发达国家通过经济发展逐渐消化人口老龄化的影响，而我国是在经济还不发达的条件下进入老龄化社会，属于名副其实的"未富先老"社会。赡养系数从 2000 年的 15.4%上升到 2010 年的 17.4%、2020 年的 37%、2040 年的 47.5%。严峻的老龄化形势对我国的社会保障带来了挑战，对社会保障收支带来了极大的风险。

首先是对养老保险收支的影响。一方面对基本养老保险隐性债务的影响。养老保险隐性债务是对老年人和中年人未履行缴费义务而从养老保险基金中领取养老金所产生的养老金缺口而形成的。老龄化率提高意味着老年人和中年人越多，基本养老保险基金的缺口就越大。未来二三十年我国基本养老保险基金隐性债务到底多大？据世界银行 1996 年测算，城镇国有企业基本养老保险隐性债务 19176 亿元；据原劳动社保部社会保险研究所 1995 年测算，参保企业基本养老保险隐性债务 28753 亿元；据国务院原体改办 2000 年测算，城镇所有企业职工基本养老保险隐性债务为 5~11 万亿元。不论测算口径如何，我国城镇基本养老保险基金存在巨大的隐性债务是不争的事实，随着农村农民养老保险制度的建立，农民养老保险也会产生巨大的隐性债务。有人把隐性债务称为"转轨成本",认为其是建立与市场经济体制相适应的社会保障制度必须付出的代价,应由政府买单。也有人认为,所谓隐性债务是任何社会保障制度不可避免的,是代与代之间的债务转移,可以通过代际转移消化。不论哪种说法,养老保险存在隐性债务是不容置疑的事实,将会给养老保险制度的运行带来持续的隐患和风险。另一方面对养老保险收支的影响。人口老龄化水平的提高,意味着达到退休年龄的老人越来越多,而履行缴费义务的人越来越少,造成养老保险基金收入增长不敌支出增长,这势必加大养老保险收支的压力。据统计,2000 年我国领取基本养老金的职工为 3169.9 万人,2008 年增加到 5303.6 万人,8 年增长 67.31%;同期基本养老保险支出从 2115.5 亿元增加到 7389.6 亿元,增长 249.31%。可见老龄化的提高是基本养老保险支出增长的关键因素。

其次是人口老龄化对基本医疗保险的影响。老人多病,人之常情。国内外的资料表明,60 岁以上老年人人均医疗费用是 60 岁以下人群人均医疗费用的 3 ~5 倍。据统计,2000 年城镇职工基本医疗保险参保的退休人员 924.2 万人,2008 年增加到 5007.9 万人,增长 441.86%,年均增长 23.52%,同期基本医疗保险支出从 124.5 亿元增加到 2083.6 亿元,增长 15.7 倍,年均增长 42.22%。退休人员参加基本医疗保险是基本医疗保险支出增长迅速的关键因素。有人推算,由于人口老龄化增加的医疗需求到 2025 年占到医疗总需求量的 47%,2025年全部医疗费用占 GDP 的比例将达到 12%。人口老龄化提高使医疗需求占 GDP 的比重不断上升,有限的基本医疗保险基金难以满足日益增长的医疗需求。

四、社会保障风险转嫁为财政风险的机理

社会保障与财政是两个不同的分配范畴,各自有自身不同的分配机理,是社会再生产分配环节不可或缺的组成部分。而且在我国和世界其他国家财政与社保分属不同的部门管理。也就是说,社会保障有独立的管理体系和收支运行系统,尽管很大一部分资金来自财政支出。因此,社会保障收支发生的赤字不是简单地、无条件地转移给财政负担,一旦出现收支不平衡情况,首先要从社会保障制度和管理查找问题,就是在收支上也要尽量使用自身的资金,如历年结余,而后通过法定程序从政府财政和其他可以动用的社会资金中寻求补偿的途径。

(一) 财政承担社会保障风险的依据

政府财政承担社会保障风险,而承担多大的风险,取决于财政在社会保障

事务中所承担的责任，有些责任是必须承担的，也有些责任是有条件承担的，有些责任是不需承担的。究竟承担哪些责任？

1. 帮助责任

《中华人民共和国宪法》第 45 条规定，我国公民在年老、疾病或者丧失劳动能力的情况下，有从国家和社会获得物质帮助的权利。《中华人民共和国劳动法》（1994 年）第 70 条规定："国家发展社会保险事业，建立社会保险制度，设立社会保险基金，使劳动者在年老、患病、工伤、失业、生育等情况上获得帮助和补偿。"公民在遇到各种社会风险基本生活发生困难时，政府有责任帮其渡过难关。

2. 有限责任

社会保障除政府参与外还有其他社会参与者，如企业、机关、团体、个人，都有法定义务为社会保障提供资源，财政所供给的社会保障只是社会保障体系的一个组成部分。不应当将社会保障的全部负担都推给财政，而应当划清财政责任主体与其他责任主体的社会保障责任界限。

3. 最终责任

也称"兜底责任"。财政是社会保障的最后买单者。社会保障主要是为了弥补市场缺陷，一旦社会保障基金入不敷出，而其他社会主体无力承担，财政扮演着"最后风险承担者"的角色。

4. 转移支付责任

包括两类：一类是财政直接安排的转移性支出，即本级财政用于社保补助、社会救助、社会优抚等社会保障性质的支出；另一类是上级财政拨付给下级财政用于社会保障方面的转移支付。

（二）社会保障风险转移路径

1. 直接支付

按照社会保障的相关法律法规的规定，应由各级财政负担的社会保障支出，包括机关事业单位为职工缴纳的社会保险费、机关事业单位离退休干部职工的离退休费、社会保障部门事业费、按规定安排的社会救助支出、社会优抚支出、应由财政承担的社会福利支出以及按法定比例安排的社会保险补助。这些支出都是政府财政法定义务，政府必须通过预算予以安排，保证这些支出正常需要。

2. 有条件支付

本来应由政府以外的社会主体承担的社会保障义务，但因客观原因无法履行的义务，如应由企业承担的缴费义务，因为企业经营不善、陷入亏损或倒闭，企业无力继续履行缴费义务，当地社保部门要与财政部门一道将一时亏损还可能扭亏的企业限定延迟缴费时间，对破产倒闭的企业要将财产处理收入先用于清缴为职工社会保险缴费部分，后用于其他债务偿还，余下部分由财政代为清偿。个人缴费部分，如果个人因遭遇不幸而暂时中断工作或处于失业状态，经个人申请，社保部门会经财政部门同意，适当减免部分缴费或允许在一定时期不缴费，但仍认作缴费期，由此产生的缴费亏空，财政认账。还有在农村新型合作医疗与农村养老保险制度推行过程中，一些地方农民缴费意识淡薄，有些农民处在贫困状态，即使数额不大的缴费也交不起，如果不缴费就可能使制度难以覆盖，县乡政府和财政不得不垫缴。

3. 间接转移

因责任不清、管理不善造成的社保基金损失、浪费，又无法追回的，只能财政承担相应损失。比如，企业欠缴、拖缴社会保险费，如果不能及时追缴，成为呆账、死账，或成为社会保险挂账，或只能财政清偿；再比如，社会保险结余资金的投资损失，如果不能由委托人承担赔偿责任，只能由财政承担损失。

（三）社会保障风险转变为财政风险的后果

社会保障是未来财政最大的风险源，不论通过什么渠道转变为财政风险，都将对财政运行产生重大影响。

1. 挤占

社会保障支出增长过快会挤占其他财政支出，影响政府机构正常运转和社会事业发展。社会保障支出作为财政支出的重要内容，与其他财政支出存在此消彼长的关系。一旦财政用于社会保障的支出增长超过财政支出本身的增长，或者超过其他财政支出的增长，意味着社会保障支出挤占了部分其他财政支出。如果是行政经费增长慢了，就是政府机构运行经费难以正常满足。如果是文教、科技、卫生事业费增长放慢了，势必影响这些社会事业的发展。

2. 增税

如果因为社会保障支出扩大，影响其他财政支出的正常增长，不是政府所愿意看到的结果，只能通过提高相关税收的税率、开辟新税种等增税的方式，达到增加财政收入的目的。但是，要充分考虑增税的负面效应。

3. 赤字

如果不能通过增税的方式满足社会保障支出扩大的要求，又不能挤占其他财政支出，只能通过扩大财政赤字的方式，达到扩大支出的目的。2009年我国财政赤字9500亿元，相当于当年财政支出的1/7，与当年社会保障和就业支出增长20.2%有较大关系。但是，我国财政赤字规模接近3%的临界点。

4. 发债

财政出现赤字就得靠发行国债弥补，当然也可以向银行透支，但透支会诱发通货膨胀。发债满足社会保障支出需要，不是长久之计，只能作为临时或偶然救急措施。我国的国债余额今年突破7万亿元，与现行国家财政收入规模差不多，与国际债务余额警戒线虽然还有空间，但债务形势已经严峻。

五、防止社会保障风险转变为财政风险的若干政策建议

随着我国社会保障体系的日益健全，社会保障资金规模日益扩大，社会保障的风险将越来越大。如何降低和规避社会保障风险，防止其转变为财政风险更加重要。

1. 树立社会保障风险意识，各级政府要有危机感、紧迫感、责任感做好社会保障工作

社会保障不只是"甜饼"，还带有苦味；社会保障不只是给人民群众带来好处，也会给企业、个人、政府带来负担。同时，社会保障是一项造福百姓、造福子孙的安全工程。政府社保部门和财政部门要正确把握社会保障的两重性，合理安排社会保障制度，加强社会保障资金管理，防止社会保障风险演变为社会风险，发挥社会保障制度的积极作用。

2. 要从制度安排和管理上做好防范社会保障风险的基础工作

制度的漏洞是最大的风险，通过科学、合理设计和完善现行社会保障各项制度，使之具有操作性和可行性，制度在推行前，要做反复论证、科学测算，要选择有代表性的地区和城市试点，从试点中发现存在的不足，再在全国推广。要防止政府单纯追求政绩，而不顾可能损害国家和群众的利益。特别是在项目确定、费率选择、标准制定、享受条件等关键因素的确定上，要慎重、切实可行。同时，加强管理机构和队伍的建设和管理技术的培训，不仅管理机构要健全，管理部门之间要有横向协调机制，在社会保障事务中要各司其职，责任到位；加强社保基金征管结构和发放机构的人员培训，针对社保基金征缴和发放中存在的突出问题，健全管理制度，开展征管和发放相关业务培训，堵塞管理漏洞。

3. 及早制定和实施弥补基本养老保险隐性债务的筹资方案，是有效防范社会保障风险的重中之重

如果说社会保障风险巨大，可以说引发社会保障风险的根源和大头是养老保险隐性债务。虽然这一问题已经引起决策部门的重视，但没有认真落实有关措施。如果不及早动手，解决这一问题，恐成为威胁整个社会保障体系运转的最大隐患。我认为，要在落实弥补隐性债务方案前，要建立健全社会保险结余资金的投资运营机制，因为没有有效的投资运营机制，弥补隐性债务的资金安全和增值就无法保证。而弥补基本养老保险隐性债务的筹资渠道：一是有计划地将部分国有资产变现，或作为社保基金的股权参与市场运作和分红，分期用于隐性债务的弥补；二是每年从财政支出中拿出 0.5% 作为弥补养老保险隐性债务的资金，主要用于当前显性债务的弥补；三是扩大福利彩票发行，拿出部分彩票收入作为弥补隐性债务的资金；四是将部分来自财产和个人收入方面的税收收入如遗产税、赠予税，专门用于弥补隐性债务；五是在隐性债务变为显性债务的高发期，可以适当发行一定数量的认可债券。

4. 调整财政支出结构，逐步提高社会保障支出占财政支出的比重

适当控制行政经费的增长幅度，压缩预算内建设性支出，将一些具有一定投资回报的公共工程投资改由国债投资，适当提高包括养老保险财政补助在内的社会保障支出占财政支出的比重，其中规定每年从财政支出中拿出 0.5% 专门用于弥补养老保险隐性债务，至少确保当期发生的基本养老保险显性债务得到弥补。社会保障支出占财政支出的比重由现在的 12% 逐步提高到 15%，主要用于弥补基本养老保险显性债务和适当提高低收入困难群体社会保障支出标准，让广大低收入困难群体分享经济发展的成果，发挥社会保障"稳定器"作用。

5. 建立社会保障风险预警体系，健全防范社会保障风险的应急机制

预警体系包括预警指标设立、信息收集、重大问题预测分析、预警机构的建立和人员配备、定期发布社会保障运行情况等。预警指标体系包括人口老龄化指标、养老保险隐性债务显性化指标、失业率、社会保险结余资金投资运营增值情况、社会保障资金收支平衡情况、城乡低保人群收入分配情况、财政用于社会保障支出的比例等。定期将社会保障预警分析资料反馈给社会保障主管部门和政府决策部门，以便他们及时做出应对措施，加强社会保障的宏观调控，消除风险。

（原文发表于 2019 年第 7 期《地方财政研究》）

构建我国可持续"三支柱"养老保障制度的研究

社会保障制度是和谐、稳定、幸福社会的关键环节，也是社会治理体系的核心内容，是国家经济和政治稳定的基础。其中养老保障制度又是社会保障制度的主体，也是每个公民"老有所养"的具体体现，是实现"两个一百年"目标的主要内容。因而，养老保障制度的构建与可持续受到社会各界的关注和重视。特别是我国人口老龄化快速提高给当前养老保障制度提出了巨大挑战。按照"三支柱"模式完善现行养老保障制度，提高养老保障制度可持续性显得尤为迫切。

一、为什么"三支柱"养老保障制度具有可持续性

一个国家的养老保障制度是一个庞大的系统，包括由基本养老保险、企业年金或职业年金、商业养老保险和为个人养老准备的储蓄、投资、财产收益等组成的资金供给体系，以及由居家养老、社区养老、机构养老和相关养老服务产业组成的养老服务体系，两者缺一不可。如果养老资金供给体系哪一个环节出现问题，就会导致部分老人养老资金供应不足或短缺，或者因为制度不完善导致养老资金供应链断裂或不足，引发全社会养老资金供应短缺甚至危机。如果养老服务体系哪一环节出现问题，就会导致养老服务缺位，养老服务需求得不到满足，老年人养老生活质量下降和服务不到位的情况发生。一个健全的养老保障体系需要从上述两方面入手。其中养老资金供应体系又是整个养老保障体系健康、可持续运行的关键。因此，建立健全养老保障资金供应体系显得十分重要。而"三支柱"的养老保障制度架构正是满足这一战略要求应运而生的。

我们所讲的养老保障"三支柱"体制，是指构成养老保障3个主要组成部分即基本养老保险、补充养老保险、商业养老保险的搭配关系。一般来说，有

以下几种搭配关系：基本养老保险为主，补充保险和商业保险为辅；补充养老保险为主，基本保险和商业保险为辅；商业养老保险为主，基本保险和补充保险为辅；基本保险、补充保险、商业保险没有明显的主次关系。这种划分是根据政府与市场在国家经济运行机制中的作用大小做出的。学术界也有"四支柱""五支柱"的说法，就是为没有参加养老保险的老人提供低保，作为老人养老保险的最低资金保障来源。把养老储蓄保险和个人投资与财产收入作为老人养老保障的"第五支柱"。实际上可以把商业养老保险、低保、养老储蓄保险、个人投资与财产收入等都视为养老保障的"第三支柱"。选择什么样的养老保障搭配关系，是根据国家对养老保障不同环节肩负责任的大小而做出的。

1. "三支柱"的养老保障制度是一套合理兼顾政府、雇主、个人三者责、权、利关系的制度体系

养老保障制度本身就是为了应对市场竞争和传统家庭养老带来的负担过重和发挥社会共济功能而建立的制度。政府、雇主、个人是社会经济运行中具有利益差别的三个不同主体，在养老保障不同层次的制度构建中发挥着不同的作用：在基本养老保险制度中，虽然雇主和个人承担缴费任务，但政府不仅制定制度、组织管理和投资运营，还要承担兜底的风险；在补充养老保险制度中，政府制定制度、加强监管、提供政策支持，雇主和个人承担缴费义务，由行业或地方年金管理机构委托金融中介机构管理和运营；在商业养老保险制度中，政府提供法律规范和政策支持，商业保险公司根据法律要求制定商业保险产品和不同的费率与支付待遇，个人购买商业保险产品，公司按照市场规则组织运营，风险由保险公司承担。"三支柱"养老保障制度中政府、雇主、个人承担不同的责任和不同的资金支持义务，缺乏哪一方的参与，都不能成为保障制度。其中政府的责任就是保证"三支柱"的法律规范、政策支持、资金监管和基本保险的兜底；雇主主要是按规定履行缴费义务，配合政府做好相关社会保险工作；个人按法律规定履行缴费义务，同时也是"三支柱"的实际受益者，目的是确保进入法定退休年龄的老人能从资金来源方面得到稳定的生活保障。

2. "三支柱"养老保障制度是充分发挥政府与市场"两只手"作用的保障制度

过去我们总认为，养老保障制度不仅依靠政府建立，还要依靠政府组织和管理，最终要承担兜底补偿责任，出现养老保障"政府万能论"。无论是国外的经验教训，还是国内的经验教训，都表明养老保障的"政府万能论"不仅夸大

了政府的作用，还会因为人口老龄化提高和人们对养老需求的不断提高，使政府背上沉重的养老保障包袱，最后政府财政难以支撑，养老保障制度陷入收不抵支的困境而难以持续，政府的作用是有限的。党的十八届三中全会明确市场经济在资源配置中起决定性作用，要求我们在完善养老保障制度过程中要更好地发挥市场机制的作用。就养老保障制度而言，发挥市场机制的作用就是将应当由市场发挥作用的养老事务交给市场完成，政府仅提供公平有效的市场环境。具体而言，基本养老保险基金的投资运营要借助资本市场的运作完成，企业年金和职业年金在遵循国家法律规范的条件下委托具有经营资质的金融中介收缴、发放与投资运营，商业养老保险完全由商业保险公司独立经营，政府主要提供政策支持和监管。显然，目前我国企业职工基本养老保险"一柱独大"养老保障制度架构是不可持续的，发挥政府和市场"两只手"作用的"三支柱"养老保障制度才具有可持续性。

3. "三支柱"养老保障制度有助于克服制度运行风险和财政风险

数学上"三点构成一个平面"定理，表明少一点就是一条直线，只有三点才能成为一个稳固的平面。如果我们把养老保障制度看作一个平面，一个支柱肯定难以立住，两个支柱也无法稳固，只有"三支柱"才能建立一个稳固的平面。从数学意义上看，"三支柱"的养老保障制度最具稳定性。从养老保障制度的本意来看，这一套制度，就是为了防范人口老龄化程度提高带来的社会养老负担加重而建立的社会养老互济制度，也是市场经济条件下有效均衡家庭和个人之间因养老负担不均带来的生存和发展风险过大而建立的社会养老互济制度，使每个家庭和个人不会因为养老负担差异而影响正常和愉快的生活，可以说养老保障制度就是有效规避养老风险的制度。但是，如果为防范养老风险建立的养老保障制度，因为制度架构、制度构成要素不合理，资金收支缺乏可持续性，而难以有效保障全社会老年人安稳度过老年生活，意味着养老保障制度本身存在不可持续的风险。养老保障制度的风险来自多方面，首先来自制度构建的风险，即制度设计不科学、不合理，如单一支柱的风险，过去我们过分强调基本养老保险制度的重要性，忽视补充保险和商业保险的重要作用，以至于基本保险缴费率高达28%，是全世界最高的基本保险费率，结果是基本保险缴费挤占了补充保险的缴费空间，即使企业年金制度推行了10余年，仅在大约7%的大中型企业成长，多数企业职工只能把养老的希望都寄托在基本保险制度上，这无疑加大了基本保险支付压力，也增加了政府为基本保险兜底的风险。仅靠第一支柱解决养老保障问题是行不通的。其次是补充保险和商业保险市场运营风险。因为补充保险和商业保险大都交给具有资质的市场中介机构按照市场规则收支管理和投资运营，依靠金融中介严格按照有关法律法规管理和运营保险资金，一旦投资失误产生的损失就会给补充保险和商业保险的支付带来风险，加强政府监管显得十分重要。此外，人口老龄化带来的基本养老保险支付风险也是值得高度关注的。即缴费人数日益减少，领取人数日益增多，势必带来收支不平衡的风险。因此，养老保障制度建设要始终把降低和控制风险作为第一位的任务，否则带来老年人养老生活缺乏保障和社会矛盾激化等社会问题。按照"三支柱"相互依托的方式构建养老保障制度，是有效防范制度构建风险的重要途径。

二、国际经验表明："三支柱"养老保障制度最具生命力

从目前世界各国的养老保障制度来看，有国家主导型、市场主导型、政府与市场分担型等类型，"三支柱"模式是当今世界主流的养老保障模式，而且具有稳定性和可持续性。

（一）美国"三支柱"养老保障制度

1. 联邦退休金制度

它是政府主导的基本养老保险制度。1935 年《社会保险法》正式颁布，意味着政府举办的养老保障制度的确立，也意味着美国社会保障制度有法可依。联邦退休金制度通过征收社会保险税筹措养老保险基金，由美国收入署统一按照雇员工资的一定比率征收，雇主在发放雇员工资时按雇员的社会保障号码代扣代缴，征缴后专项计入社会保障总署的社会保险基金账户。2015 年社会保险税税率为雇员工资额的 12.4%，由雇员和雇主各缴纳 50%。联邦退休金制度鼓励"工作时多存社保税、退休后多领养老金"。为体现社会公平性，防止极少数退休人员领取过高退休金，社会保险税设定了应税工资上限，超出应税工资上限那部分工资不再缴纳社会保险税。应税工资上限随着物价和工资水平的变化而逐年调整。例如，应税工资上限在 2006 年时为 9.42 万美元，到 2015 年已提升至 11.85 万美元。

联邦退休金制度规定，雇员必须纳税 40 个季度（相当于 10 年缴费年限），退休后才能按月领取联邦退休金。退休金计发与实际退休年龄挂钩，1943 年、1957 年出生者的法定退休年龄分别为 66 岁和 66 岁 6 个月，1960 年及以后出生

者的法定退休年龄均为 67 岁。到法定退休年龄才退休者，可享受全额退休金。退休人员被鼓励继续从事力所能及的工作。退休人员领取联邦退休金时可以享受免税待遇，但年总收入超过一定金额者需纳税。2015 年，年收入超过 2.5 万美元的单身退休人员以及超过 3.2 万美元的退休夫妇在领取联邦退休金时需纳税。

2015 年有 1.67 亿美国雇员缴纳社会保险税，有 4200 万退休人员按月从联邦养老保险基金中领取退休金。平均每位单身退休人员每月领取退休金 1328 美元（约占退休人员平均月收入的 40%），平均每对退休夫妇每月领取退休金 2176 美元。社会保障署共有工作人员 65000 余名，分布在全国 10 个大区的社会保障局及其下属 13000 个办公室。社会保险税除了运营成本和支付结余以外，其他主要用于支付联邦退休金和遗属补贴（约占 85%），以及残疾人（及其家庭成员）生活补贴（约占 15%）。

2. 企业年金计划（401K 计划）

1978 年，美国《国内税收法》新增的第 401 条 K 项条款规定，政府机构、企业及非营利组织等不同类型雇主，为雇员建立积累制养老金账户即企业年金，可以享受税收优惠。因此，美国企业年金计划又称作 401K 计划。401K 计划已成为美诸多雇主首选的企业补充养老保险制度。根据美投资公司协会数据，截至 2015 年底，美国 401K 计划的资产规模达 4.65 万亿美元，超过美国 GDP 的 25%。

雇主为雇员设立专门的 401K 账户后，双方共同缴纳一定数量的资金存入账户。其中，雇员年度缴费总额不得超过规定上限（2014 年为 2000 美元）；雇主为雇员缴费的比例由劳资双方协议确定，一般为雇员工资的 3% 到 7%。401K 账户归雇员所有，离职时由雇员自行转走，转入其选定的任何提供 401K 计划的基金公司。提供 401K 计划的雇主，一般会指定一个基金公司管理雇员的 401K 账户，这个基金通常有各种不同类型的投资组合供员工选择，有定期存款、股票基金、债券基金、指数基金以及平衡基金等，雇员自主决定投资决策，并承担投资风险。法律规定，雇员在 401K 账户的缴费和投资收益均免税，直到退休后从账户领取养老金时才对账户总额（包括利息红利附加增值）上缴个人所得税。401K 计划养老金领取条件是：账户持有人年满 59.5 岁；死亡或永久丧失工作能力；发生大于年收入 7.5% 的医疗费用；55 岁以后离职、下岗、被解雇或提前退休。户主如在 59.5 岁之前取款，将被征收惩罚性税款；但允许提前借款，再还回账户。

3. 个人退休金计划（IRA 计划）

个人退休金计划即个人储蓄保险，是一种联邦政府提供税收优惠、个人自愿参与的个人补充养老金计划。个人退休金计划始建于 20 世纪 70 年代，其核心是建立个人退休账户（Individual Retirement Accounts，简称 IRA）。与 401K 账户不同，IRA 账户由参与者自己设立，所有 16 岁以上 70.5 岁以下、年薪不超过一定数额者均可以到有资格设立 IRA 基金的银行、基金公司等金融机构开设 IRA 账户，而且不论其是否参加了其他养老金计划。户主可根据自己的收入确定年度缴费金额，并在每年 4 月 15 日之前存入账户。IRA 有最高缴费限额。例如，50 岁以下者 2014 年最高缴费限额为 5000 美元。年薪超过一定数额者不能参加 IRA 计划。例如，已有 401K 计划者中，未婚者年薪超过 5.6 万美元，已婚者年薪超过 8.9 万美元，则不得申报该年度 IRA 计划。IRA 账户由户主自行管理，开户银行和基金公司等金融机构提供不同组合的 IRA 基金投资建议，户主根据自己的具体情况和投资偏好进行投资管理，风险自负。IRA 户主在年满59.5 岁后方可领取 IRA 退休金，提前支取将被处以支取金额 10% 的罚金。政府此举在于鼓励户主到退休后才开始使用 IRA 资金。法规同时规定户主年满 70.5岁必须开始支取账户金额。

（二）澳大利亚"三支柱"养老保障制度

目前澳大利亚老人养老金收入包括 3 部分，分别为基本养老金、强制性缴费职业年金和自愿性储蓄和投资，被称为"三大支柱"。它们有各自的目的，互为补充。但在 1992 年前，澳大利亚养老金收入几乎只有联邦政府提供的基本养老金。1992 年建立的强制性缴费职业年金制度，使联邦政府摆脱了单一支柱养老金制度带来的财政风险，也使养老保险制度变成了基本保险、职业年金保险、自愿性储蓄的"三支柱"制度，具有可持续性。

1. 第一支柱：基本养老金

1909 年 6 月，澳大利亚联邦政府的基本养老保险计划取代了原来各州的计划，并开始生效。从开始到现在基本养老金就是非缴费的经济状况核查型养老保险，由国家税收提供资金来源。享受基本养老金的条件只考虑年龄、居住年限、收入三大因素。

首先，从年龄条件看，男性必须年满 65 岁才有资格享受基本养老金，而女性原来规定享受基本养老金的年龄也为 65 岁，后来降为 60 岁，2013 年 7 月 1

日又提高到 65 岁。其次，从居住年限看，享受基本养老金的人必须是澳大利亚公民或永久性居民。经常在澳大利亚居住的人和居住在国外的人，如果满足以下条件，也有资格享受基本养老金：（1）在澳大利亚连续居住满 10 年；（2）在澳大利亚连续居住 5 年以上，而且在澳断断续续居住 10 年以上；（3）申请养老金前，在澳大利亚寡居 2 年以上的女性，且寡居前该女性及其配偶都是澳大利亚居民；（4）在达到享受基本养老金年龄要求前，已经享受了寡妇养老金、寡妇津贴、配偶或同居人津贴、成人津贴。资格一旦认定，对任何在海外居住的人士也必须支付基本养老金。澳大利亚将近 4.4 万养老金领取者长期居住在国外。再次，政府通过严格的收入和资产核查向最需要援助的人提供基本养老金，确保澳大利亚纳税人可以承受基本养老金制度。经济状况核查必须针对真正需要帮助的人群。经济状况的核查要考虑复杂的财务状况，要求政府不同部门和机构之间数据信息共享。基本养老金的水平是根据资产核查和收入核查的结果计算的。就收入调查而言，享受基本养老金的界限如下：单身为每两周收入 1204 澳元，夫妇总收入为每两周 2010.5 澳元。收入调查允许单身或夫妻在不影响其养老金的前提下，赚取一定的收入，每两周收入超过 116 澳元的部分，每收入 1 澳元，基本养老金适当减少；收入在 116~1204 澳元（相当于每周平均收入的 86%）之间的，可以部分享受；收入超过 1204 澳元的，不享受基本养老金。如果是夫妻，计算方法相同。收入的范围很广，包括工薪收入、投资收益、财产出租收入及其他来源，但不包括礼品和礼金收入。资产核查的范围也很广，包括金融资产、年金、出租财产、个人物品（如汽车）等，但不包括家用住房。拥有个人住房的已婚夫妇持有的资产在 206500 澳元以内，不影响领取基本养老金；资产超过该标准，每超过 1000 澳元，每两周抵扣 3 澳元的基本养老金。同时，政府也制定了反欺诈措施，防止持有大量资产的人通过把资产赠予他人，如家庭成员，将其个人资产降低到规定标准下，从而谋取基本养老金。

基本养老金的支付。澳大利亚由联邦政府支付的基本养老金的标准，单身每两周可以领取 499.7 澳元，夫妻每两周可以领取 834.4 澳元，总体上按平均收入的 25% 掌控养老金规模。同时，每年 3 月和 9 月要根据消费品物价指数调整养老金的支付标准。目前大约 82% 的 65 岁以上老人都能部分或全额领取基本养老金。

2. 第二支柱：强制缴费职业年金制度

1992 年，澳大利亚政府制定和通过了职业年金法律，规定其缴费为强制性，使职业年金制度进一步规范化并扩大了覆盖面。从当时的经济环境看，人口老龄化的上升，使联邦政府提高的基本养老金在财政支出中的比重逐年提高；人口的增加使得政府所提供的基本养老金很难满足更多人的社会保障需求。当时，基本养老金支出约占政府预算支出的三分之一，65 岁以上的人口逐年增多，人均寿命也在不断延长，70~80 岁的高龄老人越来越多，60 岁以上的老人还要赡养自己的父母，家庭的医疗支出也不断增加。显然，仅靠相当于平均收入 25%的基本养老金已无法满足广大居民日益增长的社会保险需求，因此，在公共养老金制度外建立强制缴费职业年金制度成为养老保险制度可持续发展的必然选择。

强制缴费职业年金制度是以就业为前提、为退休生活进行的强制性、享受税收减免的储蓄。目的是在基本养老金之外提供更多的退休收入，增加国民储蓄和减缓养老保险支出的增长速度。其缴费是完全积累式的，以确保未来的待遇水平。职业年金制度规定了雇主的缴费率，雇主可代替雇员缴纳职业年金，缴费率从 1992 年的占雇员工资的 3%上升到目前的 9%。年收入达不到限额的雇员必须缴纳强制性职业年金，雇主不必为超出限额的部分缴费。澳大利亚税务署每年公布《职业年金决定》，确定每年的限额。在退休和达到退休年龄前，职业年金必须放入职业年金基金中。在澳大利亚有五大类型的职业年金基金：零售基金、公共部门基金、公司基金、小职业年金（自助式职业年金）、行业基金。职业年金由不同的私有部门管理，每一类型基金由一受托人委员会以信托的方式管理，依据法律对基金会成员负责。职业年金由联邦税务署负责征收，然后计入个人账户，委托年金基金受托机构管理，缴费 40 年后，可以向受益者提供相当于退休前个人收入 40%的养老金。政府期望通过职业年金制度，向大多数澳大利亚居民提供充足的资金用于保证退休后的生活。但是，现在有人担心，9%的缴费率经过 30~40 年的积累，难以达到设想的 40%替代率的养老金给付目标，因此，有人主张提高职业年金缴费率，从目前的 9%提高到 12%~15%。

3. 第三支柱：自愿性职业年金、其他投资和保险

澳大利亚自愿性储蓄主要有两种形式：用于自住的住房、有税收优惠的自愿性职业年金。其他自愿性储蓄形式包括购买商业保险、财产投资、股票投资及其他金融工具投资。有 43%的职业年金基金成员在税后自愿缴纳职业年金，自愿职业年金的平均缴费率为收入的 6%。2000 年 7 月 1 日以后缴纳的自愿性职业年金也要受到有关领取年龄规定的制约，即目前领取年龄为 55 岁，但 2015—

2025 年间将逐渐调整为 60 岁。同时，在澳大利亚 71% 的人拥有房屋的所有权，而户主年龄在 65 岁的家庭中 83% 的户主拥有房屋所有权，1996 年的一项纳税人调查表明，11% 的人从财产投资中获利。此外，近年来澳大利亚人投资寿险产品和管理性投资的人数增加，虽然管理性投资如股票的收益和支配不受领取年龄的限制，但间接地使退休时可支配的收入水平提高，因而对养老保险的资金供给发挥重要的补充作用。

（三）几点启示

1. "三支柱"养老保障制度和运行都是以法律和法规为依据的

美国养老保障制度是以 1935 年联邦政府颁布的《社会保险法》为基础的，以后有关于养老保障制度修订的法案作为《社会保险法》的补充条款加以充实；而 401K 计划就是根据《国内税收法》制定的，必须遵守相关法律要求；养老保险信托基金的运作也是有相关法律规定的。澳大利亚已经建立了一整套完善、健全的老年法律法规体系，无论是老年人应享有的权益和义务，还是政府、养老机构、个人在老年保障方面的责任和义务，以及老年保障的形式、内容和程序等都有法可依。

2. "三支柱"养老保障制度的缴费率与替代率大多是明确的

美国联邦退休金缴费率是雇员工资的 12.4%，替代率大约相当于雇员退休前工资的 40%。401K 计划缴费率为雇员工资的 3%~7%，替代率没有明确规定。澳大利亚养老保险第一支柱是政府一般税收提供，个人无须缴费，但有严格的收入和财产审查，而替代率一般为个人退休前工资的 25%；强制职业年金缴费为个人工资的 9%，替代率规定为退休前工资的 40%。也就是说，如果第一、二支柱的养老金都能领取的个人，养老金领取额大约为个人退休前工资的 65%。

3. "三支柱"养老保障制度是发挥政府和市场两个作用，降低养老保障制度运行风险和可持续性的最佳选择

从美澳两国的经验看，政府负责养老保障第一支柱的组织、管理、发放和补偿，澳大利亚养老保险第一支柱资金来源是国家税收，对第二、三支柱的责任主要是政策支持和监管，维护养老保障资金安全和老百姓的养老保障权益。市场的作用是通过金融中介对养老保障第二、三支柱资金实现收缴、管理、发放与投资运营。可以看出，政府主要负责养老保障第一支柱的管理，第二、三支柱则借助市场力量进行管理，大大减轻了政府对养老保障资金的责任，而且提高了养老保障资金的管理效率，降低了政府对养老保障收支管理所承担的补

偿风险。

三、我国现实表明："一柱独大"养老保障制度难以为继

改革开放以来，我国城乡养老保障制度经过了一系列改革，目前已经建立了企业职工基本养老保险制度、行政事业单位基本养老保险制度、城乡居民基本养老保险制度，形成了覆盖全面、保基本的养老保障制度体系。虽然我国也建立了"三支柱"养老保障制度的雏形，但基本养老保险缴费率过高，企业年金成长缓慢，商业养老保险刚刚起步，群众把养老保障的希望寄托于基本养老保险，形成基本养老保险"一柱独大"的局面。加上养老保障制度不统一、缴费率与支付水平相差较大等问题，导致现行养老保障制度可持续性差，老百姓对养老保障制度的参与缺乏信心。

1. 基本养老保险制度"三足鼎立"，制度内容差别较大，导致不同制度覆盖人群的养老保险不公平

目前，我国基本养老保险制度基本上分为3类：城镇企业职工基本养老保险制度、行政事业单位职工基本养老保险制度和城乡居民基本养老保险制度。1997年企业职工基本养老保险制度是按照"社会统筹与个人账户相结合"的原则建立起来的，改革的初衷是解决新老国有企业之间因为养老负担畸轻畸重带来的竞争不公平问题，后来逐步扩展到所有企业。我国基本养老保险制度已经建立了20年，2016年累计结余3.67万亿元。而行政事业单位职工基本养老保险制度2015年开始建立，也是按照"社会统筹与个人账户相结合"的原则建立起来的。相比较而言，两者有很大不同：一是时间不同。企业职工基本养老保险1997年开始建立，比有的企业成立时间还要早。至今已经有20年的历史，无论是制度内容和征缴管理方面都做了一系列改进，经过20年的积累，企业职工基本养老保险基金结余3.6万亿元，这是保证制度健康和可持续运行的重要条件。而行政事业单位职工基本养老保险制度建立只有6年时间，无论是制度运行和征缴管理都存在不少问题，尤其是缺乏资金积累，意味着行政事业单位基本养老保险制度的转轨成本完全依靠政府财政消化。结果是因为两者结余资金有很大差别，给并轨带来很大难度。二是两者待遇差距短期内难以消除。尽管近十余年来接连提高了企业职工基本养老保险待遇，但现实中企业退休职工的养老金平均待遇水平仍然会低于行政事业单位职工基本养老保险平均待遇水平，尽管国外也存在政府雇员与企业雇员的养老金差距，但差距没有我国这样大。

比如，现在企业退休职工养老金平均每月 2000 多元，行政事业单位退休职工平均每月养老金大约在 4000 多元。三是基本上依靠政府财政补贴维持运转的城乡居民养老保险制度更无法与企业、行政事业单位基本养老保险制度相比。严格意义上它是社会福利制度的组成部分，不是养老保险制度。比如，2015 年全国城乡居民基本养老保险缴费收入只有 708 亿元，而当年基本养老金支出 2069 亿元，缴费仅占支出的 34.22%。政府财政补贴 2044 亿元，占当年城乡居民基本养老保险总收入 2879 亿元的 71%。因此，它与企业、行政事业单位职工基本养老保险制度缺乏可比性。制度不公平就会带来结果的不公平。

2. 基本养老保险第一支柱独大，抑制了补充养老保险和商业养老保险的生长

为什么城乡养老保险制度改革进行到今天出现第一支柱独大的格局？原因如下：一是各级政府从社会保险制度改革伊始就非常重视基本养老保险制度的建立与完善，相对而言对补充养老保险和商业养老保险的制度建立与发展没有那么重视，认为只要把基本养老保险制度搞好了，群众对基本养老保险制度满意了，整个养老保险制度就成功了。况且，开始改革时，我们幻想基本养老保险待遇支付水平可以达到 70%~80%，如果这样，群众的养老问题也就基本解决了。实际执行结果替代率从 70% 多一路下降到 50%，甚至只有 40% 多。而基本养老保险缴费率却一直保持在 28%，形成高缴费率与较低替代率的配置格局。二是基本保险高缴费率挤占了补充保险和商业保险的成长空间。企业职工基本养老保险和行政事业单位基本养老保险缴费率统一规定为 28%，其中社会统筹部分由企业、单位缴纳 20%，个人账户部分由个人缴纳 8%。28% 的缴费率是目前世界各国基本养老保险缴费率中最高的。据我们对多国基本养老保险制度的研究，基本养老保险缴费率一般不超过 20%。显然，过高的缴费率挤占了补充保险和其他社会保险的缴费空间。如果不调整基本养老保险缴费率，企业就面临要么硬着头皮为职工购买企业年金，企业成本会上升，甚至出现亏损，这是中央一再强调降成本的重要原因；要么就不为职工建立企业年金，职工退休后只能依靠基本养老保险金维持退休生活。事实上有些省份已经把基本养老保险缴费率降到 20% 以下。可见，28% 的缴费率并非不能调整，如果有利于整个制度的合理构建，降低缴费率是可行选择。

3. 补充养老保险和商业养老保险发展滞后，严重损害了养老保障制度的可持续性

综观世界各国，养老保障都是以"三支柱"或多支柱的合理搭配，维持养老保障制度的可持续性。而在我国，基本养老保险第一支柱独大的格局，严重削弱了养老保障制度的可持续性。尽管我国在 2004 年颁布了《企业年金试行办法》，但发展缓慢。截至 2016 年我国企业年金参与企业 76298 家，参与职工人数 2324 万人，积累资金 11074 亿元，仅占城镇企业总数的 7% 左右。发展如此缓慢的原因，一是人们对企业年金的支柱作用缺乏明确认识。企业年金只是起补充作用，覆盖多少就是多少，最终领到多少算多少。到现在人社部还没有一个专门司局监管企业年金，督促和引导企业年金正常发展。二是企业年金成为富人俱乐部，只有企业规模大、经营状况好的企业才有积极性参与企业年金，规模小、亏损企业都无力参与企业年金，企业年金不能发挥应有的养老支柱作用，反而变成了"锦上添花"的政策工具。三是第一支柱的缴费率挤占了企业年金的缴费空间，企业负担很吃力，或无法负担。如果第一支柱的缴费率不降下来，第二支柱的缴费率就缺乏操作空间。这在当前多次成本调查、企业经营状况调查中均有大量数据佐证。没有第二支柱发挥作用，仅靠第一支柱支撑养老保险，会助推民众对第一支柱的不满，进而增加政府对第一支柱的支付压力与责任。

4. 道德风险与部门利益妨碍了养老保障制度改革的深化

建立合理养老保障制度架构，不仅是人口老龄化条件下确保养老保障制度具备可持续性的重要条件，也是发挥政府和市场在养老保险制度分工中的不同作用的基本途径。可以想象，没有第二支柱有效发挥作用，必定会加大第一支柱的支出压力，政府不得不收拾残局。为什么第二支柱发展如此缓慢，主观上是参与第一支柱资金管理的部门管理者从资金管理过程中得到好处，舍不得放弃。比如，高缴费与低支付的搭配，显然中间的差额越大，越有利于管理部门或管理者从中设置不同的截留机关分一杯羹。其中有的是制度允许的，有的制度不允许但经过变换手法变为合理的。再比如，按险种设置保险经办机构，虽然是管理需要，但一套机构，一套人马，办公设施都配齐，对于管理部门而言可以安排更多人就业，可以从财政争取到更多经费，部门的权力被放大了。其中，道德风险是指利用公共资源为单位或个人谋取不正当的利益。比如，利用养老保险结余资金投资的合理渠道，按管理者个人意愿选择投资者，通过投资回报的高低不好掌握的特点而谋取单位或个人利益。部门利益是指部门行使权

力过程中带来的客观利益。两者都会使部门管理者不愿放弃既得利益，而阻碍养老保障制度的重新调整与改革，使养老保障制度失去改革的最佳时机。

四、如何构建"三支柱"养老保障制度

面对日益严峻的人口老龄化形势，我们应该如何改革现有养老保障制度，使第一支柱独大、第二支柱过小的养老保险制度变为第一、二、三支柱合理搭配的、具有可持续性的养老保障制度。改革既要保持制度连续性，又要考虑未来养老保障的发展要求；既要谨慎选择，又要积极作为。

（一）总体思路与原则

贯彻落实国家"十三五"规划关于社会保障改革建议和中央关于加强和改善民生的一系列指示精神，根据"四个全面"和"五位一体"的战略布局要求，按照基本养老保险、补充养老保险、商业养老保险"三支柱"的科学搭配要求，结合我国基本国情，对现行养老保障制度进行改革和完善，实现体制机制创新，明晰政府与市场边界、中央与地方责任，提高制度的统一性和规范性，促进养老保障制度的公平与可持续发展。

1. 继承和发展相兼顾

现在的养老保障制度从 20 世纪 90 年代开始改革，至今已有 30 多年时间，集几代改革者的智慧和全国的探索与实践于一体，取得了许多成功的经验，对现在制度的矛盾与问题也了然于胸。因此，新的改革方案要立足现实，尽可能利用现有制度的长处，消除其不足。不是推倒重来，更不是用新的方案代替旧的方案。否则要付出新旧体制转轨的沉重代价。

2. 积极和稳妥相权衡

养老保障制度的改革和完善，不能限于旧制度的修修补补，而要谋长远、有创新，着眼于新形势、新发展对城乡养老保障制度提出的新要求，如人口老龄化和城镇化都要求对现行养老保障制度做出全新的思考与选择。新的养老保障制度方案又要尊重历史，确保平稳过渡，尽可能多吸收现有制度的优点；针对现有制度存在的突出矛盾对症下药；找到一条既能矫正当前制度的不足，又符合未来发展需求的切实可行方案，才是解决当前城乡养老保障制度问题的基本路径。

3. 制度科学与精算平衡相统一

确保养老保障收支的长期可持续平衡，科学合理的制度设计是基础，而科

学合理的制度包括缴费率与替代率的合理匹配、基本保险与补充保险及商业保险的合理分工、收缴发放投资运营等管理体系健全，才能从制度和管理方面为社会保障收支的长期可持续平衡奠定扎实基础。精算平衡寓于制度科学的构建中，通过精算确定社会保险关键要素的合理水平，通过精算确定社会保障与经济、财政的相互适应关系，从而避免养老保险成为经济的拖累和财政的包袱。

4. 政府与市场作用相协调

"三支柱"养老保障制度建设与运行要实现可持续发展，必须明确政府与市场两者在制度分工中的责任和作用，夸大哪一方的作用都会给制度运行带来较大的代价。目前我们过分强调政府的作用，结果是第一支柱独大、第二、三支柱发展十分缓慢，老龄化高峰还未到来，各级政府财政就已经难以承受了，说明夸大政府作用、忽视市场作用是走不通的。国际经验表明，基本养老保险制度运行及管理更多依靠政府完成；补充养老保险和商业养老保险制度运行与资金管理要更多借助市场机制完成，政府主要提供政策支持和监管。

（二）如何架构"三支柱"合理搭配的养老保障制度

1. 将现行城镇企业职工基本养老保险和行政事业单位基本养老保险制度中的"社会统筹基金"改为城镇企业与行政事业单位基本养老保险基金，成为名副其实的养老保险第一支柱。

目前城镇企业职工基本养老保险制度中社会统筹基金是完全由企业缴费的，行政事业单位基本养老保险制度中的社会统筹基金也是由行政事业单位缴费的，费率均为职工工资总额的20%。社会统筹基金改为企业职工基本养老保险基金以后，费率是保持现行20%还是适度降低，要根据精算来确定；但是基本养老保险缴费不再完全由企业负担，而是分别由企业缴费14%，职工缴纳6%。同样，行政事业单位基本养老保险制度改革也是如此，单位缴纳14%，个人缴纳6%。缴费率定为20%，是根据世界各国基本养老保险缴费率大多数不超过20%，又考虑我国的人口老龄化来势很猛，对基本养老保险基金形成越来越大的需求这些情况做出的，以此分别形成城镇企业职工基本养老保险基金和行政事业单位基本养老保险基金。

2. 基本养老保险基金按照"现收现付"原则核定替代率

无论是企业职工基本养老保险基金，还是行政事业单位基本养老保险基金，都按照"现收现付"原则组织收支，当年收入满足当年支出为主，略有结余。既然基本养老保险缴费率由过去的28%降为20%，肯定对基本养老保险支付产生较大影响，建议将法定替代率定为50%。理由一是我国是共产党领导的社会主义国家，始终把人民利益放在一切工作首要位置。基本养老保险关系人民生存、发展需求，能得到多大程度的满足，与基本养老保险支付水平直接相关。替代率定为50%，高于美国40%，也高于其他一些发达国家，体现政府对人民养老负责的态度。二是保参保对象基本生活需求。基本生活需求对老人而言就是衣食住行支出。退休前3~5年平均工资收入的50%，用于退休后的个人衣食住行支出应该不成问题。三是20%的缴费率与50%的替代率是否匹配？可以通过数学模型论证分析一下，按照"现收现付"原则20%的缴费率能否满足50%的替代率的要求，不足部分可以通过财政支出解决一部分，通过国有资产分红和处置收入弥补一部分，具体可以根据每年实际需要安排。

3. 企业职工基本养老保险基金和行政事业单位基本养老保险基金应实行"全国统筹"

目前企业职工基本养老保险"省级统筹"，多数省份实行的是提取调剂金的办法，我认为收取调剂金只是名义上的省级统筹，实际上仍然是地市统筹。如果对企业职工基本养老保险和行政事业单位职工基本养老保险实行"全国统筹"，有两种可选途径：一是实行"一级政府、一级预算、一级管理"的基本养老保险预算管理办法。与现行社会保险预算管理办法基本相同，即基本养老保险基金全部纳入预算管理，把基本养老保险基金作为中央社会保险预算管理重点，即基本养老保险基金收支纳入每一级政府社保预算，中央财政要把基本养老保险缴费情况、缴费基数、缴费人数和支付人数与标准作为中央财政监管的重点，有权对省、市、县基本养老保险预算编制与执行情况进行抽查与定期检查。地方政府严格执行上级政府核定和审批的基本养老保险预算。其中特别对中央财政下拨的基本养老保险财政补贴预算数进行严格审查，确保基本养老保险收支预算的真实可靠，防止各种虚报冒领现象发生。二是实行基本养老保险基金收支的全国"统收统支"。必须实行"六统一"，即统一制度、统一缴费标准、统一待遇标准、统一基金管理使用、统一经办机构和统一业务规程。在全国范围内统一制度规定、统一调度使用基金、统一经办管理、统一信息系统为主线，通过行政事业单位与企业职工养老保险统一筹资机制、统一制度结构、统一待遇计发办法等，二者纳入统一管理体系，资金上分账管理，实现全国基本养老保险事业的统筹协调发展。相比较而言，前者预算真实性难以掌握，但管理成本较低；后者基金管理自成体系，但管理成本较高。

4. 将现行企业职工基本养老保险基金和行政事业单位基本养老保险基金中的"个人账户"基金变为企业年金或职业年金

现行企业职工基本养老保险基金和行政事业单位基本养老保险基金中的"个人账户"基金是由职工个人按工资总额的 8% 缴费形成。建议将"个人账户"基金变为企业年金和职业年金,考虑企业年金和职业年金承担起养老保险第二支柱作用,8% 的缴费率能否提高到 10%。由企业或行政事业单位按职工工资总额的 5% 缴费,职工个人缴费 5%,全部计入个人账户管理,实行完全积累制,职工只有在达到法定退休年龄才能从个人账户中按月领取养老金。企业年金或职业年金替代率应该由中央政府社保部门在相关法律法规中统一规定,我们建议年金替代率规定为职工退休前 3～5 年月均工资的 25%～30% 为宜。企业年金或职业年金由人社部或地方政府人社厅按照企业年金或职业年金管理法规,选择具有资质的第三方金融中介如基金公司、银行、保险公司、信托投资公司依法进行年金日常管理和投资运作,人社部门定期对企业年金和职业年金的安全和增值情况进行监督,发挥企业年金和职业年金在职工养老保险基金中的第二支柱作用。

5. 积极支持商业养老保险和个人储蓄养老保险,促进养老保障第三支柱的形成和发展

我国过去各大保险公司曾经开展过人寿保险和健康医疗保险业务,摸索了一些值得推广的经验。但总体上存在规模偏小、品种较单一、管理较混乱、信誉偏低等问题。最近,国务院办公厅颁布了《关于加快发展商业养老保险的若干意见》,特别指出把商业养老保险作为养老保障制度的第三支柱加以培养,说明商业养老保险在我国养老保障制度体系中具有非常重要的地位。按照该意见要求,我国对商业养老保险发展的支持采用限额税前扣除办法,即每年每个职工允许从个人工资收入中拿出 2400 元购买商业养老保险产品,2400 元允许分摊到每月从缴纳个人所得税前抵。除此以外,为了调动经营者积极性,允许对经营一年期以上人身保险保费收入免征增值税。这些措施对于促进商业养老保险事业发展具有重要作用。但是,要让商业养老保险成为养老保障制度体系的第三支柱,目前的政策支持力度仍然偏小。我们建议:一是将商业养老保险个人所得税免征额上限提高,发放养老保险金时统一征收个人所得税。从目前的每年 2400 元即每月 200 元提高到每年 7200 元即每月 600 元,目标是每月 1000 元。需要税收政策部门根据城乡居民家庭人均收入的增长情况和人口老龄化对商业养

老保险作用发挥情况来决定，如果提高到每人每月 600 元商业养老保险免征限额，意味着商业养老保险产品经营和资金规模增长 2 倍以上，给经营商业养老保险的公司提供发展商业养老保险产品市场的绝佳机会，大大增强商业养老保险产品在养老保障制度体系中的作用。二是增加商业养老保险产品供给，为城乡居民提供更多符合不同收入阶层、不同年龄人群个性化要求的养老保险产品。能否成为"第三支柱"，关键看商业养老保险在居民个人养老保障中发挥什么作用，如居民个人养老保障中来自商业养老保险提供的保险金占多大份额，占比小就不能承担起"第三支柱"的作用，如果在 15% 以上，才能称得上"第三支柱"。商业养老保险公司针对不同收入阶层和不同年龄人群设置投入额、年限、回报率不同的养老保险产品，适应不同人群购买力要求，甚至与居民机构养老、居家养老的需求联系起来，使养老保险产品与养老需求紧密联系起来。把发展商业养老保险与提供更周到、更人性化的养老服务联系起来，商业养老保险事业一定能有更快的发展。三是适当加大对商业养老保险公司从事人寿保险、保险资金投资运营、年金管理、养老服务等产业经营的财政税收支持力度。这些与人口老龄化相关的产业领域，经营风险较高，经营利润较低，适当的财政补贴和税收优惠政策支持是必不可少的。调动民间资本向商业养老保险、老龄产业等领域投资，发挥社会资本在促进商业养老保险发展中的重要作用。

6. 城乡居民养老保障制度较长时期仍然采取"基本保险+商业保险+城乡低保+农村土地收入+子女供养"的形式

基于我国城乡居民收入差距仍然较大，农业劳动生产率远低于工业劳动生产率，城镇化率不到 60%，不存在城乡居民基本养老保险与城镇职工基本养老保险并轨的条件，因此，城乡居民养老保障应在现有基础上不断完善和创新。一是逐步提高城乡居民参保缴费标准和待遇支付标准。城乡居民基本养老保险缴费应随城乡居民收入提高而做适当调整，条件成熟时改为按月对城乡居民劳务收入的一定比例征缴；待遇支付也应根据城乡居民消费水平提高和政府财政承受能力做适度调整和提高。二是发展与农民收入水平和农业劳动生产率提高相适应的商业养老保险产品。根据城乡居民收入水平的层次性和城乡居民年龄结构的层次性，设置多种商业养老保险产品，做好商业养老保险资金的投资运营与政府监管，提高商业养老保险的信誉与吸引力。三是做好城乡居民依靠其他途径养老保障工作。对城乡居民中的残疾人、五保户、贫困家庭等弱势群体做好残疾人保障、五保户供养、城乡低保等工作，不能因贫失养，因疾病和子女教育问题致贫的给予临时生活救助,确保城乡居民无论何种情况都能得到适当的养老保障。

7. 完善社会保险预算管理,把基本养老保险和企业年金、职业年金纳入社会保险预算管理范围

目前社会保险预算金将"五险"收支列入管理范围,住房公积金和财政补贴均未列入预算内容,显然不利于加强对所有社会保险资金的监督和管理。一是社会保险预算管理范围既包括基本保险基金,也包括补充保险资金。基本养老保险基金无疑是社会保险预算管理对象,但补充养老保险资金是否属于社会保险预算管理对象存在较大争议,原因是企业年金和职业年金一般委托第三方金融中介按市场规则进行管理和运作,社会保险预算难以将市场运作的资金纳入预算管理。我们认为,企业年金和职业年金由企业或行业年金管理机构定期将年金收支情况报人社部门和财政部门年金监管机构,作为纳入社会保险预算的依据,第三方金融中介将年金投资运营情况定期报年金管理机构和人社部门、财政部门的年金监管机构,与年金收支情况一起纳入各级社会保险基金预算。二是将中央与地方财政补贴基本养老保险的资金以及养老保险投资运营盈亏情况纳入社会保险基金预算。不仅反映社会保险(基本养老保险)基金收支与各级财政支出的关系,而且全面反映基本养老保险收支、财政补贴、投资运营的全貌,更好监督基本养老保险、企业年金、职业年金的安全与增值情况,提高社会保险基金预算的完整性。

上述方案的可行性分析如下:通过对现行企业职工基本养老保险制度和行政事业单位基本养老保险制度的调整,基本养老保险缴费率由原来的28%降为20%,企业年金和职业年金由原来的基本养老保险"个人账户"转化而来,缴费率由原来8%提高到10%,但原来企业年金和职业年金的8%的缴费率取消了,第一、二支柱养老保险总的缴费率由原来的36%降为30%,其中企业缴费率由原来的24%降为19%,降低5个百分点,个人缴费率由原来的12%降为11%,降低1个百分点。制定新的改革方案时,还可以根据精算结果做出调整。经过调整达到两个目的:一是总体养老保险缴费负担下降;二是建立我国养老保障"三支柱"制度,特别是企业年金制度和职业年金制度将在我国养老保障制度体系中发挥支柱作用,提高养老保障制度的可持续性,更好地迎接我国人口老龄化高峰带来的挑战。

(原文发表于 2019 年第 7 期《地方财政研究》)

对健全当前我国养老保险制度改革的看法与建议

我国养老保险制度改革进行了 20 多年，虽然形成了覆盖全社会的养老保障体系，但是存在制度碎片化、制度内不公平、贪大求全等突出问题。有必要对过去养老保险制度改革的成绩与问题做一个全面的审视和回顾，这有利于从总体和规范的视角对未来几年我国养老保险制度和管理做出科学、合理的判断和展望。

一、我国城乡养老保险制度改革成绩显著

1. 基本形成覆盖城乡的养老保险制度体系

社会保障改革开始于 20 世纪 80 年代，但局限于国有企业职工养老、失业保险制度。20 世纪 90 年代建立了"社会统筹与个人账户相结合"的城镇企业职工基本养老保险制度，陆续对失业、基本医疗保险、工伤、生育保险方面进行了改革，社会保险制度框架初步建立；进入 21 世纪，陆续建立了农村新型养老保险制度和城镇居民养老保险制度，事业单位基本养老保险制度也在五个省进行试点，基本形成覆盖全社会的养老保险制度体系，体现了我们党执政为民的理念和让全体人民分享改革成果的思想。

2. 社会保险基金征缴、发放等管理体系初步建立

从 80 年代探索企业职工养老保险社会统筹办法以来，国有企业职工养老金最初是由工会征缴和发放的；1997 年实现"社会统筹和个人账户相结合"以来，企业职工养老保险由劳动社保部门的社会保险基金经办机构征缴和发放，并委托银行和邮局等机构发放给个人；基本医疗保险、失业保险、工伤和生育保险基金也都是由相应的经办机构征缴和发放；进入 21 世纪很多地方探索地税部门代征，目前大多数地方实行主管部门征缴与地税部门代征相结合，大大提

高了基金征缴率。同时，进一步健全了养老金由银行和邮局按照个人社会保险号码签发的社会保险金领取卡社会化发放机制，方便了群众领取养老金和其他社会保险金。近年来先后建立的农村新型养老保险制度和城镇居民养老保险制度也采取了发放社保卡到银行和邮局领取的方式。民政部门也成立了低保和其他社会救助申请和发放机构，方便了群众申请和领取各种社会保障资金。尽管存在社会保障经办机构分散、经费不足等问题，但社会保障基金管理基础和制度得到了加强。

3. 企业职工基本养老保险制度社会统筹层次逐步提高

企业职工基本养老保险制度改革初期实行县市统筹，目前多数省、自治区实行了省级统筹，只是统筹办法不一样，有的只上划基金调剂权，有的则设立养老保险基金垂直管理体系，将发放和弥补的责任都集中到省一级。尽管目前问题不少，但基本上解决了省内的基金调剂和平衡问题。扩大统筹范围，实际上是为了增强养老保险基金的调剂能力与可持续性，提高养老保险基金的抗风险能力，解决因历史和经济发展不同地区的基本养老保险基金收支平衡问题。而现行的农村新型养老保险制度和城镇居民养老保险制度基本上都是以县、市统筹为主，存在统筹范围过小、抗风险能力低的突出问题，亟待提高和扩大统筹范围，如市级统筹和省级统筹。

4. 养老保险基金监管制度逐步建立和健全

在社会保障主管部门成立了基金监管，出台了监管条例，定期对基本养老保险基金收支和结余的情况进行监督检查，确保基金收支的规范和结余资金的安全。同时，财政部门和审计部门也不定期地进行基本养老保险基金收缴、使用和投资运营情况的检查。通过加强内部监管和外部监管，使基金的安全得到加强。

二、当前城乡养老保险制度存在的突出矛盾

虽然城乡养老保险制度基本上形成全覆盖，各项养老保险基金管理制度正在逐步建立，但与我国人口老龄化的发展要求相比，养老保险制度和基金管理存在一些突出的问题。

1. 人们对养老保险制度的认识存在许多误区

养老保险制度是一种权利与义务相统一的社会保险制度，没有履行缴费义务的个人是不能领取养老金的，而且每个人缴费多少与待遇支付多少存在密切联系，多缴费多得，少缴费少得；养老保险不是社会救助，养老保险制度是靠缴费维持运转的制度，政府提供的财政补贴只是基金的补充，而社会救助是无须缴费而由政府财政提供的公共产品。现在有的地方为了强行扩大养老保险覆盖面，把一些不缴费或者少缴费的职工个人强行纳入养老保险制度中，造成少缴费的个人侵害按规定标准缴费的那部分人的利益。比如，自由职业者参加养老保险按当地社平工资的 20% 缴纳养老金，不是按自己取得的工资多少缴费，出现从事低工资职业的个人承担较高的缴费，高工资职业的个人承担较低的缴费的情况，而且使这些雇佣自由职业者的企业逃避了应承担的法定缴费义务，个人比一般职工多承担 12% 的缴费，显然并没有保障自由职业者的养老保险权益。现行农村养老保险制度和城镇居民养老保险制度的有些做法也违背养老保险权利与义务相统一的原则，对于农村和城镇 60 岁以上的老人不能再让其缴费，因为他们已经退休或不能从事有酬劳动，政府如果重视这部分人的养老问题，可以采取发放老年补贴和低保的方式，帮助他们安度晚年，而不是像现在一方面给 60 岁以上老人发放定额养老金，另一方面又让其子女按照定额标准缴纳养老保险金，把养老救助与养老保险混为一谈。同时，养老保险金的发放不能回到改革前的平均主义，每个人成长经历不一样，从事职业不一样，在工作期间取得的薪酬标准存在很大差别，养老保险是按个人取得工资的一定比例缴费，每一时期缴费多少不一样，所积累的养老金数额存在较大差别，企业普通职工与技术人员、企业管理者之间工资存在较大差别，所以缴费多少不一样，退休后拿到的养老金也应该不一样。现在基本养老保险金的发放并没有反映这种差别，唯一有所反映的是个人账户部分会出现一定差别。

2. 养老保险制度碎片化较严重，且缴费标准和支付待遇相差加大，给归并和统一养老保险制度带来很大困难

目前，我国城乡养老保险制度几乎呈现"五龙治水"的格局，城镇企业职工基本养老保险制度已实行 24 年，也是我国养老保险制度中最为成熟、管理体系较健全、管理逐步规范化、覆盖人群最多的一项养老保险制度；还有近几年建立并逐步完善的农村新型养老保险制度和城镇居民养老保险制度，主要面向农村居民和没有参加企业职工基本养老保险制度的城镇居民；还有正在试点的事业单位基本养老保险制度，目前争论较大；还未提上议事日程的公务员基本养老保险制度，仍然沿袭传统的财政供给制。五项制度建立仅解决覆盖面的问题，留下来的后遗症不少。一是缴费标准相差较大。城镇企业职工基本养老保

险缴费标准是按照职工工资总额的 28% 缴费，其中企业缴纳 20%，个人缴纳 8%；而城镇居民养老保险是按照每年 100~1000 元十档中选择一档缴费一次，也有的地方按当地城镇居民人均纯收入的一定比例一年缴纳一次，农村新型养老保险制度规定按 100~500 元五档选择其中一档每年缴费一次，显然城镇居民养老保险和农村新型养老保险的缴费采取定额缴费，似乎与城乡居民取得的工资或劳动报酬无关，尽管设立两项制度的初衷是针对农民和城镇工作不稳定的居民，解决他们的"老有所养"问题，但缴费标准大大低于城镇企业职工基本养老保险的缴费标准。如果要将三项制度合并为一项制度，缴费标准就很难统一。二是支付待遇相差较大。这是当前社会反响最为强烈的问题。城镇企业职工基本养老保险支付待遇按照基础养老金加个人账户每月发放额和调整数额之和计算，而城镇居民养老保险与农村养老保险发放采取定额发放加个人账户每月发放额之和发放，关键定额确定失据，完全由财政支付，与城镇企业职工基本养老保险发放的基础养老金相差较大，必然导致领取城镇居民养老保险金和领取农村养老保险金的群体面对城镇企业职工基本养老保险金的群体产生攀比心理。如果政府无力解决三种养老保险制度之间的支付待遇差别，可能带来新的社会矛盾和不稳定。现在反映最强烈的企业职工基本养老保险待遇标准与行政事业单位职工退休金发放水平相差较大，相差 50%~100%，要求养老保险"双轨"并一轨的呼声越来越高，也是人大代表提建议最多的问题。同时，养老保险"碎片化"也导致制度内不公和不利于劳动力流动及养老金跨地区接续转移。

3. 行政事业单位基本养老保险制度改革滞后，影响城镇职工就业和养老保险的公平

行政事业单位大约 4000 多万职工，占城镇职工总数的 14% 多一点，这一个庞大的群体不建立基本养老保险制度，完全靠政府财政提供退休金，不仅不符合社会保险"大数法则"，影响城镇企业职工养老保险制度的可持续性，也会加重财政的负担，影响各级政府宏观调控能力。如果行政事业单位长期由政府财政拨付职工退休金，仅在企业建立基本养老保险制度，就会形成就业和人才流动的体制壁垒，不利于人才合理流动和市场公平竞争环境形成。只有行政事业单位建立基本养老保险制度，才能谈得上与企业职工基本养老保险制度的"并轨"问题，还没有建立就要求取消"双轨制"，显然无法并轨。当然，我们也反对将行政公务员基本养老保险制度与事业单位基本养老保险制度分别建立，各

自形成体系，这不仅加剧制度碎片化，而且引发公务员与事业单位职工分配不公和养老保险不平等，增加社会矛盾。

4. 与基本养老保险制度配套的相关管理制度不健全，严重影响基本养老保险基金的安全和信誉

尽管基本养老保险基金管理涉及多方面内容，但影响基金安全和信誉的主要是两项：一是隐性债务的弥补机制没有建立，直接影响基本养老保险的可持续性。我们知道，我国未来 10～15 年是人口老龄化上升最快的时期，意味着那时我国养老保险基金需求也是快速增长时期，如果采取"现收现付"基金平衡方式，势必出现人口老龄化程度越高政府财政的财政补贴负担越重，会严重影响政府机器运转和政府职能实现；而且在社会保险五个险种中，只有养老保险与人口老龄化关系密切，医疗保险也会有一定影响，因此作为养老保险的组织者和管理者要未雨绸缪、早做打算，为应付未来人口老龄化积极准备更多的养老保险储备资金。其中最重要的就是及早建立养老保险隐性债务的弥补机制。早就有人做过测算，未来 30 年仅城镇企业职工养老保险隐性债务就可能突破 10 万亿元，如果再将行政事业单位职工基本养老保险隐性债务计算在内，隐性债务规模肯定更大。不想方设法弥补数额巨大的隐性债务，养老保险制度就难以持续。二是基本养老保险结余资金投资运营机制建立严重滞后。目前我国城镇企业职工基本养老保险基金累计结余接近 2 万亿元，这个积累规模是经过 17 年的累积实现的，但是在过去多年已经错过了我国经济成长带来丰厚投资回报的最佳时机，未来我国经济还会保持一定时期的中速增长，如果再错过这个时机，基本养老保险基金投资运营就会失去意义。基本养老保险结余资金投资运营机制的滞后，不仅影响结余资金的增值，而且影响老百姓参加养老保险的积极性，至少他们觉得如果自己将钱存在银行，每年也会有不低于 5% 的收益，现在基本养老保险结余资金每年增值不超过 2%，显然会损伤群众参加养老保险的积极性。

5. 补充养老保险和商业人寿保险发展缓慢，不能成为应对人口老龄化的有力支持力量

补充养老保险是养老保障的"三支柱"之一，如果补充养老保险建立滞后，等于养老保障内容和构成的缺位。我国提倡企业主办企业年金已经多年，但是仅停留在利润高的垄断企业，多数企业并没有建立企业年金，原因是政策引导缺位，对企业建立企业年金是否给予所得税税前扣除和财政补贴的优惠和奖励

政策，在财税政策和企业会计制度中没有做出明确规定，已有政策不足以调动企业建立企业年金的积极性；对人寿保险经营企业和参与个人也缺乏明确的支持政策。同时，现在企业承担的社会保险费率过高和负担过重，也降低了企业建立企业年金制度和个人参与商业人寿保险的积极性。面对日益提高的人口老龄化，补充养老保险制度和商业人寿保险发展滞后，在养老保障机制中不能发挥应有作用。

三、健全我国城乡养老保险制度的几点建议

（一）目标

要尽快完善城镇企业职工基本养老保险基金投资运营机制，健全行政事业单位基本养老保险制度，解决农民工分别纳入城镇企业职工基本养老保险和农村养老保险的问题，并相机推进补充养老保险制度建设；适时推进城镇职工基本养老保险全国统筹体制改革，逐步解决城镇企业、行政、事业单位的基本养老保险制度并轨问题，实现城镇基本养老保险制度的统一和规范；在我国城镇化取得突破的基础上，争取实现城乡居民基本养老保险制度的统一。

（二）原则

1. 积极稳妥、周密准备

养老保险制度改革事关全局，目前养老保险制度面临制度缺位和"碎片化"同时并存的矛盾，要先补缺，后合并。三五年内，主要建立城镇企业职工基本养老保险结余资金投资运营机制和建立行政事业单位职工基本养老保险制度。然后，按照先城镇、后城乡的次序，逐步合并基本养老保险制度。每一项改革都要周密部署，对改革涉及的每一个细节和可能出现的问题都要事先预估，做出应对方案，不能盲目从事，提高预见性和针对性，确保每一项改革的稳步推进和实效明显。

2. 攻坚克难、稳打稳扎

当前我国养老保险制度改革面临诸多问题，不可能一下子都解决，要分清轻重缓急，抓住当前养老保险制度改革的难点和重点，打破现有利益格局，从制约养老保险制度统一、规范和可持续的难点入手，选择一至两项制度重点推进，如城镇职工基本养老保险全国统筹管理体制改革，打破僵局，实现养老保险制度改革的新突破，逐步实现养老保险制度的规范与统一，提高养老保险制度的可持续性。

3. 试点中推进，完善中扩围

涉及全局利益的改革，要审慎推进，可以选择不同地区、不同行业、不同阶层进行试点，在试点中发现问题，修正方案，提高改革办法的可行性和操作性，同时通过完善改革方案扩大试点范围，再在扩围中完善改革办法，最终找到统一、规范的改革办法，形成统一、规范的制度，实现改革的目标。

4. 多方协同，上下联动

改革涉及地区利益、部门利益，要推动事关全局的任何一项与养老保险制度有关的改革，必须在思想上统一认识，行动上步调一致，政策制定与实施者共同推进，利益相关方共同参与，才能有效地推进和实施改革，使改革达到预期目标

（三）建议

1. 端正认识，切实按养老保险制度的规律和要求办事

基本养老保险属于准公共产品，政府具有组织和管理的责任，在雇主和雇员分别履行缴费义务的基础上，在基本养老保险出现收不抵支和存在不平衡潜在风险时，才由政府给予补助，维持基本养老保险收支的平衡。无论是基本养老保险还是补充养老保险，都要坚持权利与义务相统一的原则，只有履行缴费义务的个人才有领取养老金的权利；按照法定缴费率和缴费基数缴费的个人，才有按照法定领取标准领取全额养老金的权利。切实改变不缴费或少缴费强制扩大基本养老保险覆盖面的做法，增强基本养老保险可持续能力。

2. 尽快建立行政事业单位统一的基本养老保险制度，不要再加剧"碎片化"

为了建立适应市场经济的公平、统一的城镇基本养老保险制度，必须加快行政事业单位基本养老保险制度改革，虽然不能完全纳入现行城镇企业职工基本养老保险制度，但要按照"社会统筹和个人账户相结合"模式改革，以便逐步过渡到统一的城镇职工基本养老保险制度，收缴与发放可以由现行的征缴机构和发放机构执行，只是资金可以分开管理；如果再把行政与事业单位基本养老保险制度分别改革、分别管理，只会增加管理成本，加剧制度"碎片化"，形成新的就业和养老保险壁垒，不利于就业的公平竞争，妨碍劳动力的合理流动。同时，行政事业单位基本养老保险制度一起改革，可以提高制度抗风险的能力，提高行政事业单位基本养老保险制度的可持续性。但是，为了减少改革阻力，不降低行政事业单位职工退休待遇，建议在推进基本养老保险制度改革的同时，

推行职业年金制度改革，确保行政事业单位职工养老金待遇与改革前基本持平或略有提高。

3. 完善现行的农村养老保险制度和城镇居民养老保险制度

现行农村养老保险制度和城镇居民养老保险制度虽然不是真正意义上的养老保险制度，是为了让广大农民和城市居民分享改革发展成果的重要举措，可以延续执行这一制度，但是要根据经济发展水平逐步提高对农民和城市居民定额养老金的额度。同时对农民和城市居民个人缴费和财政补贴形成的个人账户部分，也要逐步提高缴费标准和补贴力度，以扩大个人账户的积累规模，提高农民和城市居民的养老保障水平。

4. 切实解决农民工的基本养老保险分流问题

为了加快城市化进程，必须解决农民工的社会保险和其他基本公共服务均等化问题。其中农民工基本养老保险制度建立是关键。我们认为，对长期居留城市的农民工应视同城镇企业职工，参加城镇企业职工基本养老保险，缴纳与发放采取统一的办法，确保他们的养老保险权益；对于短期流动和不愿意在城市居留的农民工应允许他们回乡参加当地农村养老保险，为他们建立个人账户，逐年累积直到达到退休年龄再按规定发返给他们作为养老金。对流动就业的农民工，应建立社会保障号码和个人账户，建议将原就业地缴纳的社会统筹大部分和个人账户的全部打入社会保险卡中，随个人流动交给新的就业地方的人保养老保险经办机构，再续基本养老保险关系。直到个人达到退休年龄，按规定在最后居留地由人保部门发放养老金。

5. 尽快建立城镇企业职工基本养老保险基金投资运营机制

为了应对人口老龄化高峰到来，应多方筹集基本养老保险资金，其中基本养老保险结余资金投资运营也是重要渠道。一是建立企业职工基本养老保险基金投资运营管理机构。分别成立投资运营政策、法规制定机构，可设在人保部或财政部，负责养老保险结余资金投资运营的相关法律、法规、政策制定，从法律、法规、政策方面约束和规范；成立投资运营管理公司，按照市场规则管理基本养老保险结余资金投资，按照招投标方式选择资质合格、严格遵守养老保险基金投资管理法律、法规、政策的金融中介作为投资管理人、保管人、投资经理，按照比例控制的要求进行市场投资运作，实现保值增值目标；依托现有社保基金监管机构成立投资监管机构，负责监督投资管理公司的投资运作过程和结果。二是在企业职工基本养老保险基金未实现全国统筹的前提下，可以由各省将结余资金委托给投资运营管理公司统一运作。根据经济发展和资本市场情况，选择多元化投资组合，采取直接投资与间接投资相结合，短中长期投资相结合，基础设施项目投资与债券、股票、基金、银行票据等多种投资工具相结合，在规避市场风险的前提下，以获得最大收益为原则。在入市操作不成熟的条件下，可先行发行特种定向国债，既为国家财政提供建设资金来源，又解决基金的保值增值问题。

6. 根据"分散风险、分步补偿"的原则建立基本养老保险隐性债务弥补机制

隐性债务是基本养老保险制度建立初期因为老年人和中年人欠费引发的养老金缺口，部分可以通过"代际转移"消化，大部分要靠补偿机制消化。有人估算，仅城镇企业职工基本养老保险隐性债务规模就在 5 万亿~11 万亿元，如果把行政事业单位、农村都考虑进去，隐性债务规模大大超过此数。为此，有许多专家建议做实个人账户，避免到发放时无钱发放。从近几年东北三省做实个人账户的改革实践来看，是失败的，钱花了，事没办成。著者认为，还是采取名义账户比较好，设立个人账户只是在退休时多了一道计算的程序，保证在退休时个人账户的积累额要一分不少地付给个人。但是，为了保证每个人退休时都能拿到足额养老金，必须准备一笔相对于隐性债务 50%~60%的债务偿还准备金，采取边筹集债务偿还准备金，边支付和补偿隐性债务的方式，把补偿债务的风险分散在偿还债务的过程中，不需要把所有偿还债务的准备金一次性筹齐，避免因筹集准备金过大影响其他资金周转。要计算好每年债务偿还准备金中需拿出多少资金用于实际支付和弥补债务，同时做好剩余准备金的投资运营，使准备金得到不断的保值增值和补充。

7. 制定切实有效的财税政策支持企业年金和职业年金制度以及养老社会化服务体系的发展，发挥社会力量在养老保障中的作用

补充养老保险制度是养老保障体系的三大支柱之一，如果缺乏补充养老保险制度的支持，就会加重基本养老保险的负担，最终会加重财政对基本养老保险的负担，也会影响基本养老保险制度和整个养老保障体系的可持续性。为此，财政税务部门要制定切实可行的财政税收优惠政策支持企业和行政事业单位为职工建立企业年金制度和职业年金制度，在规定的缴费率条件下应允许 60%可从企业所得税前列支，明确应从企业福利基金中开支，对行政机关和公益一类事业单位的职业年金应从各级政府预算经费中安排，对公益二类事业单位的职

业年金应允许从事业收费中安排，并给予税收优惠。对城镇社区和农村社区举办老年服务事业的，可以从人员培训、办公用房、文化设施等方面给予适当财政补贴和奖励政策，对老年服务机构的利润在规定用途的前提下给予减免所得税的优惠，扶植养老服务社会化事业发展。企业和个人捐助社区养老服务事业的应允许税前列支。

8. 关于延长退休年龄与增加缴费年限问题

延长退休年龄是各国解决养老保险资金不足的重要途径，但不是唯一途径。在我国提前退休司空见惯，养老保险制度和管理问题甚多，仅靠延长退休年龄难以解决养老金的缺口问题。与其延长退休年龄，不如杜绝提前退休，严格按法定退休年龄退休，可能比笼统讲延长退休年龄要好得多。实际上增加缴费年限是增加基本养老保险基金积累的最好方式，一些国家规定法定缴费年限要达到 30 年才能领取养老金，达不到法定缴费年限就要扣减养老金，而我国目前法定缴费年限只有 15 年，最简单地计算 15 年按工资总额的 28% 缴费，要满足未来 20 年甚至更长时间的养老金发放，增值率最高也达不到要求，况且我国养老金年增值率不到 2%。可见法定缴费年限过短形成了很大的养老金缺口，给政府财政留下了巨大的包袱。要提高基本养老保险制度的可持续性，增加法定缴费年限迫在眉睫，如果说延长到缴费 30 年有困难，可以先延长到 25 年，这将会大大增加基本养老保险基金积累，增强制度的可持续性。

9. 选择适当时机实现城镇基本养老保险制度的并轨和统一，解决养老保险在城镇的统一和公平问题

现在很多人都在讲要实现城乡养老保险制度一体化，著者认为城乡差距还很大、城镇化率还不高的条件下，这个做法有点操之过急。现在城镇基本养老保险制度都不统一，就急于搞城乡一体化，有点不切实际。正确的选择是在城镇把还未建立的基本养老保险制度先建立起来，如把行政事业单位基本养老保险制度和与之配套的职业年金制度建立起来，再与现行的城镇企业基本养老保险制度相衔接，实现城镇基本养老保险制度的统一与规范，解决当前反映较激烈的养老保险"双轨制"问题。但是，做到这一点可能要花 5～10 年时间。所以，统一城镇基本养老保险制度也不能操之过急，而应该稳步推进，直至最终统一。

（原文发表于 2013 年 6 月 19 日人民网）

70 年社会保障制度改革的回顾与思考

我国社会保障制度建立与改革走过了不平凡的 70 年历程，浇铸了一代又一代社会保障工作者辛勤的汗水，取得今天这样的成绩很不容易。站在我国全面建成小康社会的节点上，站在中华人民共和国成立 70 周年的关键节点上，回顾我国社会保障制度改革和发展的历史，很有必要。

一、中华人民共和国成立以来我国社会保障制度的建立与发展

（一）改革开放前我国社会保障制度改革的建立与发展

1. 我国社会保障制度的形成与建立（1949—1957 年）

随着中华人民共和国成立，国家进入全面社会主义经济制度建立阶段，作为经济制度和体制的重要组成部分，社会保障制度进入全面建立阶段。但是社会保障制度建立完全服从服务于经济建设和计划经济体制。我国社会保障制度最早是从全民所有制企业开始建立的，县以上集体所有制企业参照执行。国家机关与事业单位实行公费医疗、死亡抚恤等社会保障项目。

1950 年 5 月 19 日，政务院颁布《救济失业工人暂行办法》，对城镇失业工人的救济范围、救济标准、方法及资金来源做了明确规定。1951 年 2 月 25 日，政务院批准颁布的《中华人民共和国劳动保险条例》，是全国第一部统一的社会保险法规，对建立我国企业职工社会保险体系架构具有重要意义。这部法规明确了除失业保险以外的老年、工伤、生育、遗属等基本保险项目，为我国企业职工社会保险制度发展奠定了基础，也是至今我国企业职工社会保险制度的基本法律依据。1956 年颁布的《中华人民共和国女工保护条例（草案）》，是保护女工权益的第一部法规。1957 年 2 月，原卫生部颁布实施的《职业病范围和职业病患者处理办法的规定》，是我国工伤保险的专门法规，促进了我国职业病防治工作。

在国家机关和事业单位工作人员社会保障方面，1950年以来，国家逐步通过单项法规形式对工作人员的疾病、养老、生育、死亡抚恤做出规定。1950年12月内务部颁布《革命工作人员伤亡褒恤暂行条例》，1952年6月政务院颁发《关于人民政府、党派、团体及所属事业单位的国家工作人员实行公费医疗预防措施的指示》，1952年9月政务院颁发《关于各级人民政府工作人员在患病期间待遇暂行办法》，1955年4月国务院颁发《关于女工工作人员生育假期的通知》，同年9月颁发《关于国家机关工作人员子女医疗问题的规定》，1956年颁发《中华人民共和国女工保护条例（草案）》，1955年12月国务院颁发《国家机关工作人员退休处理暂行办法》和《国家机关工作人员退职处理暂行办法》。1950—1955年，政务院及主管机关陆续颁布7个单行条例、办法，对国家机关、党派团体、事业单位工作人员的伤亡抚恤、医疗、疾病、生育、退休、退职等待遇做出了规定，初步建立了国家机关工作人员社会保障制度。这一时期对全民所有制企业采取按工资总额一定比例提取劳动保险金的办法，统一调配使用，社会保障体系初步形成。1957年末，全民所有制企业职工2451万人，城镇集体所有制企业职工650万人，年支付保险福利费总额27.9亿元，占当时职工工资总额的17.9%。

这一时期社会保障制度总体特征有三点：一是建立了国家机关工作人员和企业职工社会保障制度体系的基本架构；二是确保这一时期国家经济建设和抗美援朝战争对社会保障的需要，起到了维护社会稳定的作用；三是起点低，覆盖广，法规层次低。

2. 我国社会保障制度的发展与徘徊阶段（1958—1978年）

1958—1978年，是我国经济建设曲折发展阶段，1958年开始"大跃进"，20世纪60年代初"三年大调整"，1966年进入"文革"时期，国家经济建设虽然受到干扰，但总体上仍保持曲折中发展。这一时期社会保障制度虽然没有大的改革和变化，但社会保障项目更加丰富与健全，社会保障管理有所加强，待遇标准有所提高。国务院陆续出台了大量社会保障法规和规定，对中华人民共和国成立初期出台的社会保障制度做了进一步的完善和修改。一是修改补充了干部、工人退休退职规定，使退休退职制度更加健全。在退休制度方面，1958年2月国务院修改通过《关于工人、职员退休处理的暂行规定》；在退职制度方面，1958年3月全国人大常委会批准的《国务院关于工人职员退职处理暂行规定》。二是在疾病保险方面，改进了公费医疗与劳保医疗制度。主要针对企业职工劳保医疗和国家工作人员公费医疗中存在的管理和浪费问题，提出了一些改进措施。比如，看病要收挂号费，营养滋补药品除特批外，一律自理；职工因公负伤、因职业病住院，个人适当负担膳食费。在职业病保障方面，对硅肺病人生活待遇、还乡休养待遇等做了具体规定。三是对精简下放职工的生活安置问题，1962年6月国务院颁布了《关于精简职工安置办法的若干规定》，凡是精简下来的老弱残职工，符合退休条件的做退休安置，不符合退休条件的做退职处理。对家庭生活有依靠者，发给退职补助费，家庭生活无依靠者，由当地民政部门按月发给相当本人原标准工资的40%的救济费。四是在社会保障业务管理方面，出台了一些有利于加强社会保障管理和方便职工保险待遇领取的制度和办法。有《批准工人、职员病伤、生育假期的试行办法》，1960年7月颁布的《关于享受长期劳动保险待遇的移地支付试行办法》。此外，调整了学徒工的社会保障待遇，建立了农村合作医疗制度并得到一定发展。

1966年5月—1976年10月的"文革"期间，我国社会保障制度遭到严重破坏。1969年2月财政部颁发《关于国有企业财务工作中几项制度的改革意见》规定，国有企业一律停止提取劳动保险金，企业退休职工、长期病号工资和其他劳保开支在营业外列支。这一规定导致我国社会保障事业发展产生两个严重后果：一是社会保险基金统筹调剂工作停止，社会保险统筹调剂职能被迫停止；二是社会保险基金停止基金积累，实行实报实销，造成企业社保负担过重，使得部分依靠劳动保险金发放退休工资的职工缺乏资金来源，需要财政部门发放救济或拨款解决。

"文革"结束后，国家重新把工作重点转移到经济建设上，社会保障工作处于恢复重建状态。1978年6月，国务院颁布《关于老弱病残干部的暂行规定》和《关于工人退休、退职的暂行办法》，1980年10月国务院颁发《关于老干部离职休养的暂行规定》。主要配合这一时期老干部平反冤假错案工作，恢复老干部工作和社会保险待遇做出了上述一系列决定。1980年3月国家劳动总局、全国总工会联合发出《关于整顿与加强劳动保险工作的通知》，恢复了劳动保险金的提取与统筹工作。同时，集体所有制企业的社会保障制度也得到恢复。

（二）改革开放以来我国社会保障制度进入全面、系统改革创新时期

改革开放以来，我国社会保障制度改革大体上经历了以下3个阶段：

第一阶段：1978年至1992年以养老、医疗和失业保险为重点的改革探索阶段。在养老保险方面，1984年开始的国有企业改革冲击了传统的劳动保险制度，

为平衡不同企业的退休费用负担，广东、江苏等地的企业开始试行退休费用社会统筹，使"企业保险"向社会保险迈出了第一步。1986年，国务院决定在国有企业新招工人中实行劳动合同制，建立劳动合同制职工的养老保险制度，个人按本人工资的3%缴费，改变了过去完全由国家和企业负担的办法，第一次实行了个人缴费制度。1991年，国务院颁布了《关于企业职工养老保险制度改革的决定》，确定了基本养老保险、企业补充养老保险和个人储蓄养老保险相结合的多层次养老保险体系，规定社会养老保险费用由国家、企业和个人三方共同负担，实行社会统筹。在医疗保险方面，针对公费医疗和劳保医疗的固有问题，各地探索医疗费用与个人利益挂钩、医疗费用定额管理、大病医疗费用社会统筹等改革办法。1989年国家决定在丹东、四平、黄石和株洲4个城市开始试行大病医疗费用的社会统筹，以后逐渐在部分地区推广。在失业保险方面，1986年颁布了《国有企业职工待业保险暂行规定》，推行待业保险制度，确保待业职工的基本生活。此外，逐步恢复发展救灾救济、农村"五保"供养等社会救助制度，1987年开始通过发行福利彩票（有奖募捐券）筹集社会福利资金。

总之，这一阶段的社会保障制度改革是作为国有企业改革的配套措施展开的，在与国有企业改革紧密相关的一些项目上突破了原有计划经济的束缚，开始建立与社会主义市场经济相适应的保险项目，如提出了建立多层次的养老保险体系、探索医疗保险社会统筹、初步建立失业保险制度等。

第二阶段：1993年至2002年社会保障制度进入改革和制度框架初步形成阶段。1993年党的十四届三中全会通过的《中共中央关于建立社会主义市场经济体制若干问题的决定》将社会保障制度作为构筑我国社会主义市场经济的五大体系之一，提出建立包括社会保险、社会救济、社会福利、优抚安置、社会互助多层次社会保障体系，养老和医疗保险制度实行"社会统筹和个人账户相结合"模式。

在养老保险方面，1995年，国务院发布《关于深化企业职工养老保险制度改革的通知》，进一步明确"统账结合"是养老保险制度的方向，并提出了"社会统筹与个人账户相结合"的两个实施办法，允许各地结合实际进行选择试点。1997年，国务院发布《关于建立统一的企业职工基本养老保险制度的决定》，统一了养老保险的账户规模、缴费比例、计发办法等主要指标，正式确立了目前养老保险制度的基本框架。针对个人账户空账运行等问题，2000年，国务院颁发《关于印发完善城镇社会保障体系试点方案的通知》，并于2001年首先在辽宁省进行试点，随后扩大到吉林、黑龙江两省。调整个人账户规模，改革基础养老金计发办法，探索做实养老保险个人账户的经验。同年，组建全国社会保障基金理事会，负责管理中央集中的社会保障资金，为应对人口老龄化带来的资金压力建立战略储备。这一阶段，围绕企业职工基本养老保险基金模式的转变，在扩大养老保险覆盖面、提高基本养老保险统筹层次、实行属地化管理、推动退休职工社会化管理、探索机关事业单位养老保险改革、试行企业年金制度等方面都取得了一定进展，多层次、广覆盖的企业职工养老保险制度框架初步建立。

在医疗保险方面，1994 年，国务院决定在江苏省镇江市和江西省九江市进行试点（简称"两江试点"），探索建立"统账结合"的医疗保险制度。1998 年国务院颁布《关于建立城镇职工基本医疗保险制度的决定》，确立了"社会统筹和个人账户相结合"、用人单位和个人共同缴费的城镇职工基本医疗保险制度。同时，为控制医药费用过快增长、解决"以药养医"问题。2000 年，国务院决定同步推进医药卫生体制改革，颁布了《关于城镇医药卫生体制改革的指导意见》。

在失业、工伤保险等方面，1993 年国务院颁布了《国有企业职工待业保险规定》，把保障对象的覆盖面扩大到所有国有企业职工，并对待业救济金的发放标准做了调整。针对国有企业改革下岗职工凸显等问题，1998 年中央提出了"两个确保""三条社会保障线"等重大政策，对国有企业下岗职工基本生活和企业离退休人员基本养老金实行按时足额发放，建立了相互衔接的国有企业下岗职工基本生活保障、失业保险和城市居民最低生活保障"三条保障线"。1999 年，国务院颁布《失业保险条例》，正式将待业保险改为失业保险，将失业保险的保障对象扩大到城镇所有企业职工，统一了缴费标准和待遇标准。在工伤和生育保险方面，1994 年，原劳动部发布了《企业职工生育保险试行办法》，对生育保险制度改革的内容、标准、形式等予以规范。1996 年，原劳动部颁发了《企业职工工伤保险试行办法》，统一了工伤保险待遇标准，扩大了覆盖范围，工伤保险由企业保险向社会保险迈出了一大步。

在社会救助等方面，20 世纪 90 年代以来，国家不断完善面向城乡贫困居民的最低生活保障制度，构建社会保障体系的最后一道"安全网"。1994 年国务院公布施行《农村五保供养工作条例》，我国农村五保供养工作开始走上规范化、法制化轨道。1997 年国务院发布了《关于在全国建立城市居民最低生活保障制度的通知》，决定在全国建立城市居民最低生活保障制度。1999年国务院颁布《城市居民最低生活保障条例》，对城市居民最低生活保障的保障对象、保障标准、资金来源等进行规范，并提出实现应保尽保的目标。老年人、残疾人和孤残儿童的社会福利制度得到了进一步发展。

总之，这一阶段的社会保障制度改革确立了养老和医疗保险的制度模式，建立了城镇失业保险制度，进一步完善生育保险、工伤保险制度，建立并不断完善城市居民最低生活保障制度，我国社会保障制度框架初步形成。

第三阶段：2002年至今，社会保障制度改革进入全面覆盖与深化阶段。党的十六大报告把社会保障作为全面建设小康社会的重要内容，明确要求建立健全同经济发展水平相适应的社会保障体系。2006年，党的十六届六中全会通过的《中共中央关于构建社会主义和谐社会若干重大问题的决定》，将到2020年基本建立覆盖城乡居民的社会保障体系作为构建社会主义和谐社会的重要目标。2007年，党的十七大要求"加快建立覆盖城乡居民的社会保障体系，保障人民基本生活"。在这一大背景下，我国社会保障制度进入了以政府基本公共服务均等化为主线的全面覆盖、加快发展的新阶段。2012年11月，党的十八大要求"统筹推进城乡社会保障体系建设"。2017年10月，党的十九大报告提出："按照兜底线、织密网、建机制的要求，全面建成覆盖全民、城乡统筹、权责清晰、保障适度、可持续的多层次社会保障体系"。

在养老保险方面，在总结东北三省试点的基础上，2005年国务院发布《关于完善企业职工基本养老保险制度的决定》，将城镇企业职工基本养老保险的覆盖面进一步扩大到个体工商户和灵活就业人员，调整个人账户规模和基本养老金计发办法，扩大做实个人账户试点，建立基本养老金正常调整机制，并加快提高统筹层次，实现省级统筹。同时，加快发展企业年金制度，开始积极探索农村养老保险制度。2014年2月，国务院发布《关于建立统一的城乡居民基本养老保险制度的意见》，要求"十二五"末在全国基本实现新农保与城居保制度的合并实施。2015年1月，国务院发布《关于机关事业单位工作人员养老保险制度改革的决定》，决定2014年10月起，将机关事业单位职工纳入基本养老保险制度体系，仍然按照"社会统筹与个人账户相结合"的方式，单位按职工工资总额的20%缴费纳入社会统筹基金，个人按工资总额的8%缴费纳入个人账户基金，为下一步城镇职工基本养老保险制度统一奠定了制度基础。同时，机关事业单位要为干部职工建立职业年金，确保机关事业单位职工退休待遇不降低，充分发挥"第二支柱"在养老保险体系中的补充作用。为企业减负，连续多次决定企业社会保险缴费率。其中 2015 年企业基本养老保险缴费率从 20% 降为 19%，2019 年又从 19% 的缴费率降到 16%。在我国基本养老保险收支非常严峻的形势下，仍然较大幅度降低基本养老保险缴费率，既是为当前中美贸易战拉锯、出口受阻，拉动内需所采取的重大政策措施，也是因为国内经济低迷，拉动经济增长所做的重大决策。2018 年 6 月，国务院发布《关于建立企业职工基本养老保险基金中央调剂制度的通知》，规定了中央调剂基金筹集和拨付的规则。

在医疗保险方面，进一步扩大城镇职工基本医疗保险覆盖范围，制定和完善农民工参加大病医疗保险的办法，大力发展农村新型合作医疗制度。2002 年，中共中央、国务院发布《关于进一步加强农村卫生工作的决定》，要求建立以大病统筹为主的新型农村合作医疗制度，2003 年开始启动试点。2007 年，为解决城镇非从业居民的基本医疗保障问题，国务院发布《关于开展城镇居民基本医疗保险试点的指导意见》，开始探索建立城镇居民基本医疗保险制度，并在 88 个城市启动试点，2010 年全面推开。2015 年 5 月，国务院办公厅发布《关于全面推开县级公立医院综合改革的实施意见》，目标是坚持公立医院公益性基本定位，基本实现大病不出县，让群众就近就医。2016 年 7 月，国家发改委发布《关于印发推进医疗服务价格改革意见的通知》，提出建立健全公立医疗机构医药费用指标定期通报制度，制定医保支付标准的政策措施等多项政策。2015 年 9 月，国务院办公厅发布《关于推进分级诊疗制度建设的指导意见》，分级诊疗服务能力全面提升，保障机制逐步健全，基层首诊、双向转诊、急慢分治上下联动的分级诊疗格局基本形成。2015 年 6 月，国务院办公厅发布《关于促进社会办医加快发展若干政策措施的通知》，进一步放宽准入、拓宽融资渠道、促进资源流动和共享等 4 方面 16 条措施，促进社会办医。为了进一步扩大失业、工伤、生育保险的覆盖范围，2003 年，国务院颁布了《工伤保险条例》，为发展工伤保险制度确立了基本的法律框架。2006 年，国务院颁布了《国务院关于解决农民工问题的若干意见》，国务院办公厅转发《劳动保障部关于做好被征地农民就业培训和社会保障工作指导意见的通知》，推进农民工和被征地农民的社会保障制度建设。

在社会救助和社会福利方面，在全国建立农村最低生活保障制度，逐步提高城市最低生活保障标准，逐步建立主要由政府投入支持的城乡医疗救助制度，为特殊困难群体提供基本医疗保障。积极推进社会福利事业的发展，通过多种渠道筹集资金，积极培育相关社会工作人员，为老年人、孤儿和残疾人等群体提供社会福利。养老服务体系进入全新发展时期，国家老龄委"十二五"规划提出：全国养老服务体系建成"居家养老为基础、社区养老为依托、机构养老做补充、医养结合的9064"体系，即90%的老人居家养老、6%的老人社区养老、4%的老人机构养老。前几年我国在推动机构养老方面出台了一系列优惠政策，机构养老出现快速发展，但也存在质量不高、服务不到位等问题，近几年民政部在全国开展了居家社区养老改革试点，居家和社区养老问题出现了快速成长的态势。完善优抚安置制度和军人保障制度。

这一阶段的社会保障制度改革注重城乡统筹发展，着力扩大覆盖面，以社会保险、社会救助、社会福利为基础，以基本养老、基本医疗、最低生活保障制度为重点，加快推进"居家为基础、社区为依托、机构做补充、医养相结合"的养老服务体系建设，建立覆盖城乡居民的社会保障体系。同时，社会保障制度建设迈入了规范化和法制化的阶段。

二、70年我国社会保障制度发展的特点分析

（一）改革开放前我国社会保障制度评述

中华人民共和国成立以后，我国经济建设刚刚起步，百废待兴，如何建设社会主义是当时领导人认真考虑的问题。不久爆发了抗美援朝战争，国家面临经济建设和抗美援朝双重任务。社会保障制度建设也是围绕两方面展开。1950年12月内务部颁布《革命工作人员伤亡褒恤暂行条例》，1950年5月19日政务院颁布《救济失业工人暂行办法》，都是围绕国家工作重点展开的，客观上起到了保护军人正当权益、稳定社会的作用。

首先，指导思想上把社会保障制度看作社会主义制度的本质特征。理论上源于列宁的"国家保险论"。列宁认为，"最好的工人保险形式是国家保险"。[1]无产阶级国家作为工人阶级利益的代表，必须通过办理统一的国家保险确保工人的利益与生活，要实行保险事业国有化。社会保障制度是社会主义制度的重要组成部分，没有健全的社会保障制度就不能说建立了社会主义制度。其次，社会保障在性质上是工人阶级的一项基本权利和社会福利，社会主义国有企事

---

① ［苏］列宁. 列宁全集［M］. 北京：人民出版社，1985：450.

业单位有义务为职工提供相应的福利项目与相关服务。显然，把社会保障当成了社会主义制度优越性之一。

过度把社会保障制度与社会主义制度联系起来，没有看到社会保障与现代社会之间的内在联系，过分强调社会保障的阶级性，结果给社会保障制度的建立带来种种弊端：首先是社会保障制度覆盖范围狭窄。要局限于城市和国有企事业单位的职工，城市非全民所有制单位的劳动者所能享受的社会保险待遇极其有限，待遇水平也远远低于全民所有制单位。占人口绝大多数的农村农民更是无缘现代社会保障制度。其次是在全民所有制单位内部，社会保障待遇过高，平均主义问题严重。国家与企业对社会保障项目包揽过多，个人在社会保障过程中的权利与义务互相脱节，有些项目的保障程度超过当时的经济承受能力，导致国家和企业背上了沉重的包袱。例如，几乎完全免费的医疗、极其低廉的住房租金，再加上无失业之忧的终身就业保障，可以说，劳动者完全处于"保险箱"之中。正是这种"保险箱"，不仅加重了社会保障的负担，而且使劳动者丧失了进取精神，成了滋生懒惰的温床。再次是社会保险社会化程度低，企业办社会、单位办社会相当普遍。社会保险制度的精髓在于通过社会化机制进行社会互济以克服个人和单个企业无法应对的社会风险，但在改革以前，我国的社会保险制度逐步退化为社会保险资金由各企业自己负担。这一现象在"文革"中最为典型。由于社会保险资金由企业独立统筹、管理和支付，受保对象也由企业管理，即使职工退休了，退休金的发放、退休人员的管理与服务仍由原单位负责，形成各个企业之间互不相干的自保局面。结果导致不同企业之间社会保险费的负担畸轻畸重，一些老的企业，退休费占工资总额的比例高达40%左右，而一些新办企业，退休费占工资总额的比例只有5%左右，从而使企业在市场经济条件下无法进行公平竞争。最后，也是最为关键的是，社会保障制度的社会稳定与安全功能无法发挥。制度本身的功能是要调节社会的收入分配，化解人们在社会生活中可能碰到的各种风险，达到稳定社会秩序，促进社会发展的目的。但是，中国改革前的社会保障制度无法实现这些功能。社会保障制度的覆盖面过窄，并与就业制度高度结合，结果导致有工作、风险小的人，反而享受着较高水平的社会保障；而职业不稳定、面临诸多社会风险的人，却无法进入社会保障网。社会保障的"安全阀"和"稳定器"功能无法发挥。正因为如此，国家在经济出现波动时，首先启动的也不是社会保障安全机制。另外，社会保障的制度缺陷，职工个人在社会保障制度中的权利与义务不对称，导致平均主义与对国家和集体的依赖思想，严重摧毁了社会保障制度的激励功能和社会发展的动力机制。

（二）改革开放以来我国社会保障制度改革评述

在改革开放以后的十多年时间里，社会保障制度改革仍然受到社会保障制度是社会主义制度组成部分思想的影响，把社会保障制度改革当成国有企业改革的配套措施，使社会保障制度改革较长时期被动跟着国有企业改革走，给社会保障制度改革带来一系列问题：一是把社会保障制度改革视为经济体制改革的包袱，80年代初的社会保障改革成为国有企业"摔包袱"的过程。仅取消国有企业社会保障待遇，不注重公平市场环境建设，使社会保障改革不能达到初衷。二是把社会保障制度建立看成是市场经济体制的配套措施，忽视社会保障本来的社会功能。三是把社会保障制度改革的覆盖面限于国有企事业单位，虽然解决了国有企业之间的公平竞争问题，但对非国有企业职工群体没有给予制度保护，不能形成打破所有制界限的公平竞争环境，难以促进市场公平竞争。

20世纪90年代后期至今，我国社会保障制度改革成为社会主义市场经济体制的重要组成部分和现代社会"安全网"的功能逐渐显现。一是打破所有制界限成为覆盖全社会的社会保障机制，是社会治理的有效工具。政府从1997年着手社会保障制度整体改革以来，无论养老、医疗、失业、工伤、生育五项社会保险制度改革，还是城乡低保制度、教育和医疗救助制度、社会福利制度改革都不再局限于国有企事业单位职工，而是覆盖其他非国有企事业单位职工及城乡居民，真正成为全社会共同参与、共同享受的社会安全网。二是各项社会保障支付标准普遍提高，成为调节收入分配、维护社会公平的有力武器。社会保障支付标准的提高，使低收入阶层的收入水平得到提高，缩小与高收入阶层之间的收入差距，而且社会保障支付规模占城乡居民收入总量的百分比不断提高，使社会保障支付成为调节收入差别最有力的手段。进入21世纪，我国已经连续14年提高企业职工基本养老保险支付标准，并且多次提高企业职工基本医疗保险和城乡居民基本医疗保险的报销比例，还多次提高城乡居民低保标准，使社会保障支付不仅成为调节收入差距的手段，也成为广大人民群众分享改革发展成果的重要途径。三是社会保障不再是经济发展的拖累，而是经济社会发展的动力。尽管社会保障制度发展到今天经过了100多年的历史，在西方国家也出现了高福利病的现象，被认为是经济发展的拖累。事实上，战后西方各国正是通过建立现代社会保障制度促成了长达几十年的战后繁荣期，奠定了西方各国战后几十年社会稳定的基础。也正是战后建立起来的现代社会保障制度促进了西方的文化繁荣，提升了西方人民的文明程度。甚至可以这样说，正是现代社会保障制度的引入，带来西方资本主义社会制度的大调整，重构了资本主义的社会秩序，避免了资本主义社会制度的危机。我国社会保障制度改革实际上将原来由企业负担的职工退休工资和由财政拨款负担的行政事业单位职工退休工资，通过社会保险形式统一集中起来，由政府统一管理，变成社会化的社会保障资金，总体负担基本没有变化。同时，由于社会保障资金主要用于支付低收入阶层的基本生活需要，他们的消费需求是宏观经济增长的动力源。随着我国人口老龄化的提高，社会保障制度体系的进一步健全，社会保障支付水平的进一步提高，老年群体的消费能力越来越成为拉动经济增长的重要支柱。可见，社会保障资金不仅不会成为经济发展的拖累，还会成为拉动经济增长的重要力量。

三、70 年社会保障制度改革的经验与教训

70 年风风雨雨，70 年不平凡的历程，社会保障制度从建立到今天，伴随着共和国经济社会发展的历史，写下了壮丽的诗篇。抱着为国家经济中心工作服务的精神，社会保障制度的改革与发展有过曲折的探索，也有过成功的经验，认真总结可以启迪未来，少走弯路，更加健康地到达理想的彼岸。

1. 理念与指导思想正确是决定社会保障制度成功的关键

指导思想是做某项实践活动时，人脑中占有压倒优势的想法，人进行该项活动将依照此想法进行。国内外无数经验表明，一个国家经济建设需要科学可行的指导思想做指导，才能确保经济建设目标的稳步实现。中国革命与建设历史表明，中国革命的胜利离不开马列主义、毛泽东思想的指导，中国改革开放的成功离不开邓小平理论、"三个代表"重要思想、科学发展观、习近平新时代中国特色社会主义思想的指导。我国社会保障制度建立与发展同样如此。中华人民共和国成立初期，我国社会保障制度的建立受苏联和列宁倡导的"国家保险"理论的影响和国家计划经济体制的影响，社会保障制度局限于覆盖全民所有制企事业单位，并不覆盖非全民所有制企业与城乡居民。改革开放初期，我国社会保障制度改革围绕搞活国有企业、实现"减员增效"目标展开，虽然帮助国有企业建立了职工退休金社会统筹制度和下岗职工最低生活保障制度，顺利实现了企业节省用工成本、提高经济效益的目标。但是，并未形成有利于国有企业与非国有企业公平竞争的环境，也未起到调节收入分配、维护社会公平的作用。20世纪90年代以来，社会保障制度改革目标换成了社会主义市场经济组成部分，社会保障制度变成防范市场养老、医疗、伤残、失业、生育风险的制度安排，社会保障制度覆盖范围逐步从国有企业职工扩大到城镇所有企业职工，客观上起到了促进不同所有制企业公平竞争的作用。但是，调节收入分配、维护社会稳定的社会功能仍然受到局限。我们不能否认当时制定社会保障改革的指导思想有其合理性，但缺乏长远性和科学性，指导思想的短视容易造成改革的被动和负面影响。

2. 西方市场经济国家社会保障制度值得借鉴，但不能照搬

不能否认，西方市场经济国家社会保障制度建立了100多年，尽管出现了高福利病，但从制度架构、收缴发放、资金管理、投资运营诸方面基本成熟，确保资本主义经济在历次危机和动荡中解脱出来，依然保持强劲的发展态势，社会保障制度所发挥的作用功不可没。事实上，每个市场经济国家社会保障制度也是各有特色，并非一个模式。我国市场经济体制处在不断改革和完善过程中，社会保障制度改革也是在改革中不断完善，需要借鉴各国在制度建设、收缴发放、资金管理等方面的一些做法与经验，要根据我国的基本国情认真比较，从中吸收为我所用的精髓，制定符合我国基本国情的制度设计方案，并在实践中不断修正补充，切不可盲目照搬。不做调查分析，不能确定符合我国情况的制度方案。

3. 养老保险制度是社会保障制度的核心，也是问题最多、改革最难的一项制度

养老保障制度由基本养老保险、补充养老保险、商业养老保险三部分组成，是社会保险项目中内容最全、覆盖面最广、缴费率最高的一个险种。我国社会保障制度改革最早的是企业职工基本养老保险制度，1986年各地就开始探索全民所有制企业职工退休金社会统筹改革。1997年7月建立全国统一的企业职工基本养老保险制度，目前已经建立了行政事业单位职工基本养老保险制度和城乡居民基本养老保险制度，实现了基本养老保险制度的全覆盖。但是，三项基本养老保险制度存在几个明显不足：一是基本养老保险央地财政事权划分模糊。国外经验表明，基本养老保险应该由中央政府或联邦政府统一管理。但是在我国中央政府是否统一管理基本养老保险存在较大争议，不仅因为国家行政层级多，而且因为城乡二元结构矛盾产生阻碍。企业职工基本养老保险制度虽然建

立了 20 多年，哪些财政事权应由中央政府承担，哪些财政事权应由地方政府承担，至今没有明确答案。在过去实行省级统筹管理时期，许多地方仍然实行调剂金制度，除调剂金由省级政府管理外，剩下的基金由市或县政府管理。现在虽然实行中央调剂金制度，但除调剂金以外的基金分别由省、市、县政府分散管理，基金收支缺口补偿责任却主要由中央政府承担，显然事权与支出责任明显脱节，基金管理存在巨大的浪费与流失问题。行政事业单位职工基本养老保险制度建立以来，按规定应由省级政府统一管理，但至今仍是各级政府分别管理各自范围内的基金收支。城乡居民基本养老保险制度合并以来，即便中央政府统一承担基础养老金支付，地方政府补贴的个人账户部分还处在县（市）级政府统筹管理之中。每一级政府都在承担一部分管理和补偿责任，但每一级政府都不清楚要承担多大的管理和补偿责任。二是统筹管理层次划分与政府支出责任并不一致。基本养老保险究竟是中央政府统一管理，还是中央与地方合理分担支出责任，理论研究和实践操作都没有准确答案。企业职工基本养老保险制度最初实行县市级统筹管理，1999 年提出省级统筹管理问题，直到 2005 年人社部才出台省级统筹管理规定，但也未实现真正的省级统筹。2017 年全国有 7 个省出现了企业职工基本养老保险收不抵支问题，特别是黑龙江出现了 200 多亿的赤字，国务院提出从 2018 年开始实行中央调剂金制度，解决省与省之间的收支余缺调剂问题，但许多省仍然把基金收支与结余留在市、县级政府管理。余缺调剂能解决基金的可持续问题吗？三是养老保险经办机构如何设立各地存在较大差异。据著者多地调研情况，多数省份是按险种设立经办机构，三套养老保险制度设立三个经办机构负责收缴和发放，或者把收缴业务委托地税征收，现在国税地税合并，而且规定社会保险费由税务部门征收，但三个经办机构分别从财政专户取得养老保险收入，委托银行发放养老金。三个经办机构都是负责基本养老保险基金收缴发放业务，这样可以合并成一个经办机构，只是业务内容仍可以分三块办理，可以大大降低人员工资成本、房屋和办公设施投入，还可以实现信息共享。三个经办机构不利于节省经办经费和降低管理成本。四是社会保险结余资金投资运营是集中在中央，还是在中央和省两级政府设立投资运营机构存在较大争议。现在基本养老保险投资运营规定由中央集中运营，企业职工基本养老保险基金结余超 4 万亿元，真正委托全国社保理事会运营的只有 4000 亿元，大量的结余资金分散在市、县政府管理，集中运营的可能性有多大？其他社会保险基金也有不少结余资金，如果缺乏相应投资运营办法和专门机构管理，不利于保护包括基本养老保险基金在内的社会保险结余资金保值增值，不利于保护结余资金的安全。中央地方政府如何在社会保险结余资金投资运营上合理分工，是包括基本养老保险结余资金在内的社会保险结余资金投资运营亟待解决的问题。

4. 地方利益和部门利益掣肘社会保障制度改革的深化

我国社会保障制度改革进行了 20 多年，从养老保险、失业保险制度改革着手，到目前基本建成由社会保险、社会救助、优抚安置、社会福利制度构成的体系完整、覆盖面广、功能多元、可持续性增强的社会保障制度体系，取得的成效有目共睹。但是，其中的许多制度还处在不完善阶段，不能达成预定目标，原因很复杂，但其中地方利益和部门利益是掣肘改革进程的重要原因。以地方利益为例，企业职工基本养老保险制度是我国社会保险制度改革最早进行的一项改革，1997 年提出的改革方案，是由县市统筹管理的，当时人口老龄化问题并不严重，因此企业职工基本养老保险收支形成较多结余。按照国家社会保险结余资金投资管理规定，结余资金只能购买国债和存银行，执行结果几次检查发现结余资金很少被用来购买国债，绝大部分都是以活期存款形式存银行。县市政府有了一笔数额较大的资金可供调度使用，后将其挪用于地方基础设施、建设项目、政绩工程，甚至搞房地产和购买股票，一旦上级政府检查，马上存入银行，应付检查。审计署几次对社会保险结余资金的审查结果都有记录证明。很明显社会保险结余资金给地方带来了方便和利益。正是这个原因，1999 年人社部提出对其中的企业职工基本养老保险实行"省级统筹"，直到 2005 年人社部正式出台省级统筹规定，其间没有哪个省实现了把基本养老保险结余资金集中到省级政府管理的目标。2005 年省级统筹规定出台以后，多数省份仅采取征收"省级调剂金"的做法，企业职工基本养老保险收支与结余仍然留在市或县级政府统筹管理。2017 年国务院提出对企业职工基本养老保险基金实行"全国统筹"，因为结余资金基本分散在市或县级政府，不得不暂时实行"中央调剂金"制度。可见，地方利益的固化已经严重制约我国基本养老保险制度改革的推进。

还可以从中央财政基本养老保险补助制度的推行看出改革受到地方利益和保护主义的制约。2003 年中央财政开始实行企业职工基本养老保险财政补助办法，每年补助数额不断上升，地方为了多得财政补贴，出现做小收入、做大支出的现象，以此缩小地方结余资金规模。出现赤字的地方想办法做大赤字。有的地方为了多得补助，该收缴的养老保险收入不那么认真组织征收了，企业欠缴基本养老保险收入的现象多了起来，出现管钱的政府不担负财政补助责任的现象。中央政府不管基本养老保险收支却要承担补偿责任，显然中央财政基本养老保险财政补助政策客观上助长了地方利益的扩张，损害了企业职工基本养老保险收支平衡的约束机制，直接威胁到企业职工基本养老保险制度的可持续性。从部门利益看，改革初期我国社会保障管理出现过"五龙治水"，还有11个行业部门实行"行业统筹"，为什么社会保障资金谁都愿意管、谁都不肯放手，就是因为这能给部门和行业管理者带来一定的利益。后来社会保障体制改革重点解决"五龙治水"和"行业统筹"问题，把社会保障资金基本集中到人社部、民政部、财政部三个部门管理，在一定程度上打破了原来的部门利益格局。现在新成立的医疗保障局，加强对医疗保险基金的管理。但是，新形势下，社会保障管理部门又出现新的部门利益特点，就是人社部门负责社会保险政策，不太重视社会保险基金管理，或者站在部门角度提出改革方案，对社会保险收支平衡问题、财政补偿问题以及社会保险基金预算管理问题不太重视，把收支矛盾推给财政部门，不断要求财政部门增加财政补贴，却对制度构建与政策科学化不够重视。民政部门管理社会救助、社会福利的部门，也存在财政负担的城乡低保与其他社会救助资金增长很快，实际工作中对低保范围、低保标准、低保发放程序、其他社会救助范围与标准控制不力，制度法规管理不到位，监管不力等现象，财政部门缺乏有效抑制部门利益扩张的制度与办法。设立一个专门的管理部门就是要对本部门实施专业化、科学化、标准化管理，有一定部门利益不可怕，怕的是部门利益无止境扩张，牺牲整体利益和国家利益，这必须禁止和纠正。

5. 社会保险制度不只是基金收缴、发放问题，还有投资运营与监管问题

人社部门重视社会保险基金收缴和发放，是自身职责使然。但是，社会保险基金管理不只是收缴与发放问题，还有结余资金投资运营与资金监管问题，后者对社会保险收支可持续性影响很大。如果轻视投资运营和监管问题，实际上就是对基金的安全不负责任。人社部门把管理重点放在社会保险基金收缴与发放上，并无不妥。但是，社会保险基金收缴与发放也存在不少问题：在基金收缴环节基数核实不到位、委托税务征缴持不认可态度、企业和个人欠缴追缴不力等；在基金发放环节存在支付基数核实不力、待遇标准确定缺乏科学性、经办管理经费紧张、发放信息网络各自为政等。人社部门认为基金结余投资运

营不是其关心的事，对基金能否结余以及如何通过加强征缴增加结余用心不够，把结余资金投资运营责任推给财政部门。大量社会保险结余资金分散在市、县一级，他们重视结余资金为我所用，却不重视结余资金的保值增值，也不愿意把结余资金集中到中央政府统一投资运营；负责社会保险结余资金投资运营的社保理事会，对如何集中基本养老保险结余资金拿不出有效办法、具体投资运营中对投资工具选择、投资风险评估、投资责任落实、投资增值目标的达成缺乏有效措施和管理手段。监管不力的现象也不少，内部监管不到位，基数不实、欠缴不能有效遏制、监管制度针对性不强等问题突出，社会保险收支与结余透明度不够，明细资料不足，外部监管难以到位等，这些都严重影响社会保险基金的安全。重视基金收缴与发放固然重要，但加强投资运营和基金监管同样重要，不能偏废。

6. 对于社会保险基金精算平衡与风险防控不够重视和关注

社会保险制度设计科学合理，才能保证制度的可持续发展。当前我国社会保险制度设计存在不少问题，就是因为在改革初期出台的制度方案，没有经过精算，仅凭经验或几位专家的建议，不做深入调查研究。比如，我们最初确定基本养老保险缴费率28%，如果看过国外基本养老保险制度和缴费率的就不会定出28%的缴费率，因为各国基本养老保险缴费率大部分没有超过20%，显然28%的缴费率没有经过精算和科学测算。再比如，企业职工基本养老保险替代率从最初的80%到后来的60%，再到现在的不到50%，一路走低，显然没有经过精算确定，而是根据基本养老保险收支的形势决定的。缴费率不变而替代率大幅下降，对缴费者而言是不公平的，显然缴费率与替代率的匹配关系未经过精算。不仅基本养老保险制度安排没有经过精算，基本医疗保险制度确定也未经过精算，城乡低保标准的确定也未经过精算，所以，才有基本养老保险制度经过20多年改革之后，企业缴费率从20%降到16%。这是在当前我国人口老龄化率不断升高的形势下做出的逆向选择。没有经过精算平衡确定的制度是具有很大制度风险的，也会加大社会保险制度运行中的风险，对制度风险、管理风险、投资风险没有预先的防范与控制，就会使社会保险风险转变为财政风险、宏观经济风险和社会不稳定的风险。可见，社会保险制度的精算平衡是防范社会保险制度运行风险和财政风险产生的基础。

四、下一步我国社会保障制度改革怎么办

70年社会保障制度改革的历史是中华人民共和国成立70年波澜壮阔进程中

不平凡的一页，具有浓墨重彩的一笔，有许多经验，也有不少教训。总结过去是为了启迪未来。未来社会保障制度改革应该围绕国家"两个一百年"目标进一步调整和完善，使社会保障制度成为更加让广大人民有获得感、幸福感的制度。

1. 社会保障制度不仅是市场经济体制的组成部分，也是现代社会具有更加健全的社会治理和社会稳定功能的一项社会制度

社会保障制度从产生第一天起就是调节劳资矛盾、维护市场公平竞争、规避人们生存风险的一项制度。市场经济发展带来的就业竞争、收入分配不公、生老病残死等风险现象不是市场经济所能解决的，需要政府组织的社会保障制度帮助提供基本的生活保障，因而它是市场经济的"安全网"。同时社会保障制度也是现代社会治理和稳定的重要社会制度。不仅是经济社会协调发展、社会共建共享的制度保障，而且是调节收入分配、解决社会贫富分化的有效手段，还是缓解就业压力、促进社会和谐的重要工具，以及调和社会矛盾、实现社会稳定的重要途径。充分发挥社会保障制度的社会治理和社会稳定功能，为现代社会健康、和谐发展提供坚实基础。

2. 对于外国经验要在比较、分析、取舍的基础上，结合我国基本国情加以吸收和利用

各国社会保障制度虽然能划分几大类，但每一个国家的社会保障制度存在很大差别，简单照搬，就会"食洋不化"，消化不良，最终半途而废。要通过比较不同类型的社会保障制度，找到社会保障制度与国家体制、经济社会发展水平、人们生活习惯等相协调的共同规律和特点，分析社会保障制度各个部分在什么经济条件下可以借鉴运用，找到各种社会保障制度的利弊，结合我国现阶段所处的经济发展水平、国家体制、收入水平与分配现状，选择其中适合的制度构成要素与制度类型，加快构建符合我国国情的社会保障制度，不断补充完善，建成保障基本、覆盖广泛、功能健全、可持续发展的社会保障制度体系。坚决避免"囫囵吞枣""食洋不化"的现象发生，以正确和科学的态度学习外国经验。

3. 要按照"三支柱"思路构建政府、单位（企业）、个人合理分担的养老保险制度

既然我国城乡养老保险制度问题很多，就有必要加快改革步伐。

一是按照"三支柱"思路优化现行城乡养老保险制度。其中最关键的就是

改造现行企业职工养老保险制度和行政事业单位职工养老保险制度。企业职工基本养老保险制度与行政事业单位职工基本养老保险制度中由企业或单位缴费的20%"社会统筹基金"部分改为职工基本养老保险制度，缴费率企业缴纳12%，个人缴纳8%，采取"现收现付"形式管理。将现行由个人缴纳8%的个人账户基金部分改为企业年金制度或职业年金制度，其中企业或单位缴纳4%，个人缴纳4%，采取强制完全积累制个人账户管理。强化第二支柱市场化运作与管理。采取税前定额扣除形式建立个人商业养老保险制度和个人养老储蓄制度，每月允许从个人工资总额中扣除600~800元不等的商业养老保险缴费。基本养老保险加补充养老保险加商业养老保险，将构成我国城乡养老保险制度基本形式，将成为每个职工领取养老金的基本内容。

二是划分中央地方基本养老保险财政事权。财政事权是由财政供应经费的责任与权利。有人认为，财政事权仅指财政承担补偿责任的事权，显然这个理解偏窄。企业职工基本养老保险制度的财政事权包括政策法规、基金管理、基金收缴与发放等环节的经费供应，也包括基本养老保险收支缺口的弥补。中央财政管中央本级上述财政事权的经费供应，地方财政管地方本级上述财政事权的经费供应。如果是"省级统筹"管理，省级财政必须承担省及以下各级政府承担的上述财政事权实施的经费供应。但是，在省级调剂金统筹管理下，企业职工基本养老保险基金除调剂金归省级政府管理外，其余基金都归市、县统筹管理，这样省级财政主要负责全省基金余缺调剂和本级政府财政事权的经费供应，市、县政府财政承担本级政府财政事权经费供应和基金收支缺口的部分补偿责任。在中央调剂金全国统筹体制下，中央政府承担全国企业职工基本养老保险基金的余缺调剂和全国基金收支缺口的部分补偿责任，省级政府承担省本级财政事权的经费供应和省本级收支缺口的部分补偿责任，市、县政府承担本级政府行使上述财政事权的经费供应，但不承担收支缺口补偿责任，因此在原来市、县统筹阶段建立的基本养老保险准备金要么上交省级政府统一管理，要么从准备金中每年划出一定比例补偿本级政府管理的基金收支缺口。行政事业单位职工基本养老保险制度的中央地方财政事权划分也可以依照企业职工基本养老保险基金的做法执行。城乡居民基本养老保险制度主要由市、县统筹管理并承担相应收支缺口补偿责任，中央财政承担城乡居民基础养老金发放部分的财政补偿责任，其余由地方财政承担。

三是按大类适当合并社会保险基金经办机构，形成管理统一、业务放开、信息共享的经办体制。即将三个基本养老保险经办机构合并成一个基本养老保险经办机构，但三套基本养老保险基金经办业务仍然分开办理，共同建立基本养老保险基金收缴与发放的信息网络系统。将企业职工基本医疗保险经办机构与城乡居民基本医疗保险经办机构合并成一个经办机构，业务仍然分开，收缴与发放的信息可以共享。社会救助体系涉及多个救助项目，可以借鉴养老、医疗保险经办机构的做法，建立统一的社会救助经办机构，负责发放各种救助资金，建立发放的信息网络系统，实现业务适当分离、信息共享、发放与监督统一的社会救助经办机制，不仅可以促进各自经办业务管理水平的提高，而且可以节省大量的经办管理成本，实现经办与监督的统一。

4. 打破地方利益和部门利益的樊篱，健全中央与地方适度分工，地方、部门职责明确、共同参与的社会保障制度

地方利益和部门利益是所有体制改革中都遇到的问题，关键是地方和部门利益的取得必须遵守体制和制度的统一规定，不能各自为政。健全社会保险基金收缴、发放、投资运营、资金管理、监管相互协调、相互制约的有机统一制度运行体系。一是在社会保障制度设计中坚持地方、部门利益以明确职责和事权为基础。完成地方政府和部门职责与事权，就有获得地方利益和部门利益的权利。二是对中央与地方利益交叉和模糊地带，要有明确的利益划分规定与协议。如果是中央与全国所有省一级政府利益交叉协调，通过中央政府政策法规形式，将社会保障有关事项按块状或比例形式固定下来；如果是中央政府与几个或一个省级政府的社会保障事项，则可以通过与一省或几省签订协议的形式，就利益分配达成共识。三是通过法律法规规范中央与地方利益分配关系，尽量在法律法规中不留漏洞和争议，避免地方政府从中获得额外利益。同时，制度法规中涉及利益事项应以不牺牲多数人或体制内人员的利益为底线，防止降低门槛牺牲体制内人员利益，导致原来制度漏洞增多而破坏制度的可持续性。

5. 社会保险制度收缴、发放、基金管理、投资运营、监管是相互统一的整体，是确保制度可持续发展的保证

从收缴环节看，国务院已经决定将社会保险基金收缴权交给国家税务部门，与原来人社与税务两家收缴的方式相比更节省成本、提高效率，发挥税务部门现有征管体系的作用。但是，人社部门仍然要做好社会保险缴费基数的核定工作，不能一个地方一个基数，而是制定全国统一的基数核定办法，防止变通和经办机构谋利，有效遏制因基数核定导致的基金流失和应缴不缴现象。对于欠

缴问题，尽管现阶段企业减负不允许，但是税务部门应区别不同情况制定清欠方案，对于经营状况与发展前景较好的企业应适当缩短清欠时间，对于经营状况一般的企业适当延长清欠时间，对于亏损倒闭企业则要从企业资产清理中收回部分欠缴额，不能清欠部分，要经财政部门与人社部门共同核销欠缴社会保险金。从发放环节看，既要做好待遇标准的核定工作，也要做好支出基数的核定工作。按照现行社会保险待遇发放与职工工资和物价挂钩的做法，基本养老保险基本上每年在原来基础上提高 5%~10%，基本医疗保险采取适当提高报销比例的做法。著者认为，社会保险待遇或支出与收入或物价挂钩，是为了确保保险对象实际收入不降低采取的与物价挂钩做法，也是世界许多国家的做法。但是，在国家经济下行压力较大的情况下，不必年年调待遇，能否适当延长调待时间，比如 2~3 年调一次，每次调试比例适当提高，减轻基本养老保险基金支付压力。经办机构既管社会保险收缴计划与缴费基数的核定，又管支出发放，除了适当将同类经办机构合并外，还要适当增加经费投入。特别是基金收缴与发放的网络信息系统，要保持适时更新，对收缴与发放基础数据适时更新，需要增加对网络信息系统的专项投入。

从社会保险基金管理看，一是做好社会保险基金"收支两条线"管理的改革。要保证基金收缴及时入库，财政与人社部门加强收缴情况的监督与审查，对拖缴、欠缴情况及时做出处理；对基金支出，经办机构定期将发放计划报人社与财政部门审查，对虚报冒领情况及时做出处理，确保发放环节真实有效。二是做好社会保险基金预算管理工作。社保经办机构与财政社保机构共同把社会保险预算收入预算和支出预算编制好。既要把应该纳入预算的收入全部纳入，防止账外收入流失，又要对地方上报预算存在的"做小收入、做大支出"问题认真核实，查出问题的症结，并采取有效措施纠正。同时，加强预算执行检查和监管。

从基金投资运营看，社会保险基金投资运营是实现制度可持续运行的关键一环。一是完善社会保险基金投资运营法规，提高投资运营规范性。不仅要明确投资运营各方的权利与责任，还要明确投资工具选择的多样性，投资风险的评估与规避。采用招标方式选择委托投资机构，只有具备较高资质的投资机构才能参与竞标，确保投资运营的安全。二是投资工具要与资本市场相适应。根据资本市场运行情况，选择投资盈利点较高的投资工具作为社会保险结余资金投资选择，而且采用比例控制各投资工具的投资风险，如股票投资不超过结余资金的 30%，债券、银行存款、票据、基础设施投资、同业拆借等都有比例控制，规避投资市场风险。三是建议中央与地方社会保险基金投资适当分工。中央政府社会保障理事会负责企业和行政事业单位职工基本养老保险结余资金投资，其他社会保险结余资金由省一级政府建立社会保险投资运营机构组织运营，实现所有社会保险结余资金安全、高效运营。四是加强社会保险基金投资运营的监管。不仅要在投资运营机构设置监管机构，还要在财政部和人社部设置社会保险基金监管机构，审计署要把社会保险基金收支与投资运营纳入经常性审计监督范围，确保老百姓的养命钱不受损失和安全。

6. 加强对社会保障制度精算平衡研究，建立社会保障风险预警机制，提高社会保障制度的科学性、规范性、安全性

为了保证社会保障制度平稳运行，以社会保障理论为基础，借鉴精算学和商业保险精算学的基本方法，分析社会保障风险，量化社会保障相关指标，为社会保障决策提供参考。包括：社会养老保险基金平衡的精算、基本养老保险隐性债务的精算、基本养老保险替代率的精算、基本养老保险影响因素敏感性分析、养老保险基金投资精算、基本医疗保险的精算、失业保险精算、工伤保险精算、生育保险精算、社会救助精算等内容。其中关键是基本养老保险基金平衡精算、基本养老保险隐性债务的精算、基本养老保险缴费率与替代率匹配的精算、养老保险基金投资的精算和基本医疗保险收支平衡的精算。精算的目的是减少决策失误，提高基金收支平衡的精准性。要对社会保障精算结果进行总结分析，找出其中几项关键指标作为社会保障运行风险的预警指标，建立社会保障风险预警系统，特别重视人口老龄化率对上述预警指标的影响，及时将社会保障运行风险指标变化提交有关部门作为决策参考依据，提高决策科学性与及时性。

（原文发表于 2019 年 8 月 12 日宣讲家网）

养老保险基金投资运营机制研究

养老保险基金投资运营问题是当前我国社会保障制度建设一个亟待破解的难题。它对于提高养老基金的保值增值率，满足未来日益增长的养老保险基金个人账户支付需求至关重要。养老基金投资运营，对于提高养老基金增值水平至关重要。为此，本文就如何建立养老基金投资运营机制做出较全面的分析，提出我们的思路和建议。

一、建立养老保险基金投资运营机制的必要性和重要性

20 世纪 90 年代养老保险基金个人账户制度改革开始，从现收现付制过渡为"部分积累"制作为筹资模式。目前养老保险基金个人账户结余资金已达 1000 多亿元，使这部分资金通过合适的投资渠道达到保值、增值的目的，已经成为经济工作决策者和养老保险基金个人账户广大参与者的共识。

1. 建立养老保险基金投资运营机制是实现养老基金保值增值的根本途径

养老保险基金个人账户结存资金是为应付未来养老基金个人账户开支而结存的一笔资金，这笔资金以货币形式存在，且随物价总水平的涨落而变化，物价总水平上涨，其价值和购买力将降低。而养老保险基金个人账户结存资金的保值就是通过一定的资金经营方式，来保持该基金的购买力。实现保值增值的意义在于：一是可以抵消通货膨胀对养老保险基金产生的贬值影响；二是可以减轻国家、单位和劳动者个人的养老基金个人账户负担；三是实现养老保险基金个人账户待遇与物价基本挂钩的要求。结存的养老保险基金结余全部存入商业银行和购买国债，仅靠利息收入来实现养老保险基金的保值增值。在目前银行存款利率和国债利率较低的情况下，养老保险基金的增值率低于每年 10% 以上的支出增幅，因而迫切需要寻找新的保值增值途径。而建立养老保险基金投资运营机制是实现保值增值的一个重要途径。

2. 建立养老保险基金投资运行机制是养老基金个人账户事业可持续发展的制度保证

养老保险基金个人账户结余资金不同于其他任何资金，是用来支付广大参保者未来一定时期养老、医疗、失业保险金的"养命钱"，对结余资金通过寻找合适的投资渠道，达到保值增值的目的。不仅是为了防止通货膨胀对结余资金的损害，更重要的是为了应付由于人口老龄化、失业率可能的增长、医疗消费水平提高带来的日益增长的养老基金个人账户支付需求。进入 21 世纪，我国的老龄化率突破 10%，达到 10.3%，可见未来的支付压力是十分巨大的。如果不采取有效措施，势必对未来国家财政和企业产生极大负担，危及社会稳定和社会保障事业的可持续发展。而要实现养老保险基金个人账户事业的可持续发展，要么从现在开始适当降低养老基金个人账户的支付水平，要么建立健全养老保险基金个人账户投资运营机制，实现基金的保值、增值。只有这样才能减轻未来养老保险基金个人账户的支付压力，实现养老保险基金个人账户收支的良性循环和可持续发展。

3. 建立养老保险基金投资运营机制是养老基金运行机制的重要组成部分

养老保险基金运行机制是由基金的收缴、支付、管理、投资、监管等环节构成的（参见图 1）。

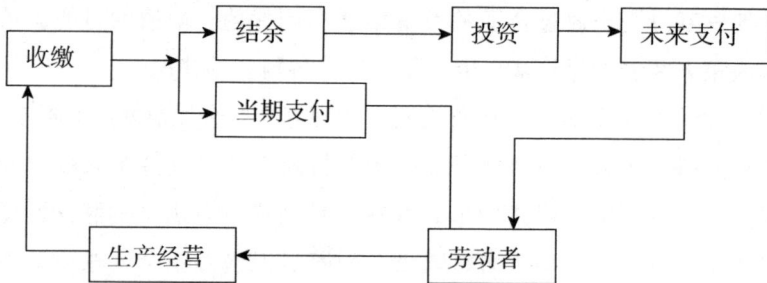

图 1　养老基金运行图

每一环节都相互联系、相互制约，缺一不可，其中养老保险基金投资运营是实现基金保值、增值，维持养老基金个人账户制度正常运转的制度保证，关系着劳动者未来的保障水平。而养老保险基金个人账户投资运营机制的建设，首先，要把握投资的风险，通常投资风险包括替代率风险、财务风险、利率风险、管理风险、市场风险、购买力风险、流动性风险等。投资的收益与投资的风险是成正比的，养老保险基金投资更应讲求安全性，因此，养老保险基金投资要选择风险较小、收益较高的资产作为投资对象。其次，坚持养老保险基金个人账户投资的基本原则。一是安全性原则；二是收益性原则；三是流动性原则。再次，根据上述投资原则选择科学合理的投资组合。一般来说，养老保险基金投资从安全性出发优先选择国债和银行存款，虽然收益固定但安全性强，不易遭受市场风险的损失；然后选择证券市场的投资基金、流通股的上市申购、流通股、法人股、企业债券、金融债券、证券化资产和其他高风险的金融工具，但是对高风险投资工具应有风险控制比例，合理规避投资风险。只有选择收益与风险相统一的投资组合，才能为养老保险基金提供更多的积累。

4. 建立健全养老保险基金投资运营机制是实现城市化的内在要求

按照养老保险基金个人账户的"大数法则"，只有参加养老保险基金个人账户的人数越多，养老保险基金个人账户作为一项制度才越具有抵御各种风险的能力。对此国际劳工组织早有规定，如果参加该项养老保险基金个人账户的人数没有达到应覆盖人群的 50% 以上，该项养老保险基金个人账户制度就难以具备抵御社会风险的能力。而吸引应覆盖人群所有成员参加某项养老保险基金个人账户制度的关键，是他们的缴费总额至少等于领到该项保险金的总和，如果领取的保险金比缴费还要多，则会吸引更多的人群参与该项保险。前者涉及养老保险基金的保值问题，后者涉及基金的增值问题。因此，实现养老保险基金的保值和增值，是扩大养老基金个人账户参与人群、提高养老基金个人账户公众信心和信用的基本条件。而养老保险基金的保值增值需要建立一套安全高效的养老保险基金投资运营机制来保证。

二、国外养老保险基金投资的经验与启示

"他山之石，可以攻玉。"西方市场经济国家建立养老保险基金个人账户制度的时间已有 100 多年的历史，它们在养老保险基金的征缴、支付、投资、监管等环节都建立了比较完善的制度和法律，其中在养老保险基金投资运营方面积累了丰富的经验。

（一）养老保险基金投资范围

1. 美国养老基金个人账户信托基金投资

美国养老保险基金个人账户包括老年、遗嘱保险（OASI）、伤残保险（DI）、医疗保险（HI）、失业保险。为了加强养老保险基金管理，保证到期支付各项津贴和管理费，1940 年 1 月 1 日美国建立了第一个养老保险基金个人账户信托基金——OASI 信托基金。此后 1956 年 8 月和 1965 年相继建立了伤残保险、医疗保险和补充医疗保险（SMI）信托基金，其中以 OASI 和 DI 两种信托基金的运作最为典型，合称 OASDI。

根据美国联邦保险缴费法和自雇者缴费法规定，养老保险基金个人账户信托基金主要来自雇主、雇员、个体业主缴纳的工薪税。1996 年 OASDI 信托基金总收入 4245 亿美元，其中工薪税收入地方政府为 3 亿美元，占当年基金总收入的 89%，此外，还包括投资利息和对养老金、伤残金等津贴课征的所得税，投资利息占基金总收入的 9.1%。随着基金结余的增加，投资利息的比重将逐渐提高，预计 2006 年达到 13.6%。信托基金的结余按规定全部投资于美国政府发行或担保的债券及特种债券。

20 世纪 80 年代以前，老年遗嘱保险和伤残保险采用现收现付制筹集资金，很少积累，一般不超过 GNP 的 2%，信托基金的投资并不重要。1983 年以来实行部分积累制，随着工薪税率的提高和对津贴收入开征所得税，基金的结余不断扩大。1996 年 OASDI 信托基金总资产高达 5670 亿美元，对庞大的信托基金进行投资成为美国养老基金管理的重要任务。为了加强养老基金个人账户信托基金的管理，联邦政府成立了养老基金个人账户信托基金管理委员会，该委员会挂靠财政部，由六位委员组成，即财政部部长、劳动部部长、卫生和人力服务部部长、社会保障总署署长以及两位由总统提名并经参议院确认的公众代表，财政部部长出任执行董事。该委员会主要负责养老基金收支状况的评估、投资方向的宏观决策和管理工作，每年向国会报告养老保险基金个人账户收支状况，提出加强管理的建议，对信托基金进行监督管理。

美国养老保险基金个人账户信托基金投资的渠道主要是购买政府的特种国债。根据美国社会保障法案，信托基金只能投资于政府发行的债券或由美国政府对其本金和利息担保的债券。1960 年以后的法律规定，除非执行董事认为购买可流通债券对公众有益，信托基金必须购买特种国债。特种国债具有以下特点：（1）利率为美国政府长期债券的市场平均收益率。（2）期限结构按信托基金的支付需要设定，一般尽可能均匀分布于次年至此后 15 年之间。（3）是一种可转换债券。即从国库中划入信托基金的收入按规定投资于次年 6 月 30 日到期的短期特种国债。（4）可根据需要在到期前提前支付。（5）不必出具票据，只是内部转账。购买特种国债并没有相应票据，而是由信托基金将款项划入国库。（6）不可上市流通。（7）具有明显的安全性。可见，信托基金投资具有明显的强制性、投资条件比较优惠、较大的流动性、投资科学化和管理民主化等特点。

2. 新加坡中央公积金投资

新加坡实行中央公积金强制储蓄制度，始于 1955 年，到 1996 年属于中央公积金 270 万成员名下的余额达 725.67 亿新元。中央公积金由雇主和雇员同等地缴纳月薪的 20%，缴纳到 55 岁为止，储存在中央公积金中的款项可以得到利息，利率与市场利率挂钩，这一利率为当地 4 家大银行 12 个月存储利率的平均数，每 6 个月修订一次。中央公积金的成员在年满 55 岁时，在留出一个最低限额作为退休存款后，可以提取他们在中央公积金中的存款。中央公积金储蓄的基本目的是为退休后的生活做准备。近年来，新加坡政府将中央公积金主要用于投资：（1）允许从中央公积金提款购买公共住房和其他住宅。新加坡 90% 的家庭拥有自己的住宅。（2）1978 年政府允许中央公积金成员最多用 5000 新元购买新加坡公共汽车公司的股票。（3）1986 年实施中央公积金批准投资计划，进一步放宽了对使用中央公积金的限制。允许成员投资于批准购买的股票、信用债券、单位信托基金和黄金。后来再度放宽，允许投资于 SESDAQ，也允许购买储蓄保单、存入相互基金账户和购买政府债务。（4）允许购买新加坡电讯公司的股票。新加坡政府已实行一项把与政府有关联的公司和法定的管理局私有化的计划，使公众有机会向这些盈利的企业投资，1993 年 2 月，政府出台了第一个股票拥有补足计划，向每个 21 岁以上、在 1993 年 9 月 1 日前的 6 个月中已向中央公积金至少缴纳 500 新元的新加坡人的中央公积金存款中拨入 200 新元，目前已有 148 万名中央公积金成员认购了新加坡电讯公司打折扣的股票。（5）可以留出一部分用于购买保险和医疗保险。综上所述，中央公积金局的公积金以两种方式进入资本市场：一是由成员自己根据批准的投资计划直接投资于产权投资市场批准的公债和股票；二是巨额中央公积金余额不断地交付给新加坡货币局作为购买政府证券和债券的预付保证金。1996 年，可用于投资的中央公积金总额为 240 亿新元，其中只有 38%，即 91.4 亿新元已经投资。新加坡为什么没有把中央公积金全部投资于产权投资市场，主要原因是目前东南亚资本市场比较混乱。

新加坡中央公积金局的剩余资金主要购买政府定期发行的各种证券和债券。1996 年中央公积金余额 725.7 亿新元中，516.2 亿新元投资于新加坡政府证券和债券，使中央公积金局既回避了资本市场的投资风险，又获得比较稳定的收益。

3. 智利养老保险基金投资

智利从 1981 年开始，对养老保险基金实行养老保险基金个人账户制，对养老保险基金实行私有化的、分散的基金管理公司管理，全国有 25 家退休者基金管理公司，投保者可以任选一家条件优惠、有保值增值能力的管理公司开设养老基金个人账户。

智利法律规定，养老保险金进行投资唯一的目的是获得适当的收益和保证金。因此，政府对保险基金的投资渠道做出了严格规定，准许 7 个方面的投资：国家总司库或中央银行发行的证券和各省与首都地区住宅和城市化事业局发行的信贷票据，定期存款和金融机构接收的其他重要证券，金融机构担保的证券，金融机构发行的信贷票据，公私企业债务，其他保险金份额，经风险分级委员会预先批准的开业股份公司的股票等。而不得投资于下列股份公司的股票：各保险基金管理机构的股票，人身保险公司的股票，各互助基金管理机构的股票，其中一人直接或通过他人间接集中认购票占 50% 以上的公司股票；其认购票至少有 10% 由小股东掌握的公司股票等 7 项，其目的是保证投资人和管理机构的保险金在尽可能小的风险下获得尽可能大的收益。智利养老保险基金回报率与经营成本参见表 7。

表 7 智利养老保险基金的回报率和经营成本

年份	1981	1982	1983	1984	1985	1986	1987	1988	1989	1990
实际回报率（%）	12.5	26.8	22.7	2.8	13.4	12.0	6.4	4.7	6.6	17.6
经营成本		14.3	7.3	5.6	4.1	3.4	2.9	2.9	2.8	2.3
年份	1991	1992	1993	1994	1995	1996	1997	1998	1999	
实际回报率（%）	28.6	4.0	16.7	17.8	-2.5	3.3	4.8	-1.1	16.3	
经营成本	1.8	1.9								

资料来源：世界银行，《中国养老金体制改革》第 75 页。

由于养老金结余的增长，养老金在资本市场发展中起到了重要的作用：（1）养老金成为私人部门储蓄的一个主要来源，在 1990 年占国民储蓄的 18.8%，到 1994 年占到 35%。缴费数额也快速增长，1993 年占 GDP 的 8.2%，1994 年占到 GDP 的 10%。养老保险基金个人账户累积的资金每年实际的增长达到 40%，到 1994 年达到了 223 亿美元，相当于 GDP 的 43%。（2）养老金在金融市场上起着重要的作用。到 1994 年底，养老保险基金拥有 55% 的国债、59%

的企业债券、62%的住房抵押债券和11%的企业股权。（3）1990年以来，开始允许养老保险基金购买外国资产，并以多样化的形式投资于国际资本市场，到1994年底，大约3%的养老金投资于智利以外的市场，这个比重还在不断增加。

（二）养老保险基金投资限制

基于养老保险基金投资安全性和收益性要求，各国政府对可以接受的养老保险基金（其中主要是养老金）投资工具采取定量限制时，实施不同程度的监管。不同的投资工具具有不同的风险，监管和运营机构在决定采取定量限制前，应考虑地方政府证券市场和养老金行业的市场成熟程度。随着市场的日趋完善，监管部门可以适当放宽定量限制。定量限制的目的就是保证养老保险基金资产组合的公平性和合理性，以最小的风险获得预期的回报率。

1. 发达国家

发达国家对养老保险金投资的管制可以分为两种类型：一类是以英国为代表，在较为完善的法律基础上政府对养老保险基金资产组合没有太多限制，唯一的限制措施是养老金自我投资（以股票形式）不能超过其资产的5%。20世纪80年代至90年代，英国养老保险基金的平均投资组合为：70%投资于股票（其中53%为英国股票），不动产投资从15%下降到5%，其余为利息固定的证券（从25%下降到15%）或现金。另一类是欧洲大陆（意大利除外）一些国家，通常对养老金投资组合中投资工具及分布实行限制。如德国规定，一个养老金的资产组合中，证券、房地产和外国资产的比例分别不能超过20%、5%和4%；法国规定，补充性养老保险基金的资产中必须有50%投资于政府债券；丹麦规定，养老保险基金必须持有60%以上的国内债权，外国资产不能超过20%，房地产和股票均不能超过40%；在瑞士，国内股票、房地产和外国资产的最高比例分别不能超过50%、50%和20%。

2. 发展中国家

与发达国家相比，发展中国家对养老金投资则倾向于采取更为严厉的限制措施。智利在最初把养老金的投资限制于公共部门的债券（政府及中央银行的债券），银行债务、抵押贷款及公司债券，或对其他养老保险基金份额进行投资。最初的最高限制是：100%可投资于国债，80%可投资于抵押债券，70%可投于银行的债券，60%可投于公司债券，20%可投于其他养老保险基金份额。1982年对银行债券的投资上限降到40%，1985年对国债的上限降到50%，公司债券的上限降到40%。对私营化的国有企业股权投资不得超过基金总额的30%。

1988 年对公司的股权投资限制提高到 50%。1989 年允许向房地产业投资，总的限额不得超过养老金的 10%，单个限额不得超过养老金的 7%，或者公司资本的 20%。1990 年批准养老金投资于商业票据，但不超过养老保险基金的 10%，或投资基金的股份不超过 10%，或外国证券最初只限 1%，在今后 3 年中可以再提高 1%，15 年内将提高到 10%。1999 年智利政府对养老保险基金投资种类的限制做了调整：政府债券占养老基金的上限为 50%，定期存款和银行债券上限为 50%，抵押债券上限为 50%，公司债券上限为 45%，商业票据 10%，股票投资不超过 37%，风险资本投资基金 5%，证券投资基金 5%，外国投资上限为 12%，央行授权的其他金融工具为 1%，对冲投资工具上限为 9%。其他一些发展中国家和政府对养老保险基金投资的法律限制如表 8 所示：

表 8　若干发展中国家政府对养老保险基金投资的法律限制

国家	法律允许的投资方式
巴哈马	（1）全额付款证券，但该证券发行、付款金额不得少于 100 万巴哈马元；（2）发行公司必须在之前 5 年中每年都对其所有股票支付了红利；（3）对任何一家公司的投资额不得超过基金投资总额的 5%；（4）原则上投资在巴哈马境内进行，海外投资须经财政部同意；（5）房地产。
印度	（1）中央政府债券至少 15%；（2）地方政府债券或由中央、地方政府担保的债券至少 15%；（3）国民储蓄凭证最多 40%；（4）特殊存款最多 30%；（5）政府担保的公司债券。
墨西哥	（1）以社会保障为目的的健康设施及建筑投资至多为 85%；（2）政府、地方政府当局、国家信用机构和公共服务部门债券、证券投资至多为 10%；（3）剩余资金可投资于抵押贷款、本国公司股票、债券或证券，但要求担保本利，对一家公司的投资不得超过投资总额的 5%；（4）基金投资收益率不得低于精算预测的收益率。
巴基斯坦	（1）政府担保的证券、贷款和有息银行存款，无最高限制；（2）定息投资和法规中指定的股票，最多各为 50%；（3）对房地产、雇员养老保险局拥有至少 51% 股份的公司投资每项最多为 10%，总和不得超过 30%；（4）联邦政府同意的其他投资，最多为 2.5%；（5）投资总额至多为积累基金总量的 80%。
菲律宾	总积累基金的 5% 作为应急准备金，只能进行银行存款；总积累基金的 95% 作为投资基金，可投资于：（1）政府及政府担保的债券、证券；（2）国内银行有息债券、证券；（3）保险项目成员贷款（住房、工资和教育）；（4）社会保障委员会自用房地产；（5）住房计划贷款，至多为投资资产评估价值的 90%；（6）有息计划、房地产抵押贷款；（7）总积累基金年收益率不得低于 9%。

资料来源：韩良诚，焦凯平. 企业养老保险制度的统一与实施［M］. 北京：中国人事出版社，1997：349-351.

一般来说，政府对养老保险基金投资的限制主要集中在股票、房地产、外国资产等风险较高的投资项目上，通过控制这些资产的投资比例达到控制养老保险基金投资风险的目的。而发展中国家对这些投资工具则采取更为审慎的态度，一般在初期完全禁止养老保险基金对这些资产的投资。应该说，由于发展中国家资本市场的不发达，市场透明度较低，并且缺乏熟悉资本市场投资的基金人才，这些投资限制是需要的。但是，随着市场的逐渐发展和专业投资管理人员的成熟，对养老基金的投资限制应逐渐放松，实现投资组合的多样化并适当增加高风险—高收益工具的投资比例。随着资本市场的发展，逐渐放松对养老保险基金投资的限制，既是分散养老保险基金投资风险，提高投资收益率的需要，也是促进资本市场本身发展的需要。

（三）养老保险基金投资回报率

多数国家的经验表明：在一定时期内，股票的历史收益率要高于债券的收益率，但是股票投资风险比债券投资的风险大。如果养老金是长期投资，持有股票的风险在长期的投资期限内逐渐消除。如果年收益率增长 1%，持续 40 年，养老金则提高 20%~30%。养老保险基金追求资本升值，其投资组合中需有较大比重的证券投资。以美国为例，历史数据表明：投资于国债有时可能比普通股的风险更高，局限于国债范围的保守型投资管理为养老保险基金带来的真实回报是明显偏低的（参见表9）。

表9　美国养老保险基金历史平均年回报率和风险（1996—1995）

美国养老保险基金	平均回报率（%）	风险（方差）（%）
大公司股票	10.2	20.3
小公司股票	12.2	34.6
长期公司债券	5.4	8.4
长期政府债券	4.8	8.8
中期政府债券	5.1	5.7
美国国库券（90 天）	3.7	3.3
通货膨胀	3.1	4.6

资料来源：1996 年年鉴，Ibboston Associate。

显然美国法定养老保险基金购买政府债券，在一定程度上影响了养老保险基金的收益，但是美国的企业年金主要通过证券投资实现其增值。因此，许多国家把养老保险基金（包括企业年金）投资范围扩大到国内和国外的股票（参见表10）。

表10　养老保险基金投资组合中部分股票

股票	年份	英国	美国	加拿大	日本	荷兰
国内股票	1991 年	46.7%	47.6%	27.8%	24%	7%
	1995 年	53.9%	46.2%	30.5%	26.7%	11.1%
国外股票	1991 年	15.2%	3.6%	7.8%	0%	8.9%
	1995 年	22.5%	8.5%	16.4%	9.3%	15.3%

如前所述，智利等发展中国家，虽然采取了一系列的投资限制措施，但由于养老保险基金投资领域不断拓宽，投资回报率保持在较高水平（参见表11）。

表11　1994—1999 年智利、阿根廷、秘鲁养老金实际投资回报率

年份	智利（%）	阿根廷（%）	秘鲁（%）
1994	17.8	−3.8	8.6
1995	−2.5	17.8	5.6
1996	3.3	19.7	5.8
1997	4.8	14.4	11.1
1998	−1.1	12.8	19.9
1999	16.3		

从以上分析中，我们可以得出两点结论：一是养老保险基金投资收益率与投资范围有关。投资范围较大，投资收益率相对较高，印证了所谓"鸡蛋不能都放在一个篮子里"的道理。二是养老保险基金投资收益率与投资于股票的比例有关。无论是发达国家还是发展中国家，实践表明养老保险基金投资于股票的比例较大的国家，其收益高于债券投资占主导地位的国家，只是风险略有增加。因此，国家对养老保险基金投资做出一些限制是完全必要的。实际上这些国家养老保险基金投资于股票的比例仍然较多地低于法律允许的投资限制比例。

（四）几点启示

1. 养老保险基金投资于股票的比重与资本市场发育程度有关

资本市场发达的国家，股票在养老保险基金投资中的比重相对较高；资本市场欠发达的国家，股票的投资比重相对较低。从一国来看，随着资本市场的发展，熟悉证券投资的专业人才增加，股票投资比重趋于上升。1997 年末，美国企业年金中股票投资所占比重为 61%，英国养老金资产配置中股票占 72%，加拿大为 55%，日本为 52%，澳大利亚为 43%，荷兰为 36%；而 1994 年智利养老基金在股票上投资的比重仅为 32.2%，马来西亚养老基金在股票上投资的比重仅为 10.2%。可见，要做好养老基金投资运营，必须首先培育较为发达的资本市场。

2. 控制高风险投资工具在养老基金中所占的比例，是兼顾基金安全与收益必备的条件

因为高风险的投资工具选择是出于提高基金收益率的需要，正因为有高风险基金不能投入太多，否则"鸡飞蛋打"意味着投资的失败。因此，为了控制风险，通常对高风险投资工具在养老保险基金投资组合中所占的比例予以控制，这些高风险投资通常包括股票投资、不动产投资、国际投资等。

3. 政府通常对养老保险基金投资实施全面的法律监管

由国会通过的社会保障法或养老保险基金个人账户法，对养老保险基金的管理机构，投资运营机构，养老保险基金的缴纳、管理、运作、提取、违法与惩罚、监督等事项均有明文规定，严格依法办事。如智利，法律规定保险基金管理面的 11 项职责，其中有几条与养老保险基金投资监管有关：监督"收益浮动储备基金"和库存现金的筹措、保管、操作和运用；监督保险基金投资和投资有价证券的构成；对管理机构和保险基金进行清算；监督一手和二手市场有关其中保险基金所占比例，不得妨碍证券和保险总署的权限；养老金在向私人机构发行金融证券前，可经过国家风险分类委员会认可等。养老保险基金投资除了遵循有关社会保障法律规定外，还必须遵守国家有关投资法律的规定，如美国的信托投资法。这些法律确保了养老保险基金投资运营过程的规范和安全。

三、适合养老保险基金投资工具的收益与风险分析

在讨论地方政府社保基金投资领域之前，我们首先需要明确全国社保基金的概念。全国社会保障基金也就是目前媒体通常所说的社保基金，包括中央财政拨入资金、经国务院批准以其他方式筹集的资金及其投资收益形成的由中央政府集中的社会保障基金，由全国社会保障基金理事会负责管理。而地方政府社保基金则是由县以上地方政府管理的社保基金，其来源为养老保险、医疗保

险、失业保险、工伤保险、生育保险五个部分。根据《养老基金财务制度》规定，养老保险基金结余除根据财政和劳动保障部门商定的、最高不超过国家规定预留的支付费用外，全部用于购买国家发行的特种定向债券和其他种类的国家债券。就目前的情况来看，一方面，国家社保基金的投资领域已经成为当前最为热点的问题，其改革取向也直接影响到整个中国社保基金体系的未来投资模式；另一方面，地方政府社保基金虽然并未在投资领域得到更多的关注，但其投资与各种市场和工具的步伐已经大大超前于国家社保基金，这既是由于地方政府社保基金的投资还一直缺乏明确的法律法规限制，也是因为其较大的保值增值压力。

（一）股票市场投资的收益与风险：一级市场、二级市场、未上市公司的股权

1. 一级市场

通常来说，基于安全性和流动性的考虑，养老保险基金投资于股票市场还存在很大的风险，不确定因素也很多。然而考虑到中国的股票一级市场的特殊性，目前投资于股票一级市场相对来说风险还是比较小的。具体来看，一级市场是股票发行的市场，是那些希望通过公开发行股票进行融资的企业同机构投资者、战略投资者和风险投资人围绕着风险与收益的权衡，而开展讨价还价和进行原始证券交易的重要环节，也是证券市场体系中的基础性市场。2002 年 5 月实施新股市值配售后，新股投资由一种几乎无风险的独立投资品种转化为附属于二级市场的风险投资品种，这一政策对机构投资模式产生了重大影响。根据抽样调查的结果估算，原来专门从事新股申购的资金绝大部分撤出了证券市场，但新股低风险套利机会依然存在。此外，2003 年的新股发行体制改革步伐加快，如在 2003 年终发审委工作细则出台、新一届发审委成立、保荐人制度出台、证监会《关于进一步规范股票首次发行上市有关工作的通知》自 2004 年 1 月 1 日起将全面执行，这一系列举措将为证券市场今后的健康发展打下良好的基础。但是，随着一级市场的不断规范，2003 年的平均发行市盈率亦由上年的 19.3 倍下降到今年的 18.2 倍，这在一定程度上使得投资一级市场的非合理获利性有所下降。

无论如何，投资股票一级市场仍然是养老保险基金重要选择之一的原因，就是在于一级市场的风险非常小。我们知道，国家社保基金理事会管理的养老储备基金，在 2002 年进入股市的初期，就是以投资一级市场为主。根据数据，

2002 年，共有 28 家上市公司增发新股并上市，以增发部分上市首日的收益率计算，全年累计收益率达到了 57.58%。在这 28 家公司中，只有 4 只个股跌破了发行价，而且这 4 只个股的亏损比率均在 1% 以内。就追求低风险获利的原则来说，地方政府社保基金与国家养老储备基金的性质是一致的，因此应当有相同的投资偏好。

2. 二级市场

在目前我国股票流通市场存在众多弊端的情况下，地方政府社保基金投资于股票二级市场的风险是不言而喻的。我们看到，围绕市盈率调整的股市"价值回归"使中国股市 2003 年继续呈现弱平衡市状态，上证综指高点在 1650 点附近，低点在 1300 点附近，上下区间 350 点。2003 年，虽然汽车、金融、钢铁、石化、能源电力等高度景气行业的蓝筹股上市公司股价表现惊人，远远强于大盘，其中以宝钢股份、扬子石化等为代表的部分强势股，年内始终保持强势特征，但以老庄股、重组股、科技股为代表的绩差股由于缺乏基本面的支撑、股价严重偏高，跳水事件屡见不鲜，多数绩差个股走出持续阴跌的行情。进入 2004 年，价值投资理念仍将在证券市场占据主流地位，这是因为基金和 QFII 等机构投资者对市场的主导力量已经越来越大，散户作为市场跟风者对市场已没有了发言权，因此在 2003 年大举介入蓝筹股的机构投资者还会充分享受经济增长所带来的利润，在 2004 年这类行业还有较大发展空间的预期下，资金不会轻易出局。但是如果中国经济增长模式从原材料行业向消费需求增长模式成功传递的话，则市场的多元化发展将可能取代单极化的价值投资理念，呈现出一个繁荣的市场景象。

地方政府社保基金实际上早就介入了股票二级市场，例如，在 2002 年像金融街的第三大股东为北京市农村社会养老保险办公室，持有 135 万股流通股；而天津港第二大股东是社保局，第五大股东是蛇口社保；金丰投资的第七大股东为社保基金，持有 168.7 万股流通股；东方热电第六大股东为上海市社保基金结算中心，持有 74 万股流通股。虽然事后相关部门进行了澄清，但地方政府社保基金拓宽投资渠道的意图也是非常明显的。

反过来看，无论如何，股票二级市场虽然很可能存在转折点，但较大的风险也是不容忽视的。有鉴于此，如果出台相应的法规，对于地方政府社保基金进入二级市场必须加以严格的投资和比例控制。

3. 未上市公司股权

中国目前金融改革的重要内容之一，就是建立多层次的资本市场，而未上市公司的股权，则是多层次资本市场的重要组成部分。应当说，未上市公司股权的交易应该在规范的产权交易市场进行。然而目前国内的未上市公司股权转让还存在很多不完善的地方政府。依据《中华人民共和国公司法》有关规定，股东转让其股份必须在依法设立的证券（产权）交易场所进行。根据公司法规定，股份公司发起人所持有的股份自公司成立之日起 3 年内不能转让。此外，按照有关规定，非上市公司股权转让应当按照一对一的原则，通过议价来确定转让价格。而目前的非上市公司股权转让，转让对象一般为不特定多数，即一对多，且转让价格的确定存在着竞价因素，这可视为等同于变相流通，显然是违法的。换句话说，如果投资于非规范交易的未上市公司产权，显然会存在很大的风险。而投资于规范交易的未上市公司产权，也由于其流通性差而存在流动性风险。

当然，未上市公司股权交易的前景也是非常光明的。党的十六届三中全会通过的《中共中央关于完善社会主义市场经济体制若干问题的决定》明确要求"大力发展资本和其他要素市场""建立多层次资本市场体系""规范发展产权交易"。国务院《关于进一步促进酱市场健康发展的若干意见》也提出健全资本市场体系，积极探索和完善统一监管下的股份转让制度。2003 年 12 月 31 日由国务院国有资产监督管理委员会和财政部联合颁布的《企业国有产权转让管理暂行办法》又明确规定："企业国有产权转让应当在依法设立的产权交易机构中公开进行。"这一系列的政策都表明，以为非上市公司股权转让提供服务为主要经营内容的产权交易所，将会成为我国多层次资本市场的重要组成部分。

综上所述虽然在目前看来，地方政府社保基金投资于未上市公司股权还有较大的风险，但从长远看来，也不失为一种可以考虑的投资途径。

（二）固定收益证券投资的收益与风险：国债一级市场、国债二级市场

1. 一级市场

就目前中国证券市场发展的现状来看，国债市场，特别是国债一级市场仍然是养老保险基金最理想的投资场所。对于以"保证安全性和流通性的基础上实现增值"为投资原则的养老保险基金来说，股票市场虽然可能的收益较高，但由于中国股市内在的缺陷，其风险更大。我们知道，全国社保基金作为交易

所债市与银行间债市两个市场上的特别承销机构,在 2003 年第 11 期记账式国债招标中,全国养老储备基金中标额达 31 亿元,一举超过工、农、中、建四大商业银行。事实上,2003 年以来养老储备基金在国债一级市场上动用的投资已近百亿元,这表明全国社保基金正在以更为积极的态度大步跨入国债一级市场。

当然,国债一级市场也并非全无风险。从 1997 年以来的连续降息,使我国利率处于较低水平运转状态。而从宏观经济环境看,我国从 2003 年下半年到目前体现出在走出通缩后的第一次温和通货膨胀趋势。由此,人民币利率水平上涨的想象空间加大。不确定的利率预期在国债市场上也有所反映。在发行市场上已经出现发行流标,反映出市场主体对未来利率风险的关注。其原因很简单,发行市场的改革使利率风险转移到了承销机构和认购人,虽然招标方式形成的利率价格包含了市场预期因素,但毕竟只能体现时点性的发行价格影响,不具有连续性。在发行利率招标确定后,一旦宏观利率水平发生变化,承销主体和认购者就将形成确实损失。为了推进国债一级市场改革,财政部将在市场条件允许的情况下,推出国债预发行制度,并首先从基准利率国债开始试点,以充分发挥一级市场价格发现作用,促进国债发行的合理定价。无论如何,国债一级市场都是全国养老储备基金的主要投资途径,而对地方政府社保基金来说,其主要参与的是国债二级市场,而增加其投资于国债一级市场的机会,也是有利于国债市场建设和地方政府社保基金保值增值的双赢局面。

2. 二级市场

近年来国债二级市场发展极为迅速。随着中国金融体系改革和建设的不断深化,债券市场的投资主体大幅增加,交易券种逐渐丰富,交易量快速攀升,流动性大幅提高。仅以银行间债券市场为例,2002 年,回购交易突破 10 万亿元,比 1997 年增长了 330 倍;现券成交 4412 亿元,比 1997 年增长了 455 倍;而 2003 年上半年现券交易量达到 10144 亿元,又是 2002 年全年现券交易量的 2.3 倍。

目前,将推出一系列新的国债交易方式,从而有利于国债二级市场的更加活跃。据报道,财政部将与中国人民银行、证监会联合制定国债开放式回购、国债远期交易管理办法,并择机推出;同时协商解决新发行国债发行期进行封闭式回购问题;继续研究包括国债掉期、融券等新的交易方式,为稳定市场、提高市场的流动性创造条件。由此看来,可以预计,在市场工具更趋完善,开放式回购等做空机制建立后,地方政府社保基金不但可以通过一级市场持有债券获得稳定的利息收益，而且还能通过在二级市场的波段操作获得更可观的资本利得，更大程度地分享中国经济快速发展带来的收益。实际上，规模日趋壮大的地方政府社保基金在债券市场上稳健的价值投资行为对于抑制债券市场过度投机，完善债券市场价值发现和利率决定功能也是大有益处的。全国和地方政府社保基金的发展和债券市场的发展必将是一种良性互动的过程。

（三）投资基金的风险与收益：封闭基金、开放基金

1. 封闭基金

封闭式基金，是相对于开放式基金而言的，是指基金规模在发行前已确定，在发行完毕后和规定的期限内，基金规模固定不变的投资基金。由于封闭式基金在保护投资者利益方面远没有开放式基金好，因此，基金发展经历了从封闭式基金主导向开放式基金主导的阶段。但是，封闭式基金并没有完全消失，封闭式基金作为一种金融工具显然具有其存在的理由，其中一个最为重要的原因是它对治理结构的要求越来越高了。2003 年，以证券投资基金为主体的机构投资者在大势相对较弱的背景下，将"价值投资理念"发挥得淋漓尽致。该年度封闭式基金的业绩显示它们不仅战胜了大盘，而且战胜了开放式基金。

一般来说，对于封闭式基金，影响对基金需求的因素有很多，例如单位净值增长的预期、单位净值中的风险度以及分红的预期。此外，随着证券投资基金法的出台，封闭式基金转开放也成了影响某些基金需求的重要因素。市场的发展仍将是价值投资主导下的结构性行情，而在 2003 年的价值投资行情中脱颖而出的那些基金，由于已经经历了行情不同阶段的考验，因此，在后续行情中，有望在单位净值增长方面继续保持对其他基金的领先地位。而随着市场对这些基金资产认同度的不断提高，这些基金单位净值中的风险度有望维持在一个相对较低的水平上。统计结果表明，那些单位净值增长较好的基金，有单位净值增长的良好预期以及单位净值中的风险度较低，其单位市净率的走势也要强于其他封闭式基金。分红预期方面，那些单位净值超过面值较多以及拥有充足可分配收益的基金，自然成为那些青睐分红收益的基金投资者的首选。由此看来，封闭式基金可以作为地方政府社保基金出于稳定投资收益目标而关注的对象。

总的来说，封闭式基金市场总体上将保持较高的折价率，并随着基础股票市场波动，但现阶段增持封闭式基金的风险应该不大。选择基金仍然坚持业绩准则，重点关注有分红潜力的封闭式基金和价格涨幅明显落后净值的基金。

2. 开放基金

开放式基金，是指基金规模不是固定不变的，而是可以随时根据市场供求情况发行新份额或被投资人赎回的投资基金。

开放式基金作为一种新兴的大众投资工具，具有自身的优势和巨大的发展潜力。开放式基金的最大优势在于投资者可根据基金的表现按照净值自由申购或赎回，获取基金净值增长和分红的收益。但开放式基金并不同于银行存款或国债等无风险的投资工具，它不能保证投资人一定获得盈利，也不保证最低收益，是一种收益共享、风险共担的集合投资工具。其风险主要包括：赎回风险、"未知价"的风险、投资成本高的风险、投资风险、交易周期长的风险、管理风险。

一般来说，与封闭式基金相比，开放式基金更具储蓄概念，它以净值进行申购和赎回，不向封闭式基金在交易所挂牌交易，理论上并不存在被爆炒的可能，此外由于基金管理人必须应付随时可能出现的赎回压力，因此开放式基金的资金使用效率不会很高。在开放式基金较为成熟的发达国家，其申购和赎回周期一般长达几年。而且目前我国开放式基金较高的手续费和实行 T+2 的制度也不利于投机操作。对投资者来说，在具体投资过程中，可以根据自己的风险承受能力选取不同投资风格的基金，一般来说，收益型基金投资风险最低，成长型基金投资风险最高，平衡型基金居中。

应当说，目前地方政府社保基金投资于开放式基金还是有风险的。开放式基金主要投资股票，股市的风险也就是基金的风险。尤其在国内，当股市下跌时，基金净值会受到损失，同时投资者也会考虑赎回，迫使基金抛售股票，使股市加速下滑。此外，开放式基金的费用也比较高，投资者必须在买卖基金中赚到的差价要高于费用才能获利。另外，开放式基金的投资者还要面对基金经理人的道德风险和管理风险。由此，从短期来看，地方政府社保基金对于投资于开放式基金还是应当暂时持保守态度。

（四）货币市场工具投资的收益与风险

金融市场工具一般可以根据其信用期在一年以上或以下而分为两类。一类是资本市场工具，包括股票、抵押贷款、公司债券、一年期以上的国库券、消费者贷款及银行商业贷款等；另一类是货币市场工具，包括一年期以下的国库券、大额可转让存单、商业票据、银行承兑票据、回购协议、同行拆借协议等。

从需求角度来看，货币市场工具是指大公司、银行或其他金融机构需要短期现金、在货币市场中借贷资金时所使用的信用工具。通常，这些货币市场工具剩余到期日限定在 1 年以内，其中大多数货币市场工具的到期日为 90 天或更少（许多货币市场工具的到期日为 30 天、10 天，甚至 1 天）。

换个角度来看，货币市场基金是以货币市场工具为投资对象的基金。目前，货币市场基金的投资范围主要包括：短期国债（剩余期限小于 397 天）、中央银行票据、银行背书的商业汇票、银行承兑汇票、银行定存和大额可转让存单以及期限在一年内的回购协议等货币市场工具等，政府、商业银行或其他金融机构、高信用等级的企业等是这些货币市场工具的发行主体。因此，货币市场工具具有高流动性、低风险的特点。应当说目前我国货币市场工具种类较少，主要集中在同业拆借市场和回购市场两个子市场，作为货币市场最重要组成部分的国债市场不够完善，现在也处于停滞状态；商业票据虽每年都有发行，但市场并不活跃。

从美国的情况来看，美国的养老保险基金多投资于货币市场工具和货币市场基金，而且资金比重逐年增加，1996 年美国养老保险基金投资于货币市场的基金资产达 91 亿美元，到 2001 年增加到 164 亿美元。随着我国社会保障制度的不断完善，社会保险基金结余数额将不断增加，货币市场工具是不错的选择。

从我国目前的情况来看，一方面，如果强调创新性的货币市场工具，鉴于此类金融产品本身的发展落后，地方政府社保基金投资于该类产品的获利可能性还比较小。另一方面，如果强调传统的货币市场工具，则社保基金的投资主要还是包括了短期国债和银行存款这些传统意义上的货币市场工具。

（五）基础设施直接投资的收益与风险

对于基础设施直接投资，社保基金的介入应当慎重。我们看到，近来对于全国养老储备基金介入该领域的讨论逐渐增多。全国社保基金理事会有关人士曾表示，保险、信托、海外证券市场，包括房地产及大型基础设施建设在内的实业投资等，都可能成为全国社保基金新的投资范畴。据透露，为解决日益紧张的石油储备问题，我国重建浙江镇海、杭州湾、山东黄岛、广东大亚湾四大战略石油储备基地。由国家作为主要出资人，委托中国石化、中国石油操作，国家最终出资将超过 100 亿元。此外，全国社保基金对一些国家基础设施项目如三峡电站等也表现出相当的兴趣。毫无疑问，这些投资空间一旦打开，社保基金将面临更大的发展空间。不过，这个过程肯定会比想象中更复杂。

全国社保基金投资于基础设施的浓厚兴趣，使得地方政府社保基金在这一领域的作为也逐渐为人所关注。实际上，全国社会保障基金有一个"投资管理暂行办法"，而地方政府保险基金的投资没有任何法律规章可循。迫于基金增值保值的压力，各地自定章程，投资于房地产、基础设施等已经非常普遍。

可以说，中国大型基础设施与公共工程项目短期收益率不很高，但设施项目风险较小，投资额比较大，有长期稳定的未来收入现金流，而且项目运行时间长，一般情况下回报率也较高。新加坡的公积金就大量投资于机场、港口、电力、通信等基础设施。日本的国民年金和厚生年金也被委托投资于高速公路、住宅和农业等基础设施。这里需要注意的是，地方政府社保基金投资于基础设施，必须注意要把投资对象定位于可以进行"收费"的准公共项目和公用事业设施，如果是没有未来可得现金流的纯粹公共项目，则不符合养老保险基金保值增值的原则。此外，由于近期房地产市场的价格不断上升，许多地方政府社保基金为了获取利益，都大量投资于房地产开发市场。从长远来看，这样的投资应该说是有很大风险的。因为目前我国的房地产开发市场还很不规范，房地产金融体系也存在很多缺陷。虽然在房地产行业发展迅速的时候，投资于其中可能会获得高额利益，但是与潜在的风险相比，还是得不偿失的。地方政府社保基金对房地产开发的直接或间接投资，应当在市场更加规范的时候，考虑一部分较小比例的介入，目前则应当适当退出以避免泡沫风险。

（六）香港股票市场投资的收益与风险

从目前来看，国家养老储备基金海外投资的基本方向已经指明，并且显然会从投资于香港股市开始展开，而地方政府社保基金投资于香港股市的通道还未明确。

养老储备基金首度选择的海外投资重点目标将是香港的资本市场，这当中的根本原因是香港资本市场的市盈率是全球大型股市中最低的，大致是10~20倍，较之欧美主要股市20~30倍的市盈率要低，资本的安全更有保证；另外香港股市对投资者的回报多以高派现形式实现，投资收益更有保证，因此社保基金选择香港作为投资主战场有其必然性。香港证券市场肯定要比国内市场规范，这对社保基金控制风险有帮助，而且香港市场上股票的种类也比较多，社保基金选择的投资品种会增加。社保基金可以通过做一个投资组合，进一步分散其风险。事实上，国务院已批准了全国养老储备基金投资境外资本市场的申请，首批40亿到50亿元规模的资金将首选香港。根据资料，这些资金主要源于境外上市公司出售的国有股。根据《减持国有股筹集社会保障资金管理暂行办法》

规定，国有企业境外发行时，会按融资额的10%出售国有股，这部分收入将直接补充到社保基金中。去年人保财险和中国人寿境外上市，分别募得资金8亿美元和34.8亿美元，加上其他企业上市的国有股减持，按10%计算，减持资金大约为5亿美元，折合人民币40亿到50亿元，占社保基金1330亿元资产总额的3%~4%。

如果这部分资金进入香港股市，一方面，国家养老保险基金对香港股市的促进作用将分步骤显现出来。按照市场主流观点的预测，先期赴港投资的养老保险基金规模不会太大，对香港股市的促进作用也将非常有限。而在运作一段时间取得经验之后，投资规模将逐步扩大，特别是随着相关渠道的逐步顺畅，会有越来越多的QDII涌入港股，从而有利于香港股票市场的繁荣。另一方面，如果就国家养老保险基金本身的收益和风险来看，由于资金规模有限，该部分投资对于国家养老保险基金整体的收益和风险是十分有限的。最为重要的是，如果国家养老保险储备基金能够成功地投资于香港股票市场，并且顺利地运作下去，那么不仅可能以此为契机扩大其香港股市和海外股市的投资规模，而且也会为地方政府社保基金投资于香港股市提供前例，从而进一步增加了地区社保基金实现保值增值的基本渠道。

（七）总结语：地方政府社保基金投资适宜的领域和注意的问题

通过上述分析，我们看到，作为地方政府社保基金的投资基本原则，仍然是在安全性的基础上获得适当的增值。具体到投资领域来看，有两个判断标准可以明确，一是我国目前的金融体制和资本市场结构还处于不断改革和变化当中，因此在地方政府社保基金出于保值增值目的而确定投资对象的时候，必须根据具体的形式变化而对相关的投资领域的风险收益进行分析，做出适时的结论。二是从目前的情况来看，地方政府社保基金相对来说投资适宜的领域，主要包括股票一级市场、国债一级和二级市场、封闭式基金、货币市场工具和基础设施投资。在投资于这些领域的时候，需要注意的相关问题我们已经在上文提到了。

另外，必须加以注意的是，诸如股票二级市场、未上市公司产权、开放式基金、房地产建设、香港股市等风险较高或者条件尚未成熟的投资领域，地方政府社保基金在选择投资对象时必须加以慎重考虑。

在总的投资思路上，有两个问题值得注意。其一，地方政府社保基金应当充分利用当地资本市场在国内相对比较发达的优势，大力探索更加适合地方政府社保基金保值增值的有效投资途径。实际上，在我国，很多财政金融制度都是自下而上进行的，地方政府自发的、尝试性的改革，往往能够给中央主导的整体改革带来良好的基础经验和认识。其二，在选择投资领域的时候，要注意不能过分地追求盈利目标，而忽视对资金安全性的考虑，因为地方政府社保基金毕竟是直接"取之于民、用之于民"的经济资源，其风险承受能力是有特定限度的。

虽然对于地方政府社保基金投资的相关规定还处于半空白状态，但从中央到地方政府已经逐渐开始研究更有效的规则，来开发出地方政府社保基金的合理运营模式。例如，2004 年 4 月 2 日，劳动和社会保障部终于以部颁 20 号令的形式揭开了《企业年金试行办法》的面纱，并于 5 月 1 日起正式实施。同时，《企业年金试行办法》的姊妹篇——《企业年金基金管理试行办法》不日也将面世，并将与《企业年金试行办法》同日起实施。办法中规定，"企业年金基金投资银行活期存款、中央银行票据、短期债券回购等流动性产品及货币市场基金的比例，不低于基金净资产的 20%；投资于银行定期存款、协议存款、国债、金融债、企业债等固定收益类产品及可转换债、债券基金的比例，不高于基金净资产的 50%，其中，投资国债的比例不低于基金净资产的 20%；投资股票等权益类产品及投资性保险产品、股票基金的比例，不高于基金净资产的 30%，其中，投资股票的比例不高于基金净资产的 20%"。这两个试行办法实施后，企业年金可以名正言顺地进入资本市场运作，企业年金的市场化、规范化运行将得到制度保障。类似于这样的探索性规定，对于地方政府社保基金来说，实际上是重要的机遇，也是获得投资合法性的基础。

四、建立健全地方政府养老保险基金投资运营机制的中长期对策建议

目前全国的各项养老保险基金均由地（市）、县级统筹管理，各项养老基金的结存部分如何保值、增值，对未来养老保险基金的支付具有十分重要的作用。我们认为，可在试点的基础上，建立健全地方政府养老保险基金投资运营机制，赋予地方政府养老保险基金个人账户投资所需的事权和职责，探索养老保险基金投资的可行路径和方法。

（一）投资目标

1. 近期目标

参照现行《全国社会保障基金投资管理暂行办法》，明确试点期间中央政府和地方政府在养老保险基金投资管理上各自承担的职责和事权，在遵守中央有关养老保险基金投资法律规定下，赋予地方政府在养老保险基金投资管理上更大的自主权和所需的投资立法权，建立一套高素质、高效率的养老保险基金投资运营管理机构，探索符合地方政府实际情况的投资多元化渠道，制定包括投资渠道选择、投资风险评价、投资限制等在内的养老保险基金监管条例，确保试点阶段养老保险基金个人账户投资运营的安全。

2. 长期目标

在总结试点经验的基础上，配合国家养老保险基金投资运营机制的建立，根据中央统一的养老基金个人账户投资法律和政策的指导，建立健全规范、统一的养老保险基金投资运营机制，完善地方政府性养老基金投资法规，明确养老保险基金投资运营机构、投资托管人、投资风险控制、投资监管各方的权责利关系，确保养老保险基金保值增值目标的实现。

（二）养老保险基金投资的原则

地方政府养老保险基金投资运营机制的建立除了遵守通常所说的安全性原则、收益性原则和流动性原则外，还应遵守以下原则：

1. 分散化投资原则

该原则是指养老保险基金分散投资于性质不同、期限不同、地区不同的投资工具，以取得风险与收益的最佳组合。在养老保险基金的投资组合中，既要包括固定收益金融工具，又要包括权益工具；既要包括低风险投资工具。又包括高风险高收益的投资工具；既要有中长期投资工具，又要有短期投资工具、分散化投资可以规避非系统风险，即通常所说的"不能把所有鸡蛋都装在一个篮子里"。

2. 风险控制原则

养老保险基金投资不同于其他任何社会资金的投资，它以基金的安全为第一目标，因此要特别注重控制投资风险。养老保险基金投资风险的控制，主要是通过两方面实现的：一方面对高风险投资工具在养老基金投资组合中所占比例予以限制，比如，许多国家对养老基金投资中股票投资、不动产投资和国际投资的比例进行限制，而且这种限制是通过相关法律法规明确的。另一方面，建立专门投资风险评价委员会，对养老保险基金所投金融工具的风险等级进行全面、科学评估，只有达到一定风险等级的金融工具，才允许养老保险基金个人账户投资运营机构有选择地投资。一般来说，养老保险基金不允许投资于投机性较强的金融工具，有的国家规定只能投资于 A 级以上的金融工具。通过上述两方面的统一协调，达到控制投资风险的目的，减少投资失败。

3. 法律监控原则

由于对养老保险基金投资安全性和收益性的考虑，通常对养老保险基金个人账户投资运营过程做出严密的法律规定，有些国家在证券投资法中对养老保险基金投资做出特别的规定，有的国家专门制定养老保险基金投资法。法规规定的内容通常包括养老基金投资管理机构、运营机构（金融中介）、投资风险评估机构以及他们各自承担的职责，还有投资限制比例、投资工具选择、投资收益分配等。通过养老保险基金投资运营全过程的法律控制，并委托相关的监管机构监督上述投资机构的投资运营情况，确保投资运营过程的合法性和规范性，保证投资的安全。

（三）建立健全地方政府养老保险基金个人账户投资运营机制的对策建议

1. 建立健全养老保险基金投资运营机构，引进投资管理人才，加强对养老保险基金投资运营的管理

养老保险基金投资运营机制的建立，首先是投资运营管理体系的构建和管理人才的配备以及管理制度的规范，其核心就是机构的建立。按照国际经验，通常有三类营运机构：一是普遍存在于欧美发达国家的由养老基金保管人、委托人、基金管理机构及经理人按照委托—代理关系形成的营运机构。二是近年来在拉美国家如智利和东欧国家实行的严格准入、严格监控的养老保险基金管理公司负责营运。三是东南亚国家实行的隶属于财政部的少数几家集中管理的基金营运机构，如新加坡的公积金局、马来西亚的员工公积金。我国已经加入了 WTO，作为市场经济体制的重要组成部分——养老基金投资运营机制的建设均应按照 WTO 规则和市场经济国家的通行做法来执行。因此，养老保险基金投资营运机构的建设也可以按照委托—代理关系由基金保管人、委托人、基金管理机构及基金经理组成。尽管地方政府养老保险基金还未允许进入资本市场进行投资运营，但投资运营的四类机构已经具备。首先，地方政府建立社会保障基金理事会，负责制定养老保险基金投资的重大方针、政策和制度，而且承担

起将基金委托金融中介机构进行管理和具体营运的责任，采取招标方式选择基金管理人、保管人、投资经理。其次，在深交所上市的近30家基金管理公司可以作为养老基金管理人参与投标，凡是符合养老基金管理人资格条件的均可以参与投标，并承担基金管理人的责任。最后，地方政府应从公开的方式选择基金托管人，承担起基金托管人的职责。

2. 制定和落实养老保险基金投资运营条例，明确养老保险基金投资理事会、管理人、托管人、投资经理的条件、职责以及收益分配关系，规范投资管理体制

制度建设是确保投资运营机制能顺利运转的基本前提。为了保证地方政府养老保险基金投资运营的规范性，可以参照财政部和劳动社会保障部联合颁布的《全国社会保障基金投资管理暂行办法》，制定地方政府《养老保险基金投资管理办法》。

首先，明确地方政府社会保障基金理事会的职责。原则上接受地方政府领导和全国社会保障基金理事会的政策指导和业务督导。主要制定社保基金投资运营战略和政策并组织实施；选择并委托社保基金投资管理人、托管人对社保基金资产进行投资运作和托管，对投资运营和托管情况进行检查；对投资运营的社保基金进行财务管理和会计核算；定期向社会公布社保基金的资产、收益、现金流量等财务状况。其次，明确社保基金投资管理人的资格条件和职责。投资管理人是根据投资管理规定取得社保资金投资管理业务资格、根据合同受托运营和管理社保基金的专业性投资管理机构。一般来说，必须是在中国注册、国家证监委批准具有基金管理业务资格的基金管理公司和国家规定的其他专业投资管理机构；实收资本不少于5000万人民币，并且维持不少于5000万元的净资产；具有2年以上的在中国境内从事证券投资管理业务的经验，且管理审慎、信誉较高；近3年没有重大违规行为；具有完善的法人治理结构，有从事社保基金投资管理业务相适应的专业投资人员；具有完整有效的内部风险控制制度和独立的监察稽核部门。社保基金投资管理人应履行的职责为：按照投资管理政策及社保基金理事会委托资产管理合同管理和运营社保基金；建立社保基金投资管理风险准备金；完整保存社保基金委托资产的会计凭证、会计账簿和会计报告15年以上；编制财务会计报告，出具社保基金委托资产投资运营报告；保存社保基金投资记录15年以上。最后，明确社保基金投资托管人的资格条件和职责。其资格条件为：设有专门的基金托管部、实收资本不少于20亿元；有

熟悉托管业务的专职人员；具备安全保管基金全部资产的条件；具有安全、高效的清算、交割能力。投资托管人应履行的职责为：尽职保管社保基金的托管资产；执行社保基金投资管理人的投资指令，办理社保基金名下的资金结算；监督社保基金投资管理人的投资运营，发现社保基金投资管理人的投资指令有违规现象，及时向理事会报告；完整保存社保基金会计账簿、会计凭证、年度财务报告15年以上。投资经理由社保基金理事会从众多金融中介中投标产生，投资管理人可以充当投资经理，但通常投资经理只能负责一种基金的投资运营，投资托管人不能担任投资经理，投资经理同样有资格条件和职责，投资经理主要执行投资管理人的投资指令，但是投资指令必须遵守政府社保基金投资管理法规的规定，并且经过风险评价委员会的评估和论证后方可实施投资指令。这是社保基金风险管理不同于一般社会资金投资管理的重要区别，体现投资安全和审慎原则。同时，投资管理法规还需对社保基金投资渠道、投资比例、投资收益分配以及投资管理合同、托管合同、投资账户和财务会计核算等做出严格规定。以确保社保基金投资运营各方责任明确、权利清晰，投资运营过程规范和依法运行。

3. 完善现行养老保险基金个人账户结存资金购买国债、协议存款、委托理财等途径的投资管理制度

地方政府现行社保基金投资已经在购买国债、协议存款、委托理财等方式上进行了多年的探索，取得了一些经验，应充分总结，结合当前实际情况对现行的上述几种方式的投资管理办法进行修改、充实、完善，使之更好地达到社保基金投资保值增值的要求。而且即使在允许在全国试点养老保险基金投资运营以后，真正投资于资本市场的社保基金也只能是一部分，而不会是全部。

首先，适当降低社保基金投资用于协议存款和债券托管的比例，从目前的85%~90%降到80%左右。社保基金投资运营的目的是保值增值，而银行协议存款和购买国债和其他金融债券的利率低限为年息2.68%，与社保基金投资目标增值水平仍有差距，如果比重太高会直接影响养老保险基金的投资回报；但是，考虑协议存款和债券托管是最安全的投资渠道，而且社保基金进入资本市场运作处于起步阶段，探索社保基金购买股票、基金的经验需要一定时间，建立健全社保基金投资运营机制也需要一个过程，社保基金投资于股票、基金的比例不宜太高，以确保基金投资的安全。社保基金结存额用于协议存款和债券托管的比例从85%~90%降到80%，就是考虑了收益和安全两方面的因素。其次，完

善银行协议存款的投资办法。建议将社保基金历年结存额的 50% 用于协议存款。同时要根据市场物价和利率水平的变化、与银行协商适当调高存款利率和适当延长存款期限。存款期限能否由现在的 3 年期延长至 5 年期，存款利率由目前的 2.68% 适当调高 0.5~1 个百分点，更有利于协议存款的增值。或者将协议存款期限分别调整为 1 年期、3 年期、5 年期，最长可至 8 年期，分配的比例与到期需支用的社保基金结合考虑，而存款利率分别设计不同档次，年限越长，利率越高。还可以继续采取协议存款形式支持市政基础设施建设，以政府担保的形式，通过社保基金与银行开办协议存款，再由银行对市政基础设施建设优先提供贷款支持，如果市政基础设施还贷一旦出现问题，则由政府负责归还到期贷款。市政基础设施包括供水、供电、供气、道路、公交以及部分旅游景点的开发等。再次，完善现行社保基金债券托管办法。建议将社保基金历年结存额的 30% 用于国债和金融债券的认购和托管。将目前由财政保管的债券凭证委托给国家批准具有债券托管资格的金融机构保管，在没有增加风险的情况下，可以在债券原利率的基础上提高 1.5 个百分点收益率。托管的债券可以是国债，也可以是金融债券，甚至可以是大型基础设施项目建设债券和资金实力雄厚、企业信用等级 3A 以上的企业债券。总之，通过完善社保基金协议存款和债券托管办法，提高这部分社保基金投资的收益率。

4. 稳步推进社保基金投资市场化运营方式，建立多元化养老保险基金投资体系，确保社保基金保值、增值目标的实现

社保基金进入资本市场投资运营是建立社保基金运营机制的出发点。但是，社保基金进入资本市场投资运营的进程，取决于资本市场的发育程度、投资运营机制健全和投资管理水平提高的程度。地方政府社保基金进入资本市场投资运营的比例可以采取逐步提高的方式进行：第一阶段，2004—2010 年社保基金投资于股票、投资基金等证券的比例不超过 20%。第二阶段，2010—2015 年比例不超过 30%。第三阶段，地方政府社保基金投资于股票、投资基金等证券的比例基本与国际接轨。对养老基金而言，采取什么样的投资战略，选择什么样的金融工具进行投资，是需要审慎抉择的问题。

第一，投资证券投资基金。证券投资基金作为市场机构投资者，将越来越重要。由于它是专家管理，对市场的分析比较专业，相对风险较小。社保基金可以在两方面投资证券投资基金：一是新基金发行时，大量持有基金；二是在二级市场上选择业绩良好的基金，在适当的时候购买基金份额，如保险公司持

有基金的模式。投资于证券投资基金的比率不超过社保基金总资产的10%。第二，直接作为战略投资人参与流通股的上市申购。现在股票首次公开发行时，按照规定可以将一部分股票直接发售给战略投资人。战略投资人是具有良好业绩、有相当经济实力的法人。战略投资人从发行人手中直接购买的股票，在该股票上市后的6~12个月内不得卖出。这种制度适合于社保基金投资战略，不仅因为社保基金投资本身以中长期投资为主，注重上市公司的基本业绩；而且社保基金以自己的资金投资，当战略投资人股票持有期结束后，若该股票价格大幅下跌，社保基金也完全有能力继续持有，等价格回升后再卖出。第三，以普通投资人身份投资流通股。除作为战略投资人购买上市公司首次发行的股票以外，社保基金可以以一般投资人身份投资上市流通股。通常有两种方法：一种是以普通法人投资人资格申购新股。申购新股基本没有风险，而且还有可观的收益。另一种是以普遍法人身份投资二级市场的流通股。这是有较大风险的投资。在二级市场上投资，一定要有专业人员进行管理，有专业分析研究人员对市场上的股票进行行业分析和个股分析，并采取种种风险防范措施，如合理授权、止损等。对二级市场投资，一定要十分谨慎，没有专业的管理人员和监督措施，宁可不做。第四，以法人资格购买上市公司法人股。社保基金可以以一般法人身份购买上市公司的法人股，虽然这样的投资现在甚至将来很长一段时间不能给投资人带来骄人的利润，但是法人股很低，若该公司是一家有实力、有增长潜力的公司，每年的分红就可能使这项投资收益率同银行存款利率持平，若法人股与流通股合并，则法人股持有人的利益可能成倍增长。第二、三、四项投资合计不能超过社保基金结存额的30%。尤其在第一阶段更要从严掌握，以不超过10%为宜。第五，对B股、H股或中国公司在海外发行的ADR、GDR等投资工具，也要非常谨慎地介入。投资比例以不超过社保基金结存额的1%为宜。此外，就是完善现行的购买国债、金融债券等投资办法，还有银行协议存款办法。资本市场更加发达、社保基金投资运营机制更加健全的第二、第三阶段，购买国债的投资应不低于社保基金结存额的30%、购买金融债券的投资应不低于社保基金结存额的5%、购买优良的企业债券和基本建设债券的投资比例不超过1%为宜。总之，要根据资本市场运行中各金融工具的具体行情，设计和选择社保基金的投资组合，但是高风险的投资工具不应选入或尽量少选入投资组合。在投资组合战略中，投资于股票的比率在新基金或针对年轻人的缴费基金的投资组合中可以适当提高，这种战略追求风险收益，即使有亏损，还有时间和机会弥补；对于接近退休年龄的社保基金持有人，投资组合中债券的比重应在他们退休前 5 年就开始提高，可以减少风险，获得稳定投资收益。

5. 建立健全养老保险基金投资风险评估机制和投资限制法规，确保基金的安全

养老保险基金进入资本市场运作，必然伴随着各种风险，这些风险包括：财务风险，即投资对象财务实力的变化给投资者带来的风险；利率风险，即由于市场利率的变动所引起的投资报酬的潜在波动；管理风险，即投资者所雇佣的投资代理人决策失误给投资者带来的投资回报的变化；市场风险，即空头和多头市场条件交替引起的投资总回报的变化；购买力风险，即由价格总水平变动而引起的总购买力的变动；流动性风险，即资产在急于变现过程中采用价格打折、代理销售等方式引起的投资回报的变化。正因为投资风险无处不在，所以在确定养老保险基金的投资决策时必须持审慎态度。为了有效地规避市场投资风险，提高养老保险基金投资的安全性和收益的稳定性，一般要在社保基金理事会下设社保基金投资风险评价委员会，专门行使投资决策前的市场风险评估，包括股票、基金总体行情变动趋势分析、行业分析和个股分析，预测基金入市和出市的时机、个股行情、投资组合及投资回报等，以减少基金管理人和投资经理的决策失误，提高投资收益水平。同投资风险评估一样，投资限制也是为了规避市场投资风险、确保基金安全的重要措施。通常投资限制是通过国家社保基金投资法或地方政府社保基金投资法规加以规定的，基金管理人和投资经理做出投资决策时必须遵守。地方政府也应把社保基金投资比例限制措施列入社保基金投资管理规定，以便社保基金投资运营各方自觉共同遵守，确保基金投资的安全。

6. 建立健全养老保险基金投资监管机构和法规，加强对社保基金投资运营过程的监管

在智利，为了加强对私有化的养老保险基金管理公司的监管，政府专门成立了养老保险基金监管局，它是一个自主的独立机构，通过社会保障部与政府联系，负责控制和监督养老基金并落实规章制度。监管局的主要职能是批准养老基金管理公司的建立和注册；确保养老基金管理公司向受益者提供所要求的服务；制定规章制度和法律的实施细则；推动建立以及合法利用所要求的储备金与投资要求；行使风险分类委员会技术职责；强制实施关于养老基金投资的资产组合构成及风险分类划分的证券风险规定；与股票和保险监督局共同监督

养老基金投资证券的一级和二级市场。可以借鉴智利的经验，在市劳动社会保障局下设置社保基金监管局（处），也可以在市审计局下设社会保障基金审计监管局（处）专司社保基金收支、投资运营的监管职能，尤其要加强养老基金运营准入制度。对养老基金运营准入的控制，可以事先将那些有可能对基金造成损失的运营机构拒之门外，降低违规运作的风险。主要从运营机构的资格条件和准入运营的内容两方面进行监管。实施动态的基金运营风险监管。主要对基金运营机构的合规性、收益率、基金投资组合、基金管理人实施监管。在条件成熟时实施偿付能力监控，即强制实施再保险和设立风险准备金。执行规范的退出程序。当某一运营机构不能依照法律和契约履行其义务，使基金的利益和安全受到威胁时，监管机构有权采取措施，限制其运营养老基金的部分活动，直至取消授权。而社会保障监管机构的职责、监管内容、监管方法、监管对象的义务和处罚措施等，均应由市人大常委会制定和表决通过《社会保障基金监管条例》加以规范，并要求社保基金监管机构严格执行。否则缺乏法律约束力，监管将难以执行，也不会产生好的监管效果。

7. 制定和落实支持养老保险基金投资运营的财政税收优惠政策，促进养老基金投资的成长和发展

对参与社保基金投资运营的投资主体，应从增值税、营业税、证券交易税、企业所得税等方面分别给予相应的税收优惠，优惠的程度以不低于现行对高新技术企业和外商投资企业的税收优惠水平为宜，可以减按原税负或税率的50%～70%的优惠税率征收上述各类税收，以鼓励更多符合条件的金融中介参与养老基金投资运营，促进我国养老保险基金投资事业的壮大和发展。

（原文撰写于 2015 年）

社会保险基金投资不要错失良机

　　谁也不会怀疑20世纪90年代以来，尽管遭受亚洲金融危机、国际金融危机等一系列外部和内部因素的袭扰，但中国经济始终处于稳定增长期。宏观经济的稳定增长意味着社会投资都会获得丰厚的投资回报，这也是国际资本和国内资本一直看好的投资市场。而同一时期我国的社会保险制度改革也处在由点及面、全面深化、资金规模和积累逐年增大的阶段。但是日益扩大的社会保险基金积累因为固守"安全第一"的投资原则而丧失了赢得较好投资回报的最佳时机，给由人口老龄化带来的日益扩大的社会保险收支矛盾留下严重隐患。

一、经济稳定增长为社保基金投资提供良好的宏观环境

　　经济的稳定增长是投资的最佳条件，如果一个国家经济波动很大，就不会有安全的投资环境。投资和消费是经济增长的原动力，而投资对经济增长具有直接的拉动作用。我国在先后两次遭受国际金融危机袭扰后，政府采取积极财政政策扩大投资，拉动社会总需求，促进经济增长，避免了经济大起大落。的确，政府公共投资具有非营利性和非排他性，即主要投资一些基础设施，如城市交通、供水、供电、供气、通信等项目，但实际上有些项目具有垄断性，有稳定的投资回报，而且这些项目还具有外部性，即一旦城市交通、供水、供电、供气等项目投产后，会带动周围地产和商业设施的普遍升值和周围新一轮的投资热潮，这种外部效益性是其他商业营利性投资所不具备的。正是政府投资和民间投资的相互推动，确保了我国经济在遭受金融危机袭扰的情况下仍然能够保持稳定的增长，只有经济稳定增长才能为投资提供稳定回报的机会和条件。

　　过去的十几年是我国社会保障制度改革全面深化的阶段，也是我国国民经济发展跃居世界前几位的关键时期。这一阶段我国经济总量增长与全社会固定资产投资总是保持一定比例关系。据统计，1995—2009年GDP从71176.6亿元

增加到 340506.9 亿元，增长 4.78 倍，年均增长 11.83%；同期全社会固定资产投资从 22913.5 亿元增加到 224598.8 亿元，增长 9.8 倍，年均增长 17.71%。GDP 与固定资产投资之比 1995 年为 3.11：1，2009 年为 1.52：1，说明我国的经济增长更多是依靠投资拉动的。投资的大幅增长固然是经济增长的需要，但驱使投资增长的内在动因是各种经济主体的逐利行为，如果投资不能获得可预见的回报，不如把钱直接用于消费。正如马克思所说：资本的动机就是获得利润甚至是超额利润。企业和个人投资尤其是这样，地方政府的投资也是出于增加地方财政收入的目的。资金的逐利行为是市场竞争的必然现象。况且 20 世纪 90 年代以来，随着我国社会主义市场经济体制的建立，资本市场和投资工具得到迅速培育和发展，个人和企业投资不再局限于工商领域，债券、股票、金融票据、期货、房地产、基础设施投资热潮一浪高过一浪，为正在建立和发展过程中的我国资本投资市场推波助澜，许多人在很短时间内迅速致富，甚至一夜暴富。投资逐利的释放，应归功于我国经济体制改革。试想，在传统计划经济体制下，实行高度集中的管理体制和平均主义的分配制度，地方和企业没有自主权，更不用说他们有投资冲动和逐利行为，干好干坏一个样，严重影响了人们的积极性和创造性，使我国国民经济长期停滞不前。因此，经济体制改革的重点和突破口放在分配体制的改革上，将原来高度集中的"吃大锅饭"的财政管理体制转变为中央与地方"分灶吃饭"的体制，特别是 1994 年的分税制财政体制改革，按照事权与财力相统一的原则，不仅赋予地方政府适当的事权，而且通过税种划分和转移支付制度设计确保地方政府实现事权有足够的财力保障，从而调动了地方发展经济和提高财政收入的积极性。同时，扩大企业自主权，放开企业用人和职工工资制度的改革的权力，并将工资与经济效益挂钩，使企业效益和职工收入得到较快提高。客观上为企业和个人自主投资、选择更好的投资项目和提高投资盈利水平奠定了良好的经济环境。

二、资本市场和投资工具的多元化为社保基金投资提供了选择空间

中国有句俗话：鸡蛋不能放在一个篮子里。意思是保证鸡蛋不碎要多放几个篮子。社会保险结余资金既要安全，又要增值，不能把所有资金都投在一种投资工具上，客观上要求对社会保险结余资金投在几种不同的投资工具上，进行科学合理的投资组合，获得较高的收益。20 世纪 90 年代，我国资本市场的发展为社保结余资金的投资提供了重要契机和更大的选择空间。我国资本市场的发展经历了政治考验和逐步的发展过程。（1）起步阶段。20 世纪 80 年代，国家处于改革开放的初级阶段，人们刚刚从计划经济体制解脱出来，对每一项改革举措习惯用姓"资"姓"社"去衡量，改革在小心谨慎中推进，人们不能提"资本"的概念，更不能说"资本市场"。当时，国库券或国债这一国家融资手段的积极作用逐渐被人们所认识。1981 年发行国库券 40 亿元，1990 年发行国库券 487.9 亿元，1988 年开始发行金融债券和企业债券，并在小部分企业发行内部股票。这一阶段资本市场以一级市场为主，规模小，投资工具比较单一，且极不规范。（2）探索发展阶段。1990 年 12 月，上海证券交易所成立，标志着我国资本市场进入新的发展阶段。1990 年股票二级市场交易额为 18 亿元，1996 年发展到 22693 亿元。1992 年国务院发布《关于进一步加强证券市场宏观管理的通知》，1993 年国务院修改出台《企业债券管理条例》，1993 年 4 月颁布了《股票发行与交易管理暂行条例》，标志着以法律形式进一步规范了我国证券市场。1996 年我国资本市场在市场规模、市场结构、法制建设、投资主体、管理体制方面步入理性投资、规范化建设的新阶段。1999 年 7 月正式实施《中华人民共和国证券法》，我国资本市场走上规范化、法制化的轨道。（3）快速成长阶段。2005 年 4 月开始启动股权分置改革，2007 年 8 月中国证监会正式颁布并实施《公司债券发行试点办法》，意味着公司债券市场的全面启动。截至 2010 年年底，沪深股市总市值达到 26.54 万亿元，相当于 2005 年的 8.2 倍，市值排名由 2005 年的全球第十三位跃居第二位。2005 年以来，我国期货市场迅速增长，初步建立起了商品期货产品开发、上市、交易运行及功能发挥的评估体系，共有 13 个新期货品种上市，初步形成了关系国计民生的大宗商品期货品种体系，意味着我国资本市场进入快速成长阶段。

我国资本市场发展迅速，投资工具由最初的国债发展为国债、金融债券、企业债券、股票、基金、期货等多元化投资工具组成的资本市场，为企业和国家融资、发展经济提供了资金保证。尽管资本市场还存在着市场参与主体理念不成熟、国有资产流失、法制体系不完善、市场机制不健全等诸多问题，但客观上为我国社会保险结余资金投资提供了更大的保值和增值空间。关键是社会保险基金进入资本市场要做好投资运营机制建设、风险监管、法制规范等基础性工作，在确保社会保险基金运行安全的前提下，实现更科学、更有效的保值和增值。

资本市场的发展固然给社保基金投资带来了机遇，但大家不会忘记早在 20

世纪80年代国家把交通能源作为经济建设的重点，1998年我国面对亚洲金融危机的袭扰，国家采取积极的财政政策，发行几万亿建设国债，大部分用于交通、能源、通信和城市公共设施的建设。过去的十几年是我国高速公路、民航、铁路变化最大的时期，而这些基础设施多半通过收费不仅收回了成本，还让投资者得到了较丰厚的投资回报，其中有些项目也适合社会保险基金投资介入。而这个机会我们也丧失了。难道没有人心痛社会保险结余资金的隐性流失吗？

三、社会保险基金投资正在错失"人口红利"的积累期

所谓"人口红利"，是指一个国家的劳动适龄人口占总人口的比重较大，抚养率比较低，为经济发展创造了有利的人口条件，整个国家的经济呈现高储蓄、高投资和高增长的局面。对社会保险而言，就是要借助劳动适龄人口占总人口比重较大、抚养率较低的时期，加大社会保险基金征缴力度，使适龄劳动人口承担的社保缴费除用于当期老龄人口社保支出以后，尽可能留下更多的基金结余，以满足未来老龄化提高、适龄劳动人口减少所引发的社会保险基金不足。

我国改革开放30多年之所以取得巨大成就，除了国家大政方针选择正确以外，客观环境也提供了便利。可以说，改革开放30多年我国一直处于"人口红利"时期，20世纪六七十年代开始推行的计划生育政策，80年代开始出现人口出生率降低、适龄劳动人口占总人口的比例出现缓慢上升，为我国经济快速增长提供了丰富的劳动力资源。据统计，1982—2009年我国人口自然增长率从15.68%降低到5.05%，15~64岁人口占总人口的比重从61.5%上升到73%。正是总人口的控制和适龄劳动人口的增长，为经济发展提供了良好的人口环境。为什么改革开放30多年来我国利用外资稳定增长？一个重要原因就是外国投资者除了从原材料、设备进口和产品出口赚取好处外，看中了我国廉价的劳动力。有人估计，我国第二、三产业就业的工人46.5%是来自农村的农民工。劳动力资源优势和成本优势是我国成为世界工厂的重要原因。不仅如此，适龄劳动人口增长也是储蓄和投资增长的主要力量。城镇就业人员工资总额从1995年的8255.8亿元增加到2009年的40288.2亿元，全国城镇居民消费从26944.5亿元增加到2009年的121129.9亿元，工资占消费的比例从30.6%提高到33.26%，说明适龄劳动人口增长不仅是居民收入增长的主要力量，也是消费增长的重要推手。

在"人口红利"时期，应借助适龄劳动人口稳步增长的机会，健全社会保

障制度，加强社会保险收入征缴，增加社会保险收入和积累，为未来人口老龄化提高带来的社会保险资金需求做出一定准备。事实上，这一时期也是我国社会保障制度改革由点及面、由部分人覆盖到几乎全部人群的时期，1995 年全国城镇企业职工社会保险收入为 1006 亿元，2009 年增加到 16115.6 亿元，城镇企业职工社会保险支出从 877.1 亿元增加到 12302.6 亿元，到 2009 年社会保险基金累计结余 18941.5 亿元。应该说，社会保险基金规模增长迅速得益于适龄劳动人口的增长。但是，我国社会保险制度至今也是不健全的，城镇行政事业单位没有建立社会保险制度，农村新型养老保险制度还在试点。而且现有社会保险结余资金分散在县、市级政府，只有基本养老保险基金在部分省、市实现了省级统筹。如果能及早健全这些社会保险制度，并对社会保险结余资金进行投资运作，就能更好地应对人口老龄化带来的社会保险基金需求扩张的问题。

但是，从 2010 年开始我国适龄劳动人口占总人口的比重逐渐下滑，从 2009 年的 72.35% 下降到 2030 年的 67.42%，而人口老龄化率 2010 年已达 12%，到 2030 年将达 25% 左右。这意味着承担社会保险缴费义务的人群在逐步减少，而领取社会保险金的人群逐步增多。如果我国在未来 20 年里不能在社会保险结余资金投资运营上取得突破和明显成效，要么将加大国家财政负担，要么将难以维持社会保险制度的正常运转。

四、社会保险基金投资运营机制的缺失将加大未来我国社会保险基金支付风险

建立社会保险投资运营机制的目的就是在科学规避投资风险和道德风险的前提下，通过合理的投资组合，实现投资的增值，满足未来社会保险资金日益扩大的需求。随着我国社会保险制度改革的深入和社会保险结余资金规模的扩大，基金的保值增值问题显得越来越迫切。不仅历年的结余资金需要保值增值，而且基本养老保险个人账户沉淀资金也需要保值增值，以及为确保社会保险基金支付而注入国有股权资金都需要保值增值。投资运营问题不解决，社会保险制度的可持续性就难有保证。

当前社会保险基金投资运营问题没有受到应有重视，已有的投资管理办法虽然简单易行，但达不到保值增值的目的。一是决策部门对社会保险基金投资运营的紧迫性缺乏足够认识。进入 21 世纪，我国老龄化问题日益严重，2010 年老龄化率已达 12%，在未来不到 20 年的时间里，我国将成为世界上人口老龄化

率最高的国家之一，而我国经济正从小康社会向中等发达国家迈进，"未富先老"使我国社会保障筹资和承受能力受到制约。如何筹措社会保障资金满足日益扩大的社会保障资金需求，成为未来几十年政府最为头痛的问题。除了加强社会保险基金征缴和管理以外，还应健全社会保险基金投资运营机制，努力提高投资回报率，解决社会保险基金不足的困难。

二是现有社会保险基金投资管理职责和机构不明确。各级政府人保部门将社会保险基金投资的职责交给了基金管理机构后，没有成立专门的投资管理机构，而且将投资管理职责作为基金管理机构的附带职责，这样就意味着对投资效果不负相应责任。中央政府虽然成立了社会保障基金理事会，但目前担负的职责就是负责将每年由财政部从中央预算中拨付的社会保险储备资金进行投资运营，而不包括社会保险结余资金。社保理事会近年来对社保储备资金的投资运营可以说相当成功，年平均投资回报率达到9%，而现行社会保险结余资金年增值率不到2%，可以看出数额越来越大的社会保险结余资金每年的投资损失是十分惊人的。即使中央成立社保理事会，也没有发挥它在社会保险结余资金投资运营中应有的作用。

三是现有社会保险结余资金投资渠道单一，制约基金投资效果的提高。按照原社保部和财政部关于社会保险结余资金投资管理的暂行规定，社会保险结余资金只能购买国债和银行存款，购买国债多是3年期以下的，其利率不会超过3%，在银行存款部分多是以活期存款的形式存于银行，其年利率不会超过2%，这虽然保证了社保结余资金的安全和方便支取，但严重制约了投资效益的提高，也给部分社保基金管理机构的部分决策者和管理者从中捞取好处提供了可乘之机。上海陈良宇案和其他社保资金挪用案件大都与此有关。而面对日益繁荣的资本市场和众多的投资渠道，社会保险结余资金却无所作为。

四是中央与地方政府间在社会保险结余资金投资运营上没有明确分工。现在社会保险基金处在省、市、县三级政府分散管理状态，只是城镇企业职工基本养老保险在部分省市实行了"省级统筹"，但是都没有建立专门的基金投资管理机构，使得目前社会保险结余资金处于无专人管理、无专门机构投资运营的状态。但是，按照现行基金管理现状和未来走势，基本养老保险要实现全国统筹，失业保险基金由省级统筹，基本医疗保险和工伤保险、生育保险基金将由地市政府统筹或归省级统筹。按照这一设想，至少在中央和省两级针对自身管理的社会保险基金设立相应的投资运营机构，是社会保险基金投资运营改革的基本取向。而现在中央设立的社保理事会管不到分散在地方各级政府的社会保险结余资金的投资，地方政府又不重视社会保险基金投资运营，使得社会保险结余资金的保值增值问题得不到应有重视。

五是社会保险结余资金投资和安全监管不力。社会保险基金投资缺乏法律法规约束，或有法规也并未遵照严格执行，没有建立专门社会保障资金监管机构，使得社会保险基金管理和投资运营过程中存在拖欠、挪用、截留等流失浪费现象，导致基金的不安全和缺乏诚信等问题。要保证社会保险结余资金依法投资运营，必须制定和执行国务院颁布的《社会保险结余资金投资管理规定》，明确投资运营机构及其职责，明确投资运营的规则和程序，明确投资工具的比例，明确投资风险评估机构的职责，明确投资管理者、投资经理的职责，并定期对投资运营结果做出评价和分析，以期提高投资效率和规避投资风险。同时，建立社会保险基金监管机构，对基金的收支、缴费标准、支付待遇、投资运营情况实施定期和动态的监管，防范基金收支、投资运营过程发生不遵守法律法规和道德风险等行为，有效保障基金安全。社会保险基金投资运营机制的不健全，使得当前我国社会保险基金投资效率低下，社会保险收支可持续性缺乏保障，构成对未来社会保障资金应对老龄化提高的直接威胁。

五、结论

要抓住我国经济稳定增长和经济社会协调发展还会延续十年或更长时期的时机，要充分利用我国资本市场发育趋于成熟的机会。我国"人口红利"期还未过去，要抓紧完善社会保障制度、抓紧建立健全社会保险结余资金投资运营机制、提高社会保险结余资金保值增值水平，为未来 20 年我国人口老龄化迅速提高做好充分准备，确保我国社会保障制度的可持续发展。

（原文发表于 2011 年 8 月 31 日《中国经济时报》）

当前我国城乡低保制度现状、问题与对策建议

我国城乡最低生活保障制度已经历经 20 多年，对于支持国家改革开放进程、缩小收入分配差距、实现社会稳定等方面都发挥了积极作用。最低生活保障是陷入贫困的城乡居民得到基本生活保障的最后一道防线，是让广大人民群众分享我国经济发展成果的重要渠道，体现党和政府执政为民理念的重要标志。

一、我国城乡低保制度的现状分析

我国城乡低保制度是从 1997 年开始建立的，当时正是国有企业"减员增效"的改革时期，一批企业职工从国有企业分离出来成为下岗职工，为了保证下岗职工的基本生活，国务院 1997 年 9 月 2 日下发了《关于在全国建立城市居民最低生活保障制度的通知》（国发〔1997〕29 号），城市居民最低生活保障制度的保障对象是家庭人均收入低于当地最低生活保障标准的、持有非农业户口的城市居民。

农村最低生活保障制度的保障对象是家庭年人均纯收入低于当地最低生活保障标准的农村居民，保障范围限于由病残、年老体弱、丧失劳动能力以及生存条件恶劣等造成生活常年困难的农村居民。农村最低生活保障标准由县级以上地方人民政府按照能够维持当地农村居民全年基本生活所必需的吃、穿、用、住等费用确定，并报上一级地方人民政府审核后公布执行。农村最低生活保障标准根据农村生活费用提高情况和物价变动情况适时进行调整。2003 年，在城市低保制度取得重大突破后，民政部开始部署农村低保制度的建设工作。在全面摸清农村特困户底数的基础上，决定在未开展农村低保制度的地区建立农村特困户救助制度，由此在中国广大的农村地区形成了农村低保制度和农村特困户救助制度"双轨并行"的局面。2004 年以前，全面建立农村低保制度的仅有北京、天津、上海 3 个直辖市和浙江、广东 2 省；2005 年，吉林、四川、河北、

陕西、海南5省，建立此项制度的县（市、区）总数增加至1534个；2006年11月，又有内蒙古、黑龙江、山西、河南、江西、甘肃、湖南、山东、重庆9省（自治区、直辖市）加入了"已建"行列，建立农村低保制度的县（市、区）数则达到了1791个。2007年国务院颁布了《关于在全国建立农村最低生活保障制度的通知》，对全国各地推行的农村最低生活保障办法进行了统一规范。

近几年一些地方提出城乡居民最低生活保障制度并轨的思路和政策。十八届三中全会提出要"推进城乡最低生活保障制度统筹发展"，在舆论看来，多地实现城乡低保标准的统一，是社会救助实现城乡统筹的具体体现，有助于打破城乡二元壁垒，保障民生底线公平，让更多困难群众享受到经济发展成果。提出统一城乡低保标准的主要是直辖市和省会城市。2015年，上海市的城乡低保标准最高，为每人每月790元；北京次之，为每人每月710元；尚未"并轨"的天津，其城市低保标准也超过了700元，为每人每月705元。目前，城乡低保制度并轨处在地方探索阶段，尚未有全国统一方案。

二、城乡低保制度政策效果分析

1. 低保受益人群逐年扩大

按照"应保尽保"的要求，无论城市低保还是农村低保覆盖人群越来越多。2005年，纳入全国城市最低生活保障共有994.7万户，2234.2万城市居民得到了最低生活保障。保障户型结构向小户型转变，使城市居民中的孤寡老人、"三无"对象进一步得到了保障，城市低保对象连续3年稳定在2200多万人，城市最低生活保障制度进入了平稳发展时期。2016年底，全国有城市低保对象855.3万户、1480.2万人。与2005年相比，城市低保户数下降14.01%，人数下降33.75%。2005年底，全国有13个省份、1308个县（市）建立了农村最低生活保障制度，有825万村民、406.1万户家庭得到了农村最低生活保障。2016年，全国有农村低保对象2635.3万户、4586.5万人。与2005年相比，农村低保户数增加401.18%，人数增加455.94%。

2. 城乡低保标准不断提高

随着我国经济发展水平提高，各级政府财政能力不断增强，用于城乡居民最低生活保障标准逐年提高，对于提高最低生活保障线以下的居民而言基本收入来源逐年提高。2005年底城市居民最低生活保障平均标准达到每月156元，全国城市最低生活保障月人均保障水平72.3元，比上年提高11.2%。2016年全国城市低保平均标准 494.6 元/人每月，比 2005 年提高 3.17 倍。2005 年农村居民最低生活保障标准 1136 元/人每年，2016 年全国农村低保平均标准 3744.0 元/人每年，比 2005 年提高 3.3 倍。尽管城乡低保标准偏低，但对于解决城乡低保对象的生活困难发挥了重要作用。

3. 各级政府财政对城乡低保投入的力度加大

城乡低保制度是社会保障最后一道防线，属于政府买单的公共产品，也是缩小收入分配差距和消除贫困的一项重要措施，体现执政党让人民群众分享改革发展成果的执政理念，加大财政对城乡低保的投入成为各级财政的一项重要职责。据民政部统计，各级财政投入城市低保资金 2007 年为 277.4 亿元，2016 年增加到 687.9 亿元，2013 年曾达到 765.7 亿元，2016 年比 2007 年增长 2.48 倍。各级财政投入农村低保的资金 2007 年 109.1 亿元，2016 年增加到 1014.5 亿元，9 年增长 9.3 倍，详见表 12。

表 12　城乡低保财政投入　（单位：亿元）

类别	2007 年	2008 年	2009 年	2010 年	2011 年	2012 年	2013 年	2014 年	2015 年	2016 年
农村低保投入	109.1	228.7	363	445	667.7	718	866.9	870.3	931.5	1014.5
城市低保投入	277.4	393.4	482.1	524.7	659.9	674.3	765.7	721.7	719.3	687.9

数据来源：2007—2016 年民政部社会服务发展统计。

4. 城乡低保政策与其他社会救助政策相互配合，发挥了为低收入阶层基本生活保障"托底"作用

1999 年出台的《城市居民最低生活保障条例》、2007 年国务院颁布的《关于在全国建立农村最低生活保障制度的通知》、2014 年《社会救助条例》正式颁布，标志着我国形成了以最低生活保障为主、其他社会救助为补充的社会救助体系，为城乡居民低收入阶层筑起了多层次、相互补充的生活保障"安全网"，并逐步走向规范化、标准化、法制化。低保制度从收入角度解决城乡低收入阶层的基本生活保障问题，医疗救助解决"因病致贫"问题，教育救助解决贫困家庭子女教育问题，法律援助解决贫困家庭打不起"官司"问题，灾害救助解决因灾致贫问题，五保户供养解决农村鳏寡孤独老人的赡养问题，并逐步

与养老保障制度和国家扶贫制度有机结合，形成了针对性强、覆盖面广、标准不断提高的社会救助体系，有效调节了收入分配，促进社会稳定和谐。

三、当前城乡低保政策存在的主要问题

城乡低保政策实施了 20 多年，虽然取得了明显的社会效果，但从政策构成要素的几方面都存在不少问题，影响政策执行效果，亟待调整和改进。

1. 政策设计本身存在诸多不足

一是低保对象识别困难。贫困家庭收入难以核定，而且收入动态变化难以掌握。目前，民政部门委托的街道或乡镇干部主要通过走访和群众反映了解贫困家庭的状况，缺乏具体可行的操作办法。对城镇贫困家庭而言，尽管比农村贫困家庭容易识别，但真正审核家庭收入和家庭财产时碰到较大困难，家庭收入主要包括家庭成员工资收入、奖金、津贴、稿酬、存款利息、股票分红、房屋出租收入等形态，目前缺乏严格收入统计制度，家庭收入的核定也存在难度；因此，通常根据有无工资收入、家庭人均工资收入、有无长期病号、家庭住房大小、高档消费品多少等情况综合判断，是否给予低保补助。曾经出现开着宝马领低保金的现象。农村低保对象更难识别，农村贫困人口家庭收入来源多样化，渠道复杂化，包括种植收入、养殖收入、打工收入、副业收入、土地出租收入、房屋出租收入、零工收入、存款利息、国债利息、子女赡养收入、其他收入，收入来源的收入核定存在更大难度。通常也是根据家庭现有经济状况、负担大小、有无病人、子女教育费用负担、家庭消费情况等综合判断，确定是否属于贫困家庭。因此，城乡低保家庭的财产和收入核定存在量化困难，给低保工作开展增加了难度。

二是低保政策存在"福利依赖"和养"懒汉"现象。设置城乡低保政策的目的是使陷入贫困的阶层得到基本生活的保障，但低保政策缺乏激励脱贫的内在机制，使得得到低保资格的家庭不愿意放弃政府低保照顾，甘愿长期接受低保救助。而且，低保待遇发放是按低保标准与家庭人均收入差额发放，会出现一方面家庭人均收入越高的家庭拿到的低保补助就会越少，另一方面家庭人口越多的得到的低保补助越多。有的贫困家庭某人每月如果挣到的工资比低保标准高不了多少，干脆不上班，有关部门介绍的工作也不愿意接受，等着领低保金，而且没收入的个人领到的低保金越多，容易形成"养懒"现象。有的贫困地区，因为自然环境恶劣，种植农作物的收入还不如低保补助多，出现越穷的

家庭生得越多，以人口多、收入低为借口，多领低保金，出现"低保养多生"的怪圈。据民政部统计，2017年第二季度我国城市领取低保金人数1396.02万人，其中完全丧失劳动能力或部分丧失劳动能力的残疾人、重度残疾人、老人及未成年人共计476.23万人，占城市低保人数的34.11%。除去大病、意外灾害、自然灾害等原因造成的特殊贫困人口外，仍有不少成年人和在职人员享受城市低保补助。2017年第二季度农村低保人数4367.97万人，其中完全丧失或部分丧失劳动能力的残疾人、重度残疾人、老年人和未成年人共计2783.35万人，占农村低保人数的63.72%。除去大病、意外灾害、自然灾害等原因造成的特殊贫困人口外，有劳动能力的成年人在低保人数中占12%左右，说明现行低保政策存在"养懒"现象。同时地方政府对低保人群还附加诸如就业、教育、购房、食品供应等方面的配套优惠政策，使得部分本来依靠自己劳动能够脱贫的低保人员，不愿放弃低保资格，有的地方还出现把低保资格当作商品买卖，而且价格不菲。

三是城乡低保标准差距较大。城乡二元结构与发展不平衡的问题长期困扰我国经济社会发展，尽管通过加快城镇化和工业化步伐，缩小了城乡发展差距，但在各项经济指标中仍然反映出这种差别。在城乡低保政策制定与实施中也不例外。据统计，我国城市低保标准2005年底城市居民最低生活保障平均标准达到每月156元，2005年农村居民最低生活保障标准每人每月94.67元，城市低保标准高出农村低保标准64.78%；2016年全国城市低保平均标准494.6元/人每月，2016年全国农村低保平均标准每人每月312元，城市低保标准比农村低保标准高出58.53%。尽管2016年城乡低保标准差距略有降低，但城乡低保差距仍然十分明显。

四是地区之间低保标准差距较大。由于低保属于社会救助范畴，基本按照行政隶属关系承担本级社会救助支出，只有大的自然灾害才有中央财政安排专项灾害救助资金。因此，经济发达的省份财政支持能力较强，用于城乡低保资金投入就多，人均低保标准也就高；而经济较落后的西部地区，地方财政依靠中央财政转移支付维持运转，投入到城乡低保的资金就少，低保标准明显偏低。从城市低保标准看，根据民政部的统计，2017年12月处在前5位的省份分别是上海市人均每月970元，北京市900元，天津市860元，西藏自治区751.5元，浙江省706.2元；处在后5位的省份分别是新疆维吾尔自治区人均每月408.9元，湖南省444元，青海省450.5元，甘肃省458.6元，河南省459.6元。城市低保标准最高的上海市是最低的新疆维吾尔自治区的 2.37 倍。从农村低保标准看，2017 年 12 月处在前 5 位的省份分别是上海市人均每月 970 元，北京市 900元，天津市 860 元，浙江省 670 元，江苏省 595.6 元；处在后 5 位的省份分别是青海省人均每月 277.9 元，广西壮族自治区 278.2 元，云南省 278.5 元，西藏自治区 279.6 元，河南省 279.7 元。农村低保标准最高的上海市是最低的青海省的3.49 倍。从上述比较看出，直辖市的城乡低保标准高于东部省份，东部省份高于中西部省份；东西部城市低保标准差距小于东西部农村低保标准差距。

2. 从低保政策执行主体看，存在弱化和工作不到位的现象

一是央地工作矛盾突出。低保政策法规权在中央，但资金供给由地方承担，富的地方可以承受，而且还可能提高低保发放标准；穷的地方则可能不按规定发放，少发甚至不发放，出现低保资金发放的地区之间的较大差距。经济相对落后的地方希望中央财政通过专项转移支付或一般转移支付考虑低保资金需求，增加对地方财政特别是县级财政的转移支付。客观上，存在对中央财政的财力依赖。

二是部门利益掣肘。低保政策制定与实施需要民政、财政、人社、统计多部门配合，但实践中由于各部门都有自身利益诉求和工作目标的不一致，难以形成合力。具体操作中往往出现部门各自为政、相互推诿的现象，比如，民政与财政部门在低保资金供需方面的矛盾、低保政策制定者执行的矛盾、对低保对象审核工作难以协调的矛盾等，都会造成低保政策实施不到位、低保资金浪费等问题。况且，中央低保政策经过省、市、县、乡、村五级政府各自根据自身利益的选择，才能最终发放给低保对象，每级政府又有多个部门参与，最终到老百姓手中的低保金还有多少？尽管近年来各级政府对民生领域的反腐抓得很紧，但个别干部见缝插针也难避免，低保金究竟多少能发放到真正需要帮助的贫困家庭难以估计，资金截留与政策走样问题屡见不鲜。

三是基层工作力量薄弱，给低保工作留下隐患。低保工作的基层是指街道和乡镇负责低保工作的社会事务办，通常负责执行国家民政政策、优抚工作、救灾救济工作、居民低保和医疗救助工作、行政区划管理、基层政权建设、殡葬改革、五保户等特殊困难人群权益保障等工作，一般配备 2~3 人，贫困地区通常只有 1 人。管理事务多，人手少，兼职多，低保知识了解不多、待遇低，使得乡镇社会事务办人员积极性低，工作效率低，难留住人。加上村和社区的支书和村干部在执行低保政策中往往是"一言堂"，主观随意性大，"人情保"

"关系保"屡见不鲜,导致低保政策走样,真正需要低保的家庭得不到照顾,群众意见大。

3. 低保政策管理存在较多漏洞,尤其末端管理虚假成分较多

首先,客观因素变化的风险政策难以预见,给政策执行带来难度。

一是农民收入变动快,收入渠道多,民政人员估算困难。一个乡镇几百户低保家庭,只有一两个工作人员入户调查,工作量巨大,相当部分家庭收入核实交给村干部完成,村干部对低保家庭收入估算对收入渠道、收入时间跨度、估算方法不能准确掌握,往往凭主观估算,带有很大随意性和掺杂个人感情,数据存在较大水分;而低保户基于种种原因不愿说出自己的真实收入,特别是农民打工收入、副业收入难以准确估算,这些因素使家庭收入估算和低保差额计算得不准确,不仅导致低保政策的低效,也会带来群众对低保政策的怀疑与不满。

二是生活变化快,低保动态管理难度大。如农民打工会因劳动力市场变化、地域的变化和从事不同行业与企业的变化,带来打工收入的变化;再如农民种植和养殖收入会因农产品市场价格的变化带来农民来自种植和养殖收入的变化;低保家庭往往会因临时变故如家里出现大病患者或一场车祸或子女考上大学等,家庭支出异常增大,陷入困境。低保政策需要对低保对象进行动态管理,对收入超过低保标准的家庭,及时停止低保金发放,而对陷入困境的家庭及时纳入低保范围,甚至还要给予其他形式的社会救助。因此,加强对低保户收入的动态管理,根据低保对象家庭收入的季度和年度变化,及时调整低保范围。

三是低保政策公开透明度差,监管缺位,低保政策给老百姓带来的幸福感和信任度并不高。目前仍有相当部分贫困群众不太了解低保政策,对于什么条件可以领取,怎么申请,找哪个部门申请等环节缺乏了解,民政部门和财政部门缺乏低保政策宣传,加上中国人"人穷志不短"的习惯,即使知道有低保政策也不去申请,造成部分真正贫困家庭并没有领到低保。而在低保政策实施过程中,基层乡镇和村级干部在办理低保过程中,存在"优亲厚友"和"不送礼不办事"的损公肥私现象,使得部分贫困家庭没有得到低保帮助。由于低保政策实施环节多,低保监管手段难以辐射到位,有的内部监管存在"睁一只眼闭一只眼"现象,即使有专门检查,因为环节复杂和人力限制不能覆盖到每一个细节,存在"认真走过场"的现象,特别是对虚报冒领与优亲厚友等老问题没有有效的遏制手段,造成低保资金大量流失。

　　四是低保政策与就业政策、扶贫政策缺乏配套和协调，政策调控效果不佳。低保政策主要对低于最低生活保障标准的家庭给予低保补助，但对低保家庭陷入困境的原因不做深究，比如，针对就业困难的家庭如何帮助其再就业，家庭成员大病导致的贫困的家庭如何从医疗救助方面提供帮助，应种植养殖不能满足市场需求陷入贫困的家庭如何从产业、技术、市场方面帮助其脱离贫困，因此低保政策仅关注低保家庭的收入是远远不够的，要诊断陷入贫困的原因，因"症"施策，精准治贫。显然，只有低保政策与就业政策、医疗救助、扶贫政策等协同发力，才能让低保家庭早日摆脱贫困，摘掉低保户的帽子。

　　其次，从主观因素看，对低保的认识有偏差和利益博弈的影响，使低保政策的效果大打折扣。

　　一是认识上存在偏差。有的地方领导认为，低保纯粹是给地方增加负担，不会给经济发展带来好处。有的领导认为，经过 40 年改革开放，国家和地方的经济都得到较快发展，低保家庭大多已经摆脱贫困，低保对象已经大幅减少，如果沿用过去的低保政策，已经不合时宜。基于种种思想，对低保工作没有像过去那样重视，许多地方都是应付上级的部署，缺乏主动参与和创新的精神，低保工作没有受到应有重视。

　　二是上下级政府和政府部门之间存在利益博弈的现象。低保政策虽然由民政部门颁布实施，但资金来自各级财政部门，涉及低保家庭的收入问题离不开统计部门、低保家庭的教育问题离不开教育部门、医疗问题需要卫健部门配合、与就业和社会保险政策的配合离不开社保部门，总之低保工作离不开多部门配合。但是，各部门都有自己的利益和自身的权利，当低保政策实施需要某部门配合时，别的部门总是从自身管理和利益出发判断配合的程度，有时如果低保政策与某部门的权力与利益有冲突时，会按本部门的权利与利益诉求处理低保问题。比如，低保资金需要财政提供，而民政部门出于部门利益需要财政提供更多低保资金，而财政部门难以满足低保资金需求时，就会要求民政部门减少低保资金的规模。而引发部门之间关于权利与利益的矛盾，就需要政府出面协调，找到两个部门都能接受的方案。如果部门之间不能有效配合，就会使低保工作难以顺利实施，降低政策调控效果。

　　三是少数低保管理者特别是基层低保政策实施者存在以权谋私和贪腐问题。比如虚报冒领问题。据有关方面统计，2014 年青海省、海南省、内蒙古自治区清退不合标准低保对象 26 万人。2013 年 6 月至 2014 年 9 月，全国共清退错保和漏保151.4万人。有的是个人虚报的，有的是基层干部优亲厚友虚报的，有的是民政部门审核不到位造成的。还有"末梢"腐败问题突出。乡镇和村级低保工作者直接面向广大群众，既要宣传低保政策，又掌握"给谁不给谁"的实权，低保工作中容易出现基层低保干部"瞒上欺下"和虚报冒领问题，如低保资格审核中把低保资格留给自己的亲友或关系好的人，部分真正贫困的家庭得不到低保资格。还有的缺乏调查，凭印象和关系私定低保对象；有的不予公示，暗箱操作；更有的乡镇民政干部以低保户的名义冒领低保资金，贪污低保资金；有的地方为了多争取低保资金，把一些应该从低保户中清除的名单仍然保留在上报的低保户名单中，有的因为亲友关系长期领取低保金，而上级民政部门审查不严或很少复查，导致低保不公现象得不到有效解决，群众意见很大。

4. 财政支持低保政策实施的手段单一，力度欠佳

低保工作能否有效运行，不仅取决于民政部门工作是否做细，也取决于财政支持力度的大小和手段多样化。目前，低保资金的供应基本上由同级财政安排决定，容易出现财政能力弱的地方安排低保资金就少，财政能力强的地方安排的低保资金就多的情况，导致低保资金供应和低保标准的地区差别较大。财政部门对低保对象的支持局限于低保补贴，而对低保对象从事创业与就业的支持政策不明确，如低保户创业和就业的启动资金支持或贷款贴息支持政策不明确，对他们创业和就业给予一定免税期，包括降低增值税和减免所得税的支持，低保户劳动力就业前的免费职业培训，这些支持政策不配套，就会使低保对象长期依靠低保金维持生存，形成"养懒"的低保机制，缺乏对他们创业和就业的支持与激励。中央和省级财政在财政体制上没有专门考虑对经济落后的贫困地区给予一般转移支付和专项转移支付的照顾，使一些贫困地区因为财政窘迫而无法提高低保补贴标准，使低保户的基本生活难以保障，加深低保户的贫困程度，与中央倡导的让广大群众分享改革发展成果的意愿是矛盾的。同时，财政部门对民政部门提出的低保资金需求跟踪调查与审核不严，致使一些列入低保范围的虚假因素得不到有效制止和清除，会助长低保工作的虚报冒领行为，使低保机制丧失社会关怀的作用与信誉。

四、完善城乡低保制度，提高低保政策的调控效果

城乡低保制度是社会救助制度的主体，是社会保障制度的重要组成部分，也是构建社会安全网的最后一条防线。如果最后防线失守，说明国家社会保障

制度不完善，安全网存在漏洞。完善城乡低保制度，提高低保政策的调控效果，意义十分重要。

1. 端正对城乡低保制度的认识，更好地发挥低保制度的"兜底"作用

城乡低保制度面向广大处于低保标准以下的城乡居民，关心他们的基本生活是共产党执政为民和关注民生的重要体现，也是调控国家收入分配、促进社会和谐稳定的重要手段。不能因为低保地方财政支出的重要内容就被认为是政府的包袱，不能因为经济发展认为城乡居民收入普遍提高就可以取消低保制度，处于低保标准以下的人数越少说明国家低保制度的帮扶作用明显，国家反贫困机制发挥了良好作用。低保人群缩小是经济发展的必然结果，但不能因此否定低保制度的必要，而是积极完善城乡低保制度，使之更精准、更有激励脱贫的作用，使那些因为遭受疾病、残疾、教育及自然灾害陷入贫困的家庭与个人通过低保制度的帮助度过困难时期，重新创造美好生活，进而缩小社会贫富差距，努力营造和谐稳定的新社会。做好低保政策宣传工作，通过报纸、电视、低保工作手册等形式，让广大群众了解低保政策申请程序、条件和发放办法。城乡低保制度还要客观面对城乡二元结构现实，城乡居民的收入水平与生活支出还会在较长时期保持一定差距，城乡低保又是帮助低保家庭解决生活保障问题的资金来源。城乡低保应该分别实施，有利于针对性更强地解决城乡贫困问题。而城镇化程度较高的直辖市与省会城市可以实行城乡低保一体化。

2. 加强对城乡居民家庭收入与财产的登记与审查，确保城乡低保对象确定的准确

民政部门要联合统计、税务、金融、社保等部门，对全社会城乡居民的收入渠道和财产分别设计汇总的方法与信息平台。一是居委会与村民委员会通过统一发放居民家庭财产与收入登记表，对所辖社区与村民家庭财产与收入逐一登记，逐月逐季逐年，层层汇总，逐级上报，或者登入国家统一规定的财产与收入统计表格，录入居民财产与收入统计系统，作为城乡居民缴纳所得税、社保费、发放低保金的依据。二是居民取得收入与购置财产自动录入居民财产与收入登记系统。同时，对居民发生的债权、债务、往来款项哪些属于收入、哪些属于财产，做好甄别，作为居民财产和收入登记的重要参考依据。三是居民个人申报财产与收入，作为居民家庭财产与收入登记的重要补充。主要对发生临时性较大宗收入与财产购置的居民，采取个人申报方式，作为有关部门核定居民收入与财产的参考。民政部门根据城乡居民的财产与收入统计信息，综合

判断哪些居民家庭或个人属于需要政府提供低保的对象。定期按照城乡居民家庭收入与财产的变化，调整城乡居民低保对象，确保低保发放的精准。

3. 加强城乡低保对象分类动态管理，提高低保政策的精准性

对城乡低保对象进行合理分类，对不同类型的低保对象，分类施策，确保低保发放区别对待。一是长期贫困对象。主要是无劳动能力、无生活来源、无法定赡养人的"三无"人员，这类低保户无须定期审查。二是因病、因灾致贫的低保户。对这类人员不仅要给予低保照顾，还要根据疾病带来的医疗费数额大小，给予医疗救助照顾；对因灾致贫家庭根据损失程度，给予临时生活救助和生产恢复方面的扶贫政策支持。但是，也要根据劳动能力的恢复和家庭经济来源的改善情况，定期审查，让符合退出低保条件的家庭与个人及时退保。三是受经济条件和个人能力限制的一般低保对象，除了给予低保照顾以外，更多帮助他们提高个人就业能力，与就业培训、改善生产条件、农业科技和农产品市场信息提供等方面的扶贫政策相配合，变低保"输血"为扶贫"造血"，通过政策支持和自身努力摘掉低保帽子，摆脱贫困。为了更好地强化低保对象的动态管理，可以建立省、市级大数据平台，全面、科学、准确确定低保对象和低保补贴标准。

4. 强化低保资金的管理，有效防范资金流失。一是低保资金流程按规定程序运行：低保政策宣传—低保对象申请—乡镇与村入户调查—确定低保资格—核定低保补贴额度—乡镇汇总报县民政—县民政汇总报县政府—下达民政与财政部门—财政审核拨款—低保资金下拨乡镇—乡镇与村按核定每户低保额度拨入低保户银行账户或个人。二是坚持"三公开""两公示"制度，接受群众监督。低保制度公开，低保对象公开，低保额度公开；村（居）委会调查摸底确定的低保名单与补贴额度公示，民政部门审批后确定的低保名单公示。确保低保资金发放的精准。三是低保资金专户存储、专户管理。城乡低保资金专项用于城乡低保对象的生活补助支出，严禁擅自扩大支出范围，不得以任何形式挤占、截留、滞留和挪用，不得从低保资金中列支工作经费。民政部门提出低保资金申请，财政部门审核拨入低保资金专户，民政部门从专户中将低保资金按核定的名单与额度拨入低保对象银行账户。

5. 加强低保资金的财政供应与管理

一是确保低保资金的供应。低保资金用于城乡居民中处于低保标准以下的贫困阶层的基本生活保障，属于政府财政公共产品范围，基本来源于各级财政

资金。纳入低保范围的城乡居民基本生活保障程度取决于各级财政资金的供应，一般根据低保人数和当地居民基本生活支出变动情况以及物价上涨因素，核定拨付民政部门的低保资金规模。如果地方财力紧张，可以向上级财政提出增加低保资金专项转移支付申请，争取上级财政支持，同时力争低保资金供应不低于上年拨款额度。在核定每年民政部门预算时，要确保低保资金优先安排。二是健全低保户创业与就业的税收优惠政策与财政补贴政策。低保户劳动力就业优先，县乡政府组织低保户免费就业技能培训，所需就业培训支出从再就业资金中安排；对于从事创业的低保户，在启动资金上地方政府优先安排低息或无息贷款支持，财政给予贷款贴息支持，创业 3~5 年应给予最低一级增值税优惠，并免除个体经营所得税，调动低保户就业与创业积极性，变被动"输血"为主动"造血"。三是尽快建立中央财政对中西部地区低保专项转移支付制度。中西部地区仍然是城乡低保发放标准最低的地区，为了缩小与东部和直辖市低保发放标准的差距，可以根据人均财政收入、地方城乡居民基本生活人均支出、上年人均低保标准、地方物价等因素综合确定拨付低保专项转移支付规模。地方政府定期将低保转移支付资金使用情况向中央财政报告，中央财政加强地方低保资金与低保转移支付资金的监督与检查。

6. 加强低保制度与养老保险制度、其他社会救助制度、扶贫政策的配套

提高低保资金的宏观调控效果。一是低保制度与养老保险制度衔接。把城乡居民低保作为城乡居民养老保险"兜底线"，凡是没有参加城乡居民基本养老保险的居民，60 岁或 65 岁以后均可以领取低保金作为基本养老保险的生活保障。二是与其他社会救助制度衔接。引发城乡居民家庭贫困的原因复杂，低保制度仅解决基本生活保障困难问题，而对因病、因子女上学、因灾造成的贫困，仅靠低保只是杯水车薪，针对发生贫困的具体原因采取其他社会救助补充，有利于更大程度地解决低保家庭贫困问题。如因病致贫的，给予医疗救助一次性照顾；再如因灾致贫的，给予一次性临时生活救助照顾；子女上学导致的贫困，给予一次性或一年一次的教育救助照顾。通过其他社会救助制度配合，帮助贫困家庭更从容度过困难时期。三是与就业政策配合。低保家庭摆脱贫困，首先要帮助他们依靠自己的劳动获得收入，就业是必不可少的。地方民政机构要与社保部门配合，优先对贫困家庭劳动力进行就业技能培训，并帮助他们找到合适的就业岗位；在农村的贫困家庭要与农业部门配合，根据农产品市场需要选择具有高附加值的经济作物和动物养殖，并提供技术培训，在启动资金方面提

供贷款贴息支持。四是与扶贫政策配合。根据贫困家庭劳动力特点与当地地方特色,与农业龙头企业或专业种植与养殖能手结对帮扶,地方政府在技术培训、种养加工、农村旅游、农家乐等方面给予启动资金贷款贴息支持,帮助贫困家庭尽快摆脱贫困。

7. 加大低保资金的监管力度,确保低保资金的精准使用

首先,加强财政部门与民政部门对城乡低保资金的内部监管。城乡低保资金安排是由民政部门编制预算报同级财政部门,再由民政部门组织发放。因此,每级财政部门必须审查民政部门城乡低保资金预算的真实性,对城乡低保人数与补助标准加大审核力度,防止多报和虚报。民政部门在编制城乡低保资金预算时,也要审查下属民政机构所报送的城乡低保人数是否真实,低保户申请是否合规,核定的低保补差标准是否属实。同时,民政部门在发放城乡低保金时,要审查低保发放对象是否精准、低保申请与审核是否符合政策要求,低保退出机制是否健全,低保发放是否到位。各级财政与民政部门的内部监督,是确保城乡低保资金预算安排合理与精准使用的重要途径。其次,加强审计部门和纪检部门对城乡低保资金的外部监督。如果说财政部门和民政部门出于部门利益的考虑,会出现对本部门安排和使用低保资金违规行为的袒护,那么通过审计部门和纪检部门对城乡低保资金安排与使用过程的监督,对城乡低保资金预算编制的合规性、低保申请程序和资格认定的合规性、发放对象与发放标准确定的合规性,逐一加大参与审查的力度,就可有效防范财政与民政部门安排和使用低保资金违规的现象发生。再次,提高城乡低保政策与发放的透明度与加强社会监督。民政部门要将各级政府发布的城乡低保政策、低保资金申请程序、低保资格的认定、低保对象的确定、低保资金的发放,定期向社会公布,接受社会公众与新闻媒体的广泛监督,发现问题及时纠正和处理,防止城乡低保资金申请与发放的弄虚作假现象发生。通过上述三种方式监督,筑牢城乡低保资金安排与使用的安全网,真正使城乡低保资金精准发放与使用。

(原文发表于 2018 年 19 期《中国财政》)

完善社会保险基金预算，加强社会保险基金管理

财政部在提交十三届全国人民代表大会第二次会议的《关于2018年中央和地方预算执行情况与2019年中央和地方预算草案的报告》中指出，我国现行社会保险基金达到72649.2亿元规模，而2018年全国公共预算收入为18.3万亿元。社会保险基金规模相当于公共预算收入的39.62%，表明社会保险基金已成为仅次于公共预算的第二大预算，在政府预算体系中具有越来越重要的作用。加强社会保险基金预算管理成为各级政府日益关切的重要问题。

一、问题提出

思想决定行动。如果我们不在思想认识上提高对社会保险基金预算管理重要性的认识，就不会有加强社会保险基金预算管理的行动。社会保险基金预算管理重要的原因有以下几点。

1. 社会保险基金与老百姓的利益密切相关

社会保险基金预算管理对象是与老百姓生、老、病、死等生命与健康风险密切相关的社会保险基金，是他们规避生、老、病、死风险的"养命钱"和"安全网"。如果没有安全可靠的管理机制，老百姓怎么放心把这些钱交给政府管理。做好社会保险基金管理工作，体现共产党为人民服务的宗旨。

2. 社会保险基金规模日益增大，增速超过财政收入增长

据统计，我国社会保险基金从2009年16115.6亿元增加到2018年的72649.2亿元，9年增长4.5倍，年均增长18.21%。同期我国财政收入68477亿元，2018年全国财政收入183352亿元，9年增长2.67倍，年均增长11.56%。社会保险基金年均增长超过政府财政收入年均增长6.65个百分点。社会保险基金收入相当于国家财政收入的比重从2009年的23.53%提高到2018年的

39.62%，说明社会保险基金在国家财力分配中占据越来越重要的地位，大有与政府一般预算收入分庭抗礼之势。虽然有社会保险项目增加、覆盖面扩大等因素的影响，但过快增长必然给经济与财政带来越来越重的负担。2009—2018 年社会保险收入与国家财政收入增长见表13。

表13　2009—2018 年社会保险收入与国家财政收入增长对比一览表　（单位：亿元）

年份	社会保险收入	增长（%）	国家财政收入	增长（%）	对比情况（社—财）
2009	16115.6		68518.3		
2010	19276.1	19.61	83101.5	21.28	−1.67
2011	25153.3	30.49	103874.4	25.0	5.59
2012	30738.8	22.21	117253.5	12.88	9.33
2013	35252.9	14.68	129209.6	10.20	4.48
2014	39827.7	12.98	140370	8.64	4.34
2015	46012.1	15.53	152269.2	8.48	7.05
2016	53562.7	16.41	159604.9	4.82	11.59
2017	67154	25.37	172567	8.12	17.25
2018	72649.2	8.18	183351.8	6.25	1.93

资料来源：2017 年《中国统计年鉴》及网络。

3. 社会保障财政支出占国家财政支出的比重日益上升，加强社会保险资金管理显得尤为迫切

据财政部统计，2012 年全国社会保障与就业财政支出 12586 亿元，占当年国家财政支出 125953 亿元的 10%，2016 年全国社会保障与就业财政支出 21591 亿元，占当年国家财政支出 187755 亿元的 11.5%。其中 2012 年财政对社会保险基金补助 3828 亿元，占当年国家财政支出的 3%；2016 年财政对社会保险基金补助 7634 亿元，占国家财政支出的 4.1%。2018 年财政对社会保险基金补助 16776.8 亿元，占当年国家财政支出 221924.6 亿元的 7.56%。社会保障财政支出在国家财政支出中的比重不断上升，社会保险基金财政补助支出占国家财政支出的比重 6 年上升 4.56 个百分点，说明社会保险基金财政补助占比上升是社会保障与就业支出占比上升最快的因素，也是社会保障对国家财政支出影响最大的因素。加强社会保险基金的管理成为国家财政管理日益迫切的问题。

二、建立社会保险基金预算的理论依据与必要性

（一）社会保险基金预算内涵

社会保险基金预算是由财政部门或与社会保险管理机构联合编制，反映一个地方或一个国家社会保险基金收支及结余情况的预算总称，是国家预算的重要组成部分。通常由预算编制、预算执行、决算等环节构成。

社会保险基金预算编制包括收入预算编制与支出预算编制。收入预算编制通常综合考虑国家或一个地方的经济社会发展、就业与参保、缴费人数与缴费基数的变动、财政补助、上年决算等情况编制而成。支出预算综合考虑政策变动、待遇变动、领取人数的增减、医疗成本上升等因素，根据支出变动趋势和合理增长，确定各项支出预算数。

社会保险基金预算审批社会保险经办机构将编制的社会保险基金预算先报送同级人力资源社会保障部门审核汇总，再报送同级财政部门复核后，由两部门联合报同级人民政府审批，再由政府报同级人民代表大会或常务委员会审议批准。同时，报送上级人社部门和财政部门。

社会保险基金预算执行是社会保险基金预算在同级政府和人大会议批准之后，同级财政部门与人社部门批复社会保险经办机构执行。基金征缴机构对缴费收入做到应收尽收，加大稽核和清欠力度。社会保险各项支出严格按照相关规定发放，做到及时足额发放，不拖欠。经办机构及时发现预算执行中的问题，向同级人社部门和财政部门报告。

社会保险基金决算是预算执行结果的总结，是纳入预算管理范围的社会保险基金筹集和使用活动在预算年度的集中反映。决算的目的一是下年度预算编制的重要基础和依据；二是通过基金决算对预算期内基金管理工作进行全面总结，梳理和分析工作中的成绩和不足，不断健全和完善下一步工作；三是作为预算考核评价的主要依据。

（二）健全社会保险基金预算的理论依据

尽管我国试编社会保险基金预算已有近 10 年历史，但是社会保险基金预算编制应建立在什么理论基础上，才能更好指导我们健全社会保险基金预算。

首先，公共产品理论是建立健全社会保险基金预算的重要理论基础。公共产品是向全社会成员提供的具有效应不可分割性、使用的非营利性、受益的非排他性的产品和服务，通常由政府或社会团体提供。社会保险基金虽然具有效

应的不可分割性和使用的非营利性，但具有消费和受益的排他性，所以社会保险基金属于准公共产品。而准公共产品的提供需要发挥政府与市场两方作用。为了提高政府配置资源的效率，通常采用政府预算加强对纯公共品和准公共品的管理，而且预算收支平衡关系正是社会保险收支对应关系所需要的，建立社会保险基金预算不仅是组织社会保险基金计划性的要求，也是监督收支有效性与平衡性的客观要求，防止社会保险收支不平衡冲击政府一般公共预算收支的平衡。

其次，公共选择理论也是建立健全社会保险基金预算的客观要求。公共选择是指在生产公共物品的过程中，通过政治程序按照公众意志就生产什么、为谁生产、怎么生产等重要事项做出选择。政府预算就是公共选择的结果。政府预算的编制是在充分听取和吸收公众和人大代表对政府预算收支意见的基础上，由预算编制机构通过"两下两上"的编制过程，最终编制出贯彻政府意图和公众意志的政府预算，由各级政府报同级人民代表大会审议通过、具有法律约束力的政府预算。社会保险基金预算的编制也是一样，社会保险基金预算比政府预算更加重视公众民意的反馈，因为它更与公众的社会保险利益紧密相关，社会保险预算的编制、审议和投票表决，更是一种通过政治程序提供的准公共产品。它的编制、执行和决算过程，通过提高透明度，都要接受广大公众的监督和各级人民代表大会的审议与监督。

最后，零基预算理论也是社会保险基金预算的重要理论基础。零基预算法最早是在 20 世纪 70 年代由美国著名的学者彼德·皮埃尔提出来的。零基预算是指编制预算项目时，不能仅仅参照以前的预算进行编制，一切都要从零开始，每一个预算项目都必须要重新审核和评估。政府预算的编制不是每一类收支都适合用零基预算编制，但凡用零基预算方法编制的预算均能做到"应收尽收"和"应支尽支"，即人员经费预算＝单位人员编制×人均人员经费定额，公用经费预算＝单位人员编制×人均公用经费定额。从零开始计算项目预算数，不受客观因素变化的影响，确保预算核定的稳定性和精准性。社会保险基金预算收支预测的基本逻辑是"应缴费人数×缴费标准，或者应发放人数×人均发放标准"，按照人数×缴费额或发放额进行测算，相当于对新年度社会保险收支重新测算。这与零基预算从零开始计算的要求是一致的。

（三）建立健全社会保障预算的必要性

1. 编制社会保障预算是维护国家预算完整性的客观要求

2018 年全国社会保险基金收入达到 72649.2 亿元，相当于国家一般公共预算收入的 40%，而且我国人口老龄化增长处于快速增长期，随着我国社会保险制度的日益完善，社会保险基金收支规模还会出现较快增长。如果这么庞大的规模不受预算约束，任由主管部门和地方政府管理，不仅国家预算被肢解，而且因为收不抵支还要财政兜底，政府财政完全处于被动状态，将成为冲击财政平衡的最大隐患和风险源，还会削弱财政宏观调控能力。因此，加强社会保险基金预算管理，不仅是提升预算完整性的要求，也是消除财政风险源、提高财政宏观调控能力的要求。

2. 编制社会保险基金预算是规范政府收支，全面体现政府在社会保障事业方面所做努力的重要手段

社会保险是以政府为主体，通过雇主与雇员共同缴费形成的用于抵御生、老、病、死风险时解决基本生活保障问题的制度安排与资金保证。既然是以政府为主体组织的收支，理应纳入政府预算管理。社会保险基金是老百姓的养命钱，没有严格的收支管理方法，就不能保证基金的安全和老百姓的切身利益。即使我们反复强调社会保险基金的重要性，还是存在有的地方政府、主管部门和管理者挪用和贪污社会保险基金的现象。通过社会保险基金预算的编制、执行与决算过程，可以更加清晰地反映各级政府及主管部门在组织社会保险收支过程中遵守制度、严格收缴、及时发放等所做的努力。

3. 编制社会保险基金预算是强化财政宏观调控的需要

政府财政宏观调控不仅要掌握足够的财力，而且要通过较健全的调控手段控制全社会资金与收入分配，才能有效调控经济运行、产业结构、就业与通货膨胀。随着我国社会保险制度从基本保险到补充保险、再到商业保险"三支柱"制度的健全，从城市到农村覆盖范围的日益广泛，社会保险基金收支规模日益增大，社会保险基金对国家经济社会运行的影响日益加大，有必要通过社会保险基金预算管理社会保险收支。一是通过社会保险基金预算管理社会保险收支，可以调控社会保险收支占财政收支比重或占 GDP 比重，保持社会保险收支合理规模，防止社会保险收支增长过快或比重过高加重全社会社会保险负担，成为经济社会发展的拖累。二是通过社会保险基金预算控制社会保险收支规模，调控全社会积累与消费的比例，同时有效使用社会保险结余资金，购买政府债券，

使之转化为财政资金，成为政府调控经济结构与产业结构的财力，提高政府财政的宏观调控能力。

4. 健全社会保险基金预算是完善复式预算制度的客观要求

现在各级政府财政向人民代表大会提交的预算报告，都是以复式预算形式提交的，内容包括一般公共预算、国有资本经营预算、社会保险基金预算、政府性基金预算四本预算。其中社会保险基金预算是特定缴费形式形成、具有特定用途和特定目的的专门预算。从原来的一般公共预算中分离出来，建立社会保险基金预算，有利于对特定缴费形式和特定用途的社会保险基金收支进行专门管理和监督，确保资金的专款专用。从长远看，还有部分混在一般公共预算中的财政支出，也是具有特定用途的和社会保障目的的资金仍然反映在一般公共预算中，如社会救助支出、社会优抚安置支出和社会福利支出，也有必要从一般公共预算中划出，与社会保险基金预算一起列入"社会保障资金预算"。从而使具有社会保障用途的资金统一于社会保障专门预算中。

三、当前我国社会保险基金预算的现状与问题

（一）当前我国社会保险基金预算的现状

我国社会保险基金预算从提出到实施再到逐步完善，经历了很长过程。早在 1993 年 11 月中共十四届三中全会通过的《中共中央关于建立中国特色社会主义市场经济体制若干问题的决定》提出"根据需要建立社会保障预算"，首次提出建立社会保障预算。1995 年 11 月，国务院常务会议通过的《预算法实施条例》规定"各级政府预算按照复式预算编制，分为……社会保障预算"。1996年财政部社保司推动社会保障预算的研究工作，提出了《关于建立社会保障预算的初步设想》，对社会保障预算的概念、必要性、指导思想、目标和方案等提出了初步设想。2005 年 3 月，全国人大财经委在 2004 年中央预算执行审查报告中指出："研究建立社会保障预算，完善社会保障制度，健全法律法规，形成长效机制。"2009 年进一步明确要求"2010 年试编制社会保险基金预算"。2007年财政部研究起草了《关于试行社会保险基金预算的意见》，提出在目前阶段先试行社会保险基金预算，待条件成熟后再建立完整的社会保障基金预算。

2010 年国务院出台《关于试行社会保险基金预算的意见》，标志着我国社会保险基金预算管理进入新的发展阶段。首先，明确了社会保险基金预算的编制内容、范围、方法、步骤。其次，规范了社会保险基金预算的编制、审批、

执行、调整程序。2013 年，财政部首次向全国人大报送社会保险基金预算。社会保险基金预算覆盖人群迅速扩大，待遇水平持续提高，基金规模不断增长，基金保障能力不断增强，成为名副其实的"第二财政"。预算编制范围不断增大，从 2010 年的 5 项基金增长到了 2011 年的 6 项，新增的部分包括了城乡居民基本医疗保险，2012 年又增加到 7 项，将原来城镇居民社会养老保险和农村社会养老保险合并为城乡居民基本养老保险，2014 年又新增了机关事业单位工作人员基本养老保险。

社会保险基金预算对于规范社会保险基金收支活动，保证社会保险基金收支的安全，维护广大群众社会保险利益发挥越来越重要的作用。社会保险基金预算管理的法律层次不断提高，2010 年 10 月全国人大颁布《中华人民共和国社会保险法》（以下简称《社会保险法》）第六十五条规定："社会保险基金通过预算实现收支平衡。"2015 年全国人大颁布的《中华人民共和国预算法》（以下简称《预算法》）第十一条规定："社会保险基金预算应当按照统筹层次和社会保险项目分别编制，做到收支平衡。"不仅预算的编制方法规范性进一步加强，基金预算组织协调逐渐趋于规范化，而且各地探索建立预算考核评价和激励约束机制，并强化了政府责任。

（二）当前社会保险基金预算存在的问题

尽管各级政府财政与人社部门就加强社会保险基金管理出台了一系列政策和制度，加强了社会保险基金预算管理，但是，在预算编制和执行中仍存在不少问题：

1. 预算反映的内容不全面，尤其是基金收入来源不全

预算的完整性首先体现在收入的完整性，就是凡是属于社会保险基金的收入应全部列入收入预算。在 2010 年试编社会保险基金预算过程中，当时社会保险基金预算反映企业职工基本养老保险、企业职工基本医疗保险、失业保险、工伤保险、生育保险等 5 类收支。很长时期已推出的农村养老保险和农村新型合作医疗保险制度以及城镇居民养老保险收支和城镇居民基本医疗保险收支，没有在社会保险基金预算中反映。而且 2001 年中央财政开始对中西部地区职工基本养老保险收支有缺口的省份给予财政补贴，2018 年全国社会保险财政补贴额达到 16776.8 亿元，很长时期无论中央政府社会保险基金预算，还是地方社会保险基金预算都没有对每年递增的财政补贴收入加以列示，实际上就是这样如此巨额的财政资金没有受到预算的监管。除此之外，还有社会保险结余资金

的投资收益也没有在各级社会保险基金预算中反映。收入来源反映不全，意味着部分收入逃避了预算的有效监督，容易滋生腐败。同时，收入反映不全，意味着我国社会保险基金收入列示不完整，违背预算完整性原则，不利于各级政府对社会保险收入规模的总体把握。

2. 预算编制方法比较单一，因素法与预测法用得较少，影响预算编制的科学性

现行社会保险预算编制方法大多采用上一年决算为基数，考虑本年度适当增长率，确定本年度的预算指标。这种方法并不符合社会保险基金预算指标的核定。一是社会保险收支都可以运用零基预算的方法核定预算指标。即根据缴费人数、缴费基数与缴费率，能测算出每年各项保险收入预算数；同样根据发放人数、发放基数和待遇支出标准，可以测算出每年保险支出预算数。二是我国社会保险制度改革仍处在不断改革完善之中，每一项改革都会带来保险收入数与支出数的巨大变化，虽然这种变化也可以通过零基预算方法测算预算指标，但不适宜采用"基数加增长"的方法测算。比如，农村新型养老保险制度与城镇居民基本养老保险制度的并轨、2014年以来开展的机关事业单位基本养老保险制度改革。显然，"基数加增长"方法不适合社会保险基金预算的测算，而且基数加增长不考虑客观环境的变化和不同因素对支出的影响，虽然简单和节省人工成本，但不符合社会保险基金变化的特点，测算的数据也缺乏可信度和科学性。

3. 汇总编制下级预算时，对下级虚报收入和夸大支出的现象估计不足

我国是一个政权架构复杂的国家，行政层级共分五级，中央、省、市、县、乡，中央政策层层下达，到县、乡一级可能走样，同样各种情况和数据需要层层汇总，到中央可能存在很大水分。社会保险基金预算的编制本来就没有政府一般公共预算编制那么严格，一级一级往上汇总就可能带有地方政府利益和人为操作以及指标测算不到位等因素影响，最后到中央财政汇总各省预算时，就可能存在较大水分。其中影响社会保险支出预算最大的因素是，社会保险基金管理与政府财政补偿责任不一致，现在大多数省份社会保险基金实行"省级统筹"，省级政府具有基金征缴、集中和分配的决定权，有的省还是由市或县统筹管理社会保险基金，而每年中央财政对养老保险收支出现缺口的省份进行补贴，出现管理基金的一级政府不承担补偿责任，而由中央政府承担补偿责任，造成事实上的基金管理与补偿责任的脱节。而层层预算汇总正好强化了省以下政府

为得到更多中央财政补助而"做小收入、夸大支出"社会保险预算的行为得以实现。而现行社会保险基金预算由人社部门经办机构编制的做法，使本来应由财政部门编制预算的工作交给别的部门，使社会保险基金预算的编制又掺杂部门利益的因素，使得社会保险基金预算编制受地方利益和部门利益双重因素影响，更使"做小收入、做大支出"的嫌疑难以洗刷。尽管每一级财政都要行使审核预算的权利，但毕竟不是亲自参与编制，每一级财政还有地方政府授意影响，可能睁只眼闭只眼就把经过"审核"的预算层层上报了。难怪社会保险预算收支缺口越来越大，中央财政的补贴越来越多。而中央财政在汇总编制地方上报的社会保险基金预算时，对地方财政上报社会保险基金预算存在"做小收入、做大支出"问题缺乏调查分析，对问题的严重性估计不足，致使有的地方故意隐瞒收入或扩大支出，以前结余的省份结余快速减少，以前出现缺口的省份缺口快速增大，中央财政对职工基本养老保险财政补贴快速增长。2012年中央财政对社会保险基金的财政补助占当年财政支出的3%，2018年上升到7.56%，6年上升4.56个百分点。

4. 中央与地方财政责任不清，影响预算平衡和补偿责任的划分

现行社会保险基金管理虽然实现了职工基本养老保险中央调剂金制度，但社会保险基金仍是以省级统筹和市、县统筹为主，即使实现基本养老保险省级统筹的省份，也多数实现省级调剂金制度，也就是说，基本养老保险基金和其他社会保险基金大多仍是市、县统筹管理，基金收缴、发放最终是由市、县决定和完成的，基金的结余也是由市、县管理的。这带来不少问题：一是市、县作为社会保险基金实际管理者，可以在基金收缴、发放、结余资金投资、财政补贴等诸多环节有很大操作空间，如根据地方经济运行决定基金缴费率和缴费基数的高低，是否多收或少收；可以决定扩大覆盖面的进入门槛，把地方调结构、提效率导致的下岗与企业未交费快要退休的职工摔给由上级政府承担补偿责任的社会保险体系中，甚至把自己亲朋好友低门槛纳入社会保险体系中来，使得社会保险基金成为地方政府转嫁各种经济风险最便捷、最廉价的通道。二是通过社会保险结余资金为地方经济发展取得低廉的投资来源，而且还可以给部门和个人谋取好处。因为社会保险结余资金大多集中在市、县一级政府，而社会保险结余资金投资管理办法仅允许购买国债和银行存款，因此多数地方把社会保险结余资金以银行活期存款形式或协议存款形式存于银行，既方便地方政府随时使用这笔资金，又便于主管部门或管理者与银行"暗箱操作"截留投

资回报。由于数额大，部门或个人得到的好处就多。三是由于社会保险基金管理与补偿责任脱节，地方政府不仅从结余资金投资中得到好处，还能通过"做小收入、做大支出"上报预算，扩大养老保险收支缺口争取更多的中央财政补贴资金。由于中央地方财政责任划分不清，社会保险基金失矩低效问题久拖不决，是当前社会保险基金管理中的突出问题。

5. 预算执行和决算的编制带有较强的地方保护主义色彩

全国社会保险基金预算是通过"两上两下"程序汇总编制的，而且是由社会保险经办机构编制的，每一级政府都附加了地方利益的考量，再加上社会保险经办机构部门利益的影响，社会保险基金预算中掺杂较多"水分"，中央社会保险经办机构和财政部社保司在汇总编制全国预算时，对地方和部门编制的预算"睁一只眼、闭一只眼"，不敢做大的调整。地方在执行社会保险基金预算时，也许为了减轻企业负担，也许方便企业和经办机构计算缴费基数，简单规定统一的缴费基数，既与职工平均工资没多少联系，也与地方居民平均收入水平没有多大联系，实际低于应缴费计算的基数，地方少缴费，但社会保险基金少收费。再如地方政府征地用于地方经济建设项目，被征地农民从土地出让金中拿出很少一部分缴纳社会保险费，将其纳入城镇企业职工基本养老保险体系中，多则一人缴十几万、少则一人缴几万，就低门槛进入企业职工基本养老保险体系，其他土地出让金部分补偿农民拆迁费等，部分纳入地方财政收入，征地项目带来的 GDP 与财政收入成为地方经济增长的重要来源。牺牲国家整体利益和已参保职工的社会保险利益，满足了地方政府经济利益和征地农民的社保利益。而低门槛基本养老保险政策被认为是基本养老保险扩面取得明显成效。这种低门槛政策给地方政府打开违规扩面与地方保护的方便之门。

6. 社会保险缴费拖欠严重，影响社会保险基金预算平衡，加快结余资金消减的步伐

拖欠社会保险缴费由来已久，一直没有找到一个很好的办法解决这个问题，但是，前不久国务院决定社会保险费由税务部门征收后，全国企业一片叫苦声，认为税务征缴社保费会追缴过去的欠费，会把企业搞死。这从一个侧面说明过去企业拖欠社保费的情况是相当严重的。之所以社保费欠缴情况严重，与现行社会保险基金管理体制不顺、社会保险费征缴不力有直接联系。一是社会保险缴费征缴依据缺乏强制性。长期以来，社会保险缴费部分通过地税征缴，部分由社保经办机构征缴，征缴依据是法律约束力不强的《社会保险费征缴条例》，

属于行政法规，立法层次不高，对执行征缴的部门缺乏约束力，对企业和个人缴费缺乏应有的强制力。无论是征缴部门不努力征缴，还是企业和个人欠缴，经办机构和财政部门都难以通过相关法律予以追究，尽管也有缴纳滞纳金的处罚，但仍有不少企业拖欠社保费。二是人社部门缺乏积极组织社会保险收入的压力，对社保费征缴情况关注不够。人社部门虽然是社会保险政策制定与执行者，但不承担收支平衡与补偿责任，经办机构下达收支计划，税务部门负责征缴，基金收缴纳入财政专户，财政部门承担补偿责任。如何调动税务部门积极征缴成为财政与人社部门关心的问题。三是基本养老保险基金管理与补偿责任脱节，制约地方政府有效组织社会保险收缴。企业职工基本养老保险基金虽然实行了中央调剂金制度，但基金征缴和结余基本上还是省级或市县管理，而补偿责任主要由中央财政承担，地方政府缺乏组织基本养老保险收入的积极性，甚至把欠缴的责任转嫁到中央。因为社会保险基金拖欠情况得不到有效纠正，社会保险基金收支平衡的压力逐年增大。

7. 社会保险基金预算监管制度不健全

监管是确保预算编制、执行认真落实的重要手段，也是确保社会保险基金专款专用和完整性的重要手段。一是内部监管权责划分不清。人社部门对经办机构编制社会保险基金预算缺乏明确的监管手段，是指导、参与，还是审定，没有明确规定；财政部门对经办机构编制社会保险基金预算是参与，还是仅限于审核，也不明确。按照《预算法》规定，财政部门是编制预算的部门，唯独社会保险基金预算财政部门没有参与编制。对预算执行和决算，两部门如何监管缺乏明确规定。二是人大对社会保险基金预算的监管缺位。按照《社会保险法》规定，各级人大机构对本级社会保险基金预算具有审议监督权，实际工作中，人大机构对社会保险基金预算的编制、执行、决算监督并未落实，仅限于人代会审议。三是预算编制、执行与决算并不公开，外部监管难以介入。广大群众、人民代表、审计机构、新闻媒体等外部监管难以了解社会保险基金收支的真实情况，不能有效监管社会保险基金预算。

8. 社会保险基金预算与一般公共预算、国有资本经营预算的关系揭示不清晰

社会保险基金预算与一般公共预算、国有资本经营预算是相互依存、相互支持的关系，共同构成我国国家预算体系。现在在社会保险基金预算中没有反映出这种关系。一是公共预算与社会保险基金预算的关系体现不完整。不仅一

般公共预算对社会保险基金的财政补贴虽然在社会保险基金预算各项目中有反映，但反映不全面。而且社会保险结余资金多少购买国债，作为公共预算债务收入的来源，在两个预算中均未反映。二是国有资本经营预算与社会保险基金预算的关系更未真实反映。国有资本经营收益多少用于弥补社会保险基金预算，或者弥补基本养老保险基金的不足，国有资本存量划出多少用于社会保险储备资金投资、多少处置收入用于弥补社会保险基金的不足或用于储备资金的投资，两个预算均为真实反映。社会保险结余资金与储备资金投资运营情况也未在社会保险基金预算中反映，说明三大预算的资金往来关系均未在预算中真实反映。

四、完善社会保险基金预算的若干政策建议

针对当前社会保险基金预算存在的问题，以及未来社会保险基金管理要求，对如何完善现行社会保险基金预算提出以下几点建议。

1. 编制内容全面的社会保险基金预算，特别揭示收入来源的全面性

按照预算完整性原则，凡是应纳入社会保险基金预算的收入尽量纳入：一是及时把社会保险制度改革带来的新增项目收支纳入社会保险基金预算。比如，把行政事业单位职工基本养老保险收支纳入社会保险基金预算。不仅因为行政事业单位基本养老保险制度是 2014 年以来新改革的一项制度，还因为行政事业单位基本养老保险制度覆盖面广、资金量大，它的收入基本来自一般公共预算的收入，可以通过预算监督新增项目收支的安排与管理，确保基金的安全。还比如，当前正在进行的生育保险并入基本医疗保险改革试点，在试点地区社会保险制度不再有生育保险一项，同样在社会保险基金预算中将企业职工基本医疗保险收支与生育保险收支合并反映。正在试点的长期护理保险是否反映到试点地区社会保险基金预算中来，既取决于长期护理保险制度改革是否成功，也取决于财政部与国家医保局是否做出相关纳入预算的规定。二是应把国有资本经营预算划转的国有资本经营收益与弥补社会保险基金的国有资本股权收益一并反映到社会保险基金预算中。这不仅揭示社会保险基金预算与国有资本经营预算的资金往来关系，重要的是使来自国有资本经营收益、股权收益、处置的国有资本收入受到社会保险基金的反映和监督。三是把社会保险结余资金投资净收入纳入社会保险基金预算。目前社会保险结余资金的规模巨大，无论是地方政府进行投资运营的收益，还是委托全国社保理事会运营的结余资金收益，都应客观反映到社会保险收入预算中，接受社会保险基金预算管理的监督。

2. 综合运用增长法、因素法、预测法编制社会保险基金预算，提高预算编制的科学性

"基数+增长"是我国长期编制预算的传统方法，尽管增长率考虑了环境对预算指标的影响，但也是带有主观加估计方式确定的，方法简便易行。总体上缺乏客观公正性。社会保险基金预算各项收支可以根据每一项预算指标的影响因素，通过建模找到每一因素对支出（或收入）影响系数和对支出影响的权重，预测每项预算指标的支出数或收入数，对照前年度决算指标得出该项预算指标数。也可以根据零基预算原理，按照保险项目缴费人数×缴费基数×缴费率，得出某保险项目预算收入数；同样按照保险项目发放人数×发放基数×人均发放待遇标准，得出某项保险预算支出指标。其中预算编制机构对各级人社部门上报的上年缴费人数、缴费基数、发放人数和发放基数，依照相关规定进行一一核实，排除虚假成分，使每项计算数据真实可靠，才能得出接近实际需要的预算收入或支出数据。即使如此，仍然需要考虑缴费人数、缴费基数、发放人数和发放基数的预计增长率，才能测算出每项收入或支出的预算数。在实际工作中，可以两者同时运用，测算出每项预算指标，通过预算执行检验哪种方法更接近实际发生数，确定以后预算核定方法。

3. 正确划分中央与地方的财政支出责任，实现财政补偿与财政责任统一和协调

"谁家孩子谁抱走"是过去我国将政府公共事务划分央地关系的基本出发点。社会保险事务央地关系划分一直是很模糊的，社会保险五项保险的政策法规权、基金收缴权、发放权、结余资金管理权、基金管理权等事权，每一级政府都有权行使。尽管中央政府具有政策法规发布权，每一级地方政府都可在中央政策法规基本框架内，可以自行制定政策法规，结果是同一个险种在不同地区就有不同的规定，比如缴费率、缴费基数、经办机构设置、发放基数、发放标准、结余资金增值率，每个地方存在很大差别。实际上就是诸侯经济。五项保险究竟归哪一级政府管，著者过去曾经提出过基本养老保险归中央政府管、失业保险和城乡居民养老保险归省级政府管、医疗保险归地市政府管、工伤和生育保险归县级政府管，每一级政府都有自己管理的险种，责任大的归中央、责任中等的归省和地级市、责任小的归县级政府。社会保险政策法规权总的归中央政府和人社部；社会保险基金预算及资金管理归各级财政部门，同时设立社会保险基金"财政专户"；各级税务部门负责收缴社会保险基金，按照社会保

险基金各级政府分管险种划入社会保险基金的中央库与地方库；基金发放按险种归各级人社部门的经办机构，制订年度与月度基金收缴计划与发放计划；基金结余按险种归各级财政部门"财政专户"与同级经办机构共同投资运营，中央一级管理的基金委托全国社保理事会投资运营。其中：企业职工基本养老保险和行政事业单位职工基本养老保险归中央政府统一管理，统收统支，基金征缴归国家税务总局，基金纳入中央基本养老保险"财政专户"存储，基金发放由人社部社会保险经办机构负责，地方基本养老保险基金发放可委托地方人社部门社会保险经办机构办理，结余资金由财政部与人社部经办机构共同委托全国社保理事会投资运营。城乡居民基本养老保险和失业保险基金由省级政府统一管理，考虑我国二元结构国情，城乡居民基本养老保险较长时期由省级政府管理，资金来源仍按现行办法执行；两项基金收缴由省级税务部门负责，城乡居民基本养老保险基金也可由各级人社部门经办机构收缴，基金缴入省级财政失业保险财政专户和城乡居民基本养老保险财政专户存储，结余资金可由省财政与人社部门经办机构共同委托省级商业银行或保险公司、省级投资平台招标投资运营；两项基金发放由省级人社经办机构负责。企业职工医疗保险基金和城乡居民基本医疗保险基金由地市级政府管理，医疗资源供给基本集中在市一级，基本医疗保险收支归市级管理，有利于解决医疗供需矛盾，基金收缴由市级税务部门负责，缴入市级财政职工医疗保险基金专户和城乡居民基本医疗保险专户，纳入市级社会保险基金预算管理；基金发放由市级人社经办机构负责；结余资金由市财政与市人社经办机构共同委托符合资质的银行、保险公司、投资平台投资运营。工伤保险和生育保险基金由县级政府负责管理，也可由市级政府管理，基金收缴由县级税务部门负责，纳入县级工伤保险基金财政专户和生育保险基金财政专户管理，生育保险并入职工医疗保险的纳入市级职工基本医疗保险财政专户存储，结余资金由县财政与县人社经办机构共同委托县级商业银行投资运营。社会保险基金管理经费按险种划分由各级财政负担，收支补偿由各级财政承担。特殊情况可向上级政府财政申请补助。

4. 明确财政部门是社会保险基金预算编制参与者，是确保社会保险基金预算真实性的重要前提

按照现行社会保险基金预算管理规定，社会保险基金预算由各级人社部门社会保险经办机构编制，财政部门负责审定。与现行《预算法》规定相矛盾。财政部门是政府预算编制的法定部门，尽管社会保险基金预算具有专业性，完

全由人社部门经办机构编制，社会保险基金预算变成了部门预算。鉴于现行社会保险基金预算编制存在"做小收入、做大支出"的问题，如果把社会保险基金预算完全交给人社部门经办机构编制，难免把各级人社部门的部门利益和各级地方政府的地方利益带入社会保险基金预算编制中，"做小收入、做大支出"，增加地方和部门向中央财政索要财政补贴的筹码，也就不难理解了。因此，修改现行社会保险预算管理规定，各级财政部门与人社部门共同编制社会保险预算，据实测算和核定各项社会保险收入与支出预算数，加强对社会保险基金预算编制基础数据的核实和审查，财政部加强对编制社会保险基金预算的指导和参与，制定更加严格的社会保险基金预算编制办法，确保各级政府社会保险基金预算编制的真实性，有效防范地方和部门利益对社会保险基金预算编制的冲击与损害。

5. 加强社会保险基金预算监管体系，提高社会保险预算编制和执行的质量

一是加强财政与人社部门对社会保险基金预算编制和执行的内部监管。财政部门和人社部门监管机构对社会保险基金预算编制内容、范围、方法、基础数据可靠性等进行一一审查与核实，发现有与社会保险预算编制规定不符的地方要及时纠正，尤其加强对"做小收入、做大支出"问题采取针对性更强的检查监督。对社会保险收入征缴和支出的发放，要与税务部门、人社部门协同对收缴数据真实性、发放对象与发放标准的真实性进行定期检查和核对，确保预算执行的质量。二是加强审计部门对社会保险基金预算编制和执行的定期检查。审计监督是外部监督，也是对财政部门和人社部门编制和执行社会保险基金预算的定期检查，及时发现预算编制和执行中存在的问题，交由同级政府和上级主管部门及时处理，维护社会保险基金预算的权威。三是加强各级人大及常务委员会对社会保险基金预算全过程监督。各级人大设有预算工作委员会，职能就是加强对政府预算的检查和监督，可以定期对社会保险基金预算编制的基础数据、内容与范围、程序和方法等原始材料进行抽查和审议，对社会保险基金收缴和支出发放进行定期检查和监督，维护预算编制的有效性与执行的合规性，督促人社部门经办机构和财政部门社保机构认真编制和执行预算及决算的编制，加强社会保险基金预算全过程监督。四是提高社会保险预算的透明度，方便社会各界与人民群众对社会保险基金预算全过程监督。充分发挥信息网络和媒体的作用，把各级政府公布的社会保险基金预算及时加以披露，将预算编制和执行的内容、发放、程序、收支标准等内容发布在社会保险信息网络和专门媒体

上，接受社会各界与人民对社会保险基金预算的广泛监督，确保社会保险基金预算监督的有效性。

6. 规范社会保险基金预算与一般公共预算、国有资本经营预算的收支往来关系

随着我国人口老龄化上升速度的加快，社会保险缴费人数日益减少，而社会保险领取待遇人数日益增多，社会保险基金预算平衡能力日益减弱。为此，建立社会保险基金预算与一般公共预算、国有资本经营预算的依存关系显得越来越重要。2018 年我国社会保险基金预算来自一般公共预算的财政补贴收入就达 16776.8 亿元，占同期社会保险基金总收入的 23.09%。随着人口老龄化率上升，这一比重还会不断提高，说明社会保险基金预算平衡已经离不开一般公共预算的支持，但又不能完全依靠一般公共预算支持，国有资本经营预算应该作为支持社会保险基金预算平衡的重要力量。一是公共预算中需列示社会保险基金财政补贴项目，同时还要列示一般公共预算国债收入多少来自社会保险结余资金。二是社会保险基金预算需列示社会保险财政补贴收入和国有资本经营预算划转社会保险补助收入，包括收益划转、红利划转、处置收入划转。三是国有资本经营预算需列示社会保险基金补助支出，包括收益补贴、红利补贴、处置收入补贴。一般公共预算和国有资本经营预算各自负担多少，应由国务院做出相关规定。

（原文发表于 2019 年第 7 期《财政科学》）

促进养老服务业发展的财政政策思考

养老服务体系建设就是当前最大的民生问题。随着我国人口老龄化问题日益突出，过去依靠家庭养老的传统养老服务机制受到巨大挑战，如何发展壮大养老服务业成为人们日益关注的重大现实问题，也是拉动消费、培植新型产业、促进经济增长的重要途径。政府财政在发展养老服务业、健全养老服务体系方面负有重大责任。制定有利于养老服务业发展的财政政策，成为政府财政部门日益重视和关注的问题。

一、政府公共财政支持养老服务范围的界定

1. 养老服务内涵与范围

养老服务是指给 60 或 65 岁及以上老年人生活提供服务的总称。通常包括生活照料、家政、医疗保健、精神慰藉、紧急救助等服务。养老服务范围随着人们收入水平提高与生活水平提高而不断变化。养老服务业是专门为老年人提供生活照顾和护理等产品或服务，满足老年人特殊生活需求的服务行业。养老服务业作为一门新兴服务行业，具有四方面特点：一是服务目标对象特定，主要以老年人口为服务对象，包括第一、二、三产业中涉及专门为老年人生产、销售、经营、服务的所有企业和经济实体。二是涉及领域十分广泛，涵盖老年人生活照料、医疗护理、紧急救援、文化娱乐、体育健身、休闲旅游、健康服务、精神慰藉、法律服务、临终关怀、康复辅具、食品药品、服装服饰等多个生产服务门类。三是产业链长、辐射范围广、环境友好和健康可持续，对建筑、钢材、水泥、机械、家居等上下游产业具有明显的带动效应。四是性质双重，由于一些养老服务项目本身具有准公共产品属性，我国养老服务业还具有市场性和福利性并存的特点。

2. 如何判断哪些养老服务应由政府财政支持

公共产品理论是界定政府公共财政范围的基本理论依据。按照公共产品理论，凡是具有消费的非排他性和经营的非营利性及外部性效应的产品与劳务，均属于公共产品范畴。完全具备上述几个特征的产品与劳务属于纯公共产品，只具有一个或两个特征的产品与劳务属于准公共产品。

根据公共产品特征判断哪些养老服务属于需政府财政支持的对象。一是养老服务总体上属于公益性和外部性特征明显的公益事业范围。由于养老服务提供对象是 60 或 65 岁以上老年人，这个群体属于法定退休年龄范围内的老年人，他们基本上不能依靠劳动取得收入，而主要依靠社会保险制度提供的养老、医疗保险基金提供的收入维持基本生活，总体上他们属于社会弱势群体，是社会需要关心、关注的对象，为他们提供的养老服务总体上具有公益性与正外部性特征，都属于政府财政支持范围。二是按社会收入分配层次划分。如果说社会收入分配按收入高低划分为高收入、中等收入、低收入三个阶层，那么低收入群体的养老服务需要政府财政支持与关照；越是贫困的阶层，政府对他们的养老服务支持就会越多。三是按照生活自理能力和身体健康水平划分。对于失去生活自理能力的失能失智老人，他们的饮食起居完全需要别人的照料才能维持生存，有的有一定收入或财富支撑，有的完全没有收入支撑，无论哪种情况，都需要政府财政提供养老服务的支持。如果因为长期处于疾病折磨（慢性病），或因大病、恶性病原因个人和家庭难以自理或陷入贫困，这些老人的养老服务需要得到政府财政的支持。四是按照养老服务的需求层次划分。上述几方面政府提供的养老服务限于老人的基本养老服务范围，而属于享受类、奢侈类的养老服务，属于市场供应范围，只能依靠个人收入购买。

按照上述划分，政府财政提供的养老服务限于基本养老服务范围。"基本"的标准是什么？是维持基本生活需要的养老服务需求，是不高于全社会（当地平均）平均养老服务水平的需求。政府财政如何把握"基本"养老服务范围，一是接受社会公平道德评判：社会公众认可和可接受的养老服务范围与人均养老服务水平；二是针对特定养老服务项目，可借助大数据和数学模型测算社会养老服务人均水平或应得到政府财政支持的额度。因此，政府财政支持养老服务方式是按照老人个人或家庭收入水平划分的若干财政补贴额度的方式，是政府提供养老服务支持的基本路径。

二、政府财政支持养老服务业的重要性

1. 应对老龄化和人口流动对我国传统养老模式形成冲击的必然要求

我国老龄化程度正在急速加剧，统计显示，2014 年我国 60 周岁及以上人口占总人口的 15.5%左右，高出 2013 年 0.6 个百分点，其中 65 周岁及以上人口占总人口的比重达到 10.1%。根据全国老龄办公布的数字，到 2020 年我国老年人口将达到 2.48 亿，老龄化水平将达到 17%。与老龄化同时产生的是人口流动带来的留守老人养老问题，年轻人跨区域务工，空巢老人留守，使得原来的家庭养老模式无以应对。这些都对我国的养老服务体系提出了很大的挑战。

我国养老服务业尚处于起步发展阶段，床位缺口大，专业人员缺乏、资源分布不均，存在市场机制不健全，行业发展也不规范等问题，迫切需要政府为其创造良好的市场发展环境，通过建立和完善促进其发展的相关税收政策与措施，保障充分的公共服务产品供给以及制订合理的产业发展规划等，来有效支持、扶持和引导养老服务业的健康、快速、有序发展。

2. 发展养老服务业是体现中央重视民生、政府执政为民思想的客观要求

随着人口老龄化的提高，养老服务需求日益加大，日益增多的老人饮食、健康、文化、教育、娱乐、旅游等生活服务，成为政府和民众日益关注的民生问题。解决好老人的养老服务问题，老人安度晚年，解除子女的后顾之忧，就是最大的民生问题，都是有益于大众的社会问题。如何建立健全养老服务体系，发展养老服务业，中央和各级地方政府已经采取了一系列政策措施，对于解决老人的养老服务问题发挥了重要作用。但在养老服务业发展方面存在指导思想模糊、盲目布点、服务实施落后、服务队伍素质参差不齐等一系列问题。如何根据老龄化形势发展要求，建立一套内容齐全、服务周到、城乡有别、医养结合、群众满意的养老服务体系，是做好民众普遍关心的一件大事，也是体现各级政府是否把养老服务体系建设作为执政为民、重视民生理念的重要试金石。

3. 适应经济新常态对优化政府财政支出结构和促进产业转型的现实选择

发展养老服务业不仅是解决老年人生活服务和关怀照顾问题，也是拉动消费、推动经济增长的重要力量。当前我国经济进入新常态阶段，如何通过发展养老服务业带动经济增长成为人们非常关注的现实问题。经济新常态是辩证分析我国经济发展阶段性特征做出的科学判断，其特征主要表现在"速度、结构、

动力"三个方面：从高速增长转为中高速增长，经济结构不断优化升级，从要素驱动、投资驱动转向创新驱动。经济发展速度放缓，必然对财政收入增长带来压力，使政府单纯依赖财政支出提供养老服务难以为继。产业转型中，应大力发展第三产业，养老服务业不仅仅是弥补养老服务体系不足的重要支撑产业，也是随着老龄化社会到来而产生的一个新兴朝阳产业，亟须强有力且有针对性的财税政策引导和支持。

4. 养老服务业发展部分领域属于公共产品范畴，理应得到政府财政的支持

养老服务业发展涉及诸多领域，有属于政府支持的公共产品和准公共产品领域，也有属于发挥社会主体投资的市场领域。对低收入和困难家庭老人养老服务提供，需要政府提供低廉和财政补助支持的养老服务内容；对于高收入人群，不必要分享政府为低收入和困难人群提供的廉价养老服务，其有能力享受与收入水平相称的高端养老服务。从养老服务提供的产品看，困难家庭老人饮食起居、健康医疗、家政服务等均需财政支持，对社区养老服务和机构养老服务均应提供相应的政策支持，否则养老服务难以成为业态，难以成为养老服务业发展的有力支撑；而对高端收入家庭养老以及为老人提供的文化、娱乐、旅游等产品，就可以完全根据市场供求制定收费标准和价格，接受市场调节。按照政府和市场分工的原则，做好养老服务产品的供应和发展事宜，加快养老服务业的发展，更好地为越来越多的老年人群提供优质、规范、周到的养老服务。

三、我国养老服务业的现状与支持养老服务业财政政策存在的问题

（一）我国养老服务业发展现状

无论从理论还是实践上看，我国养老服务业有着不同的内涵，总的看来有狭义和广义的区别，但其基本内容却是一致的。狭义的养老服务主要分为健康照护和社会照护两大类，前者是指由专业人员提供的或在专业人员指导下的以康复保健为目的的照护服务，包括治疗后的康复护理服务和患有慢性病但无须特别治疗的老人所需得以保健为主的照护服务等；后者是指对日常生活不能完全自理的老年人提供的家政服务，这类服务视老年人自理能力的情况不同，又可具体细分为提供生活条件（如帮助做饭、购物、做卫生、外出等）和照料生活起居（如帮助老人吃饭、穿衣、洗浴等）。广义的养老服务业则是一个养老服务体系，具体包括三项。第一，居家服务，日常生活服务，如送餐、维修、代购、代领、帮助安装求助电铃，派送家庭服务员、上门咨

询（心理、保健、法律等）；医疗保健服务，如送医送药上门、建立家庭病床、派送护理员、送医院看病、住院陪床等。第二，社会机构服务，分为在集中居住机构如老年公寓、托老所、福利院、敬老院提供的服务；在医疗护理机构如老年医院、护理院、临终关怀医院提供的服务；在文体活动场所如老年活动中心、老年大学等提供的服务；在促进老年人参与社会的机构如老年人才中心提供的服务等。第三，志愿服务，含有邻里互助、时间储蓄（低龄老人为高龄老人服务）、一帮一助老活动、军民共建、警民共建等内容。有的还包括养老金融服务业、保险业、旅游业等内容。总的来看，我国养老服务业是养老产业的一个重要组成部分，是为老年人提供生活照顾和护理服务，满足老年人特殊生活需求的服务行业。

2005 年之后，是中国老年社会福利大发展时期。这一时期，我国政府高度重视发展养老服务业，陆续出台了一系列重大战略举措。目前，我国以居家为基础、社区为依托、机构为支撑的社会养老服务体系初步建立，老年消费市场初步形成，老龄事业发展取得显著成就。一是养老服务法律法规政策初步建立。二是养老服务发展格局逐步完善。三是社会养老服务体系建设不断加强。四是养老服务资金投入力度逐步加大。五是养老服务综合能力逐步提升。六是改革试点示范不断强化。

（二）支持养老服务业发展的财政政策存在的问题

目前，政府财政对养老服务业的支持主要是财政直接投资、财政补贴、购买服务和税收优惠，又以财政补贴为主。财政补贴主要用于公办养老机构建设和运营补贴、民办养老机构运营及养老从业人员的补贴上。各地在上述财政补贴的方式、环节、额度等方面有不同的做法。而现行养老服务的税收政策存在覆盖面窄、激励性不足等突出问题，税收优惠政策零散，立法层次较低。

1. 中央与地方政府财政养老服务责任划分不明确，带来地区养老服务投入难以落实

目前养老服务的事权在地方，支出责任主要在地方。原因是养老服务属于地方性公共产品。但是，受"中央决策、地方执行"行政体制影响，养老服务体系建设的决策由中央制定，地方承担落实的责任。一是责任层层下移削弱政策执行效果。在民生领域，中央政府在推动政策落实时，为调动地方政府积极性，往往提出增强地方政府责任意识的要求。但是，上级政府对下级政府具有绝对的控制力，可以将责任层层转移给下级政府，省级政府将养老服务的事权

和支出责任转移给市级政府，市级政府转移给县级政府，把养老服务支出责任压给本来已经很困难的县级政府。责任下移的结果是，县级政府陷入"无米之炊"的境地，尽管各级政府对本级政府的养老服务承担了一定责任，但政策执行结果出现"雷声大、雨点小"的尴尬局面，引发养老服务的受众对政府养老服务政策的不满。究竟哪一级政府承担哪些养老服务责任，存在较大争议。二是地区财力差异会加大地区养老服务体系的差距。东部地区特别是东部大中城市，由于财力较雄厚，对本地区的养老服务一类公共事业会按照中央的政策不断加大投入，而西部贫困地区基本依靠中央财政转移支付维持政府运转和公共服务投入，对新增加的养老服务事业投入只能通过调整支出结构，挤出一定财力达成上级下达的养老服务建设任务，客观上加大了地区之间养老服务业的发展差距。三是依靠中央财政转移支付缩小地区间的养老服务发展差距改变受制于中央财政的财政状况，执行中因种种条件的限制部分贫困地区难以取得专项转移资金。中西部贫困地区养老服务业依靠自身财力投入难以发展，依靠中央财政加大对中西部贫困地区的专项转移支付完成，而中央财政能拿出多少资金用于支持中西部地区养老服务业发展，取决于中央财政收入状况。当前整个国家财政受经济新常态的影响，财政收入增速呈现下滑的态势，中央财政收入增长受到限制，难以拿出较多资金支持中西部地区发展养老服务体系建设，只能通过调整支出结构或从财力增量中拿出一定份额用于对中西部贫困地区养老服务建设转移支付。而有限的财政转移支付资金往往因为门槛过高或条件不成熟难以到位，如2013年至2015年财政部拿出30亿元用于农村幸福院建设项目，解决农村地区养老服务起步晚、基础弱的问题，因申报条件较多，一些基础较弱的贫困地区难以达到。申报条件是具有适合兴办农村幸福院的场地和设施；经村民代表会议讨论决定；具有筹资和建设方案。项目申报时提交筹资建设方案和项目运营方案等材料。对于一些特别贫困的农村上述条件已难达到，更谈不上社会资本的引入、人才、管理运营，他们能申请到项目资金的少之又少，要么选择放弃申请，要么勉强取得资金，效果可想而知。

2. 各级财政对养老服务业投入规模偏少，政策手段单一

财政支持养老服务业发展负有重要责任，主要承担失能、孤寡老人的基本养老保障和支持养老服务体系建设的责任，这些基本依靠各级财政投入。但是，当前财政对养老服务的投入主要是养老机构建设补贴和养老机构床位补贴以及运营补贴，投入资金量非常有限，占全国财政支出的比重还很低，与我国老龄

化提高带来的老人数量增长很不相适应。同时，财政投入的结构还很不合理，仅关注养老服务供给的投入，对养老服务需求投入重视不够；关注城镇养老服务机构的投入，对农村养老服务机构的投入重视不够；对拉动城乡困难家庭老人养老服务的收入投入不足，难以启动城乡困难家庭老人的养老消费。还有财政支持养老服务的政策手段较单一，难以形成综合调控力。目前财政支持养老服务业发展的政策手段主要是财政补贴，还有财政贴息、政府采购、购买服务、政府和社会资本合作和税收优惠等手段还很少运用，得到财政补贴的养老机构也觉得财政支持有限，通过政府采购、购买服务、政府和社会资本合作激发社会资本对养老服务的投入和调动一切社会力量开展养老服务，调控作用远未发挥出来。

3. 税收优惠支持养老服务业发展缺乏系统性和激励性

税收优惠对于调动社会民间资本投入养老服务业具有诱导性，但是目前支持养老服务的税收优惠政策存在明显的问题：一是税收优惠政策在支持养老服务业发展方面还是有很大的局限性，没有体现政策的引导作用。为居家养老提供的服务没有设定专门的税收政策给予最大限度的照顾和优惠，没有与机构提供的养老服务区别对待，对社区提供的养老服务没有特殊的税收优惠，政策引导作用发挥不够，不能充分体现国家鼓励的方向和整体发展战略要求，也不符合中央倡导的"9073"或"9064"的需要。从流转税的角度来看，营业税只涉及机构提供服务免征政策，没有涉及社区和居家养老的服务项目免征政策，这是影响养老服务业税收发展的一个重要瓶颈性问题。例如，为老年人提供的社区老年餐桌、餐饮配送、日间照料、家政服务、失能护理、精神慰藉、卫生医疗、紧急救援、文化体育等服务项目。另外，间接提供养老服务的行业，例如，从事养老服务专业人员的培训机构，提供养老产品和设施的生产企业等，没有相应的税收优惠政策。二是缺乏系统性。从吸引资本进入环节到运营环节到最终处置环节，还没有建立系统的税收减免政策以及相应的管理机制。在投资建设环节方面，目前政策只是在耕地占用方面设定了减免政策，契税还是对社会团体、事业单位免税，而且仅限于办公用房。在企业运营环节上，目前还没有企业运营中的增值税优惠政策，既缺少关于养老服务行业抵扣额的照顾政策，更没有该行业关于低税率的照顾政策。三是缺乏激励性。不仅税收优惠面窄，目前税收优惠集中在养老服务项目上，尤其集中在公办养老机构上，对民办养老机构优惠有限。对养老服务产业特别是提供老年用品、老年旅游服务的企业缺乏税收优惠，不利于养老服务产业发展。税收直接优惠多，间接优惠少，优惠力度受到限制。

4. 财政政策支持养老服务软件建设存在缺位

我国养老服务体系以居家养老为主，社区养老为依托，机构养老为补充，老人进入养老机构养老的是少数，而目前的财政投入和税收优惠集中于养老机构，对养老服务的软件建设缺少关注和支持。对于社区养老服务站、社区托老中心、居家服务涉及的服务设施和机构缺少支持，对于养老机构人员和社区养老服务人员的职业培训缺少支持，对老年人康复护理、医疗保健、心理和精神慰藉缺少支持，与我国养老服务体系建设的总体要求很不相适应。

四、加快养老服务业发展的财政政策建议

加快养老服务业发展，更好应对老龄化提高带来的养老服务挑战，是政府财政部门应尽的职责。

1. 明确今后五年养老服务发展重点，提高发展养老服务业的思想认识

今后五年政府着重构建与老龄化相适应的养老服务体系。按照国家老龄委的十三五规划要求，就是建立居家养老为主、社区养老为依托、机构养老为补充的养老服务体系，把为老人提供饮食、健康医疗、文化娱乐、休闲旅游、心理咨询、精神慰藉等服务的老龄产业全部或部分交给市场，形成内容丰富、服务规范、充满生机的老龄产业体系。各级政府要把养老服务体系建设和养老服务业发展作为应对人口老龄化高峰的重点工作，纳入政府经常性工作重心，争取在3~5年内有较大改变和发展。财政部门应根据老龄化的要求积极制定政策支持养老服务体系，完善和养老服务产业的发展，并把支持养老服务体系和养老服务产业发展作为今后财政工作的重要内容。

2. 合理划分中央与地方财政养老服务的事权和支出责任，调动各级政府发展养老服务业的积极性

应本着"中央管大局、管全局协调平衡、地方管具体事务"的原则，合理划分中央与地方在养老服务体系和产业发展方面的事权与支出责任。中央政府主要负责养老服务体系和养老服务业发展规划，制度涉及全局的养老服务政策，按照部门分工的职能做好部门政策和资金安排工作，中央财政负责制定涉及养老服务的财政政策、税收优惠政策、支持中西部地区养老服务体系和养老服务产业发展的财政转移支付制度和办法，平衡地区之间养老服务发展差距。地方

根据中央统一规划和统一政策，制定和执行符合地方情况的养老服务体系和养老服务产业发展规划和政策实施细则，地方财政根据中央财政统一政策制定符合地方实际的财政支出、财政补贴、财政贴息、政府采购、政府和社会资本合作、购买服务、税收优惠等具体实施办法，支持地方发展养老服务体系和产业。调动中央和地方积极性，形成分工明确、上下联动、步调一致的养老服务政策支持体系，共同促进养老服务体系的完善和养老服务业的快速发展。

3. 加大各级财政对养老服务体系的投入，综合运用各种财政政策手段促进养老服务体系的完善与养老服务产业的发展

根据经济发展水平和财政收入增长情况确定用于养老服务体系建设和产业支持的投入规模，纳入各级政府公共预算，与彩票公益金一起，用于各级政府公办养老服务机构的改扩建等基础设施建设。改革财政补贴形式，在合理发放养老机构建设补贴和床位补贴的基础上，增加对贫困老年人和失能老人、孤寡老人、高龄老人养老补贴，形成养老供给补贴与需求补贴相结合的补贴机制，更好发挥财政补贴在支持养老机构和特殊老年人群安度晚年的作用。运用政府采购、购买服务等形式积极引导社会资本参与到养老服务体系建设和养老服务产业发展中来，解决政府财政投入不足的矛盾，运用社会资本加快我国养老服务体系和养老服务业的发展。重点加强对社区养老服务机构的支持力度，发挥社区养老机构对居家养老的托底与支撑作用，如果说我国养老服务体系90%依靠居家养老实现，那么离开社区养老机构的托底和支撑就无从谈起，很大程度上居家养老是借助社区养老机构提供完善的饮食、健康医疗、家政、精神慰藉、心理咨询等服务来完成，因此，建设功能齐全、服务规范、收费低廉的社区养老服务机构，对于我国城乡养老服务体系的建设具有十分重要的作用，适当加大对社区养老机构的支持力度，将产生"四两拨千斤"的效应。

4. 发挥税收政策在支持养老服务体系建设和养老服务产业发展的独特作用

一是细化税收优惠条件，加强税收优惠政策对社会民间资本的引导作用。首先，精准定位税收优惠享受主体，建立针对养老服务机构税收登记制度和免税认证制度，养老服务机构在民政部门登记为福利性和非营利性养老机构的同时，应向税务部门办理税务登记，并逐年进行纳税申报。其次，制度完整的养老服务行业的税收优惠政策。目前养老服务业的税收优惠政策集中在经营环节，应扩大到筹资、投资、经营各环节；增加养老服务机构在间接税中的优惠规定，如符合条件的养老服务机构购买的设备可以免征消费税，对

非营利养老服务机构的税收可以增加抵扣项目，如允许设备加速折旧，增加税前抵扣项目，对于建设周期长的项目可以增加所得税减免税规定。二是加强税收优惠对居家养老的引导作用。完善所得税优惠政策，增加纳税人实际收入。探索建立综合与分类相结合个人所得税制，将老人供养情况作为重点因素纳入综合计征因素中；对企业或个人直接向国家认定的公益性、非营利性机构捐赠的，在缴纳企业所得税或个人所得税，应享受全额扣除的优惠。三是制定政府采购、购买服务、政府和社会资本合作形式涉及的养老服务的增值税、企业所得税方面的减免税政策，鼓励社会民间资本进入养老服务投资领域，加快养老服务业的发展。

5. 健全养老服务机构和养老服务业的财政资金绩效评价机制，加强对养老服务领域财政资金监督

预算绩效管理是确保财政资金有效使用的重要工具，也是加强财政监督的重要手段。投入养老服务体系的财政资金虽然有限，但为了提高资金使用效果，加强预算绩效管理很有必要。一是做好养老服务项目绩效目标管理工作。绩效目标分为项目绩效目标和部门绩效目标，绩效目标一般由预算单位或项目管理单位提出，预算绩效目标管理分为预算绩效目标设定，绩效目标审核，绩效目标的批复、调整和运用三个环节。设定项目绩效目标依据国家养老服务法律法规、地方养老服务发展规划、项目计划、历史数据、行业标准等，项目支出绩效目标可以根据项目的功能和特性设定总体目标，并对总体目标进行细化分解，确定绩效目标的具体数值。第二步绩效目标审核：财政部门或主管部门对部门和下属单位报送的绩效目标进行审核，要求部门或单位进行修改完善。审核内容包括绩效目标完整性审核、相关性审核、适用性审核和可行性审核。第三步绩效目标批复、调整和运用：按照"谁批复预算，谁批复目标"的原则，财政部门和主管部门在批复年初部门预算或调整预算时，一并批复绩效目标。二是做好养老服务项目绩效评价工作。一般养老服务项目绩效评价交由第三方完成，选择符合评价资质要求的第三方进行。关键是建立符合养老服务项目要求的绩效评价指标体系，项目支出绩效评价共性指标体系框架分别从项目投入、项目实施（过程）、项目产出和项目效果四个方面进行构建，若干项具体指标，用以反映和考核某一项目支出的产出、绩效及项目管理等情况。在规范共性指标的基础上，各地财政部门可以根据地方养老服务体系建设规划和财政管理要求设立个性指标，特别要注重反映

资金节约和资金使用所得与所费的数量比较，真正体现预算绩效管理的初衷。养老服务项目绩效评价个性指标可以考虑养老服务覆盖面、养老服务财政资金节约率、受益对象满意度等。三是做好绩效评价结果应用工作。根据绩效评价结果，将绩效评价结果运用到预算编制中，实现绩效评价与预算安排的有机结合；将绩效评价结果运用到日常预算管理中，这是绩效评价结果运用的主要方式之一；将绩效评价结果运用到行政问责中，通过预算绩效管理，加强对养老服务财政资金的监督，提高资金使用效果。

（原文发表于 2017 年第 3 期《中国财政》）

促进中国老龄产业发展的财政政策研究

中国从 2000 年开始进入老龄化社会，2015 年全国 60 岁以上的人口达到 2.21 亿，占全国总人口的比 16.1%；65 岁以上的老年人口达到 1.35 亿，占全国总人口的 10.5%，中国已进入深度老龄化阶段。根据世界卫生组织预测，到 2050 年，中国将有 35% 的人口超过 60 岁，成为世界上老龄化最严重的国家。

党的十八届三中全会要求加快建立社会养老服务体系和发展养老服务产业，发展老龄产业已成为中国应对人口老龄化严峻挑战的重大战略部署，但就发展水平而言，中国老龄产业仍处于起步阶段，需要政府以适宜的方式予以鼓励和支持。本文主要研究财政政策促进中国老龄产业发展的理论基础、现实状况，并提出财政政策促进老龄产业发展的具有前瞻性意义的路径和举措，充分发挥人口老龄化给经济社会发展带来的积极因素，积极主动地应对人口老龄化，提升财政治理水平，分享长寿红利。

一、老龄产业与经济增长、财政政策关系的理论分析

（一）老龄产业的内涵

老龄产业，又称"老年产业""银发产业"，是指主要为满足老年人各方面需求而专门为老人提供产品、服务和就业机会的营利性经济实体。

由于生理、心理的变化，老年群体具有与其他年龄段人群不同的特殊需求，西方学者把老年人的需求概括为"三 M"：第一个"M"，Money，代表物质需求，也称经济保障；第二个"M"，Medicare，即医疗保障或医疗保险，代表医疗需求；第三个"M"是 Mental 或 Mind，即精神需求、心理满足等。我国学者把老年人的需求概括为"老有所养、老有所医、老有所为、老有所学、老有所乐"，老有所养是指经济赡养、生活照料；老有所医是指医疗保健；老有所为是指参与社会活动、发挥余热；老有所学是指老年人的再学习；老有所乐是指精

神欢愉。正是为了满足老年人多样化的需求，形成了特殊的消费市场，推动了老龄产业的兴起和发展。

由于老年人口需求的多样性，老龄产业所涵盖的范围比较宽泛，涉及诸多的行业和领域。老龄产业究竟包括哪些行业？国内外学术界还没有形成共识，既有的研究成果有"四大类"说（老龄用品业、老龄金融业、老龄服务业、老龄房地产业）、"五大类"说（老龄用品业、老龄金融业、老龄服务业、老龄房地产业、老龄再就业）、"六大行业"说（老年特殊产品制造业、老年健康医疗业、老年娱乐休闲业、老年住宅地产业、老年日常照料护理服务业、老年金融保险业）、"十大行业"说（卫生健康服务业、家政服务业、日常生活用品业、保险业、金融业、房地产业、旅游和娱乐业、教育产业、咨询服务业、其他特殊产业）等。

我们赞同把老龄产业划分为五大类，包括老龄用品业、老龄金融业、老龄服务业、老龄房地产业、老龄再就业。老龄产业是一个跨行业与部门的综合性产业，在五大类划分的基础上，每一类又包括若干小类，例如，老年服务业包括日常生活服务、医疗服务、康复护理服务、长期照料服务、精神生活服务等。

（二）老龄产业是促进经济增长的积极因素

老龄产业作为人口老龄化催生的新兴产业，能够满足和带动老年人的消费需求，发展老龄产业对扩大内需，增加就业、推动科技进步和产业结构优化，提高城镇化水平等都具有积极作用，是促进经济增长的积极因素。

1. 老龄产业是我国未来经济的重要组成部分

我国老龄人口基数庞大且增长迅速，仅仅从满足老年人口多样化需求的角度分析，老龄产业的发展空间就极为可观，如果再考虑到老龄社会面临劳动力短缺和老化，必然要求提高劳动生产率来缓解这种压力，老龄产业的发展需要生物、医学、智能和信息等高端技术支持，带有科技推动型的特征。因此，无论从规模和水平而言，还是从经济安全和科技进步的角度考虑，老龄产业都具有巨大的发展潜力，是我国未来经济的基础性产业、支柱性产业和战略性产业，也是未来我国经济发展的引擎之一。

2. 有利于满足消费需求，带动经济增长

老龄社会具有消费主导的特征，发展老龄产业有利于满足老年人的消费需求，2014 年，我国老年人口的消费市场约 4 万亿元，预计到 2050 年，这一消费市场将增长到 106 万亿元，成为全球老龄产业潜力最大的市场。而且，老龄产业不仅仅是满足老年人的需求，根据莫迪利安尼的生命周期理论，人们在中年就会关注老年，把一部分收入储蓄起来用于防老，满足养老需求必然需要老龄金融业等产业的支撑，据统计，我国目前 30~59 岁的潜在老龄金融服务对象有 6 亿人左右。因此，发展老龄产业既可以满足当下的需求，又可以面向未来，为经济增长做出突出贡献，预计老龄产业在 GDP 中的占比将从 2014 年的 8% 增长到 2050 年的 33%。

3. 有利于扩大就业领域，还有利于增加劳动力供给

一方面，老龄产业的开拓和发展会吸纳大量的就业人口，有些老龄产业，例如，老龄服务业本身就属于劳动密集型产业。有关研究表明，养老服务业需要生活照顾人才、医疗护理人才、生活服务人才、机构管理人才、教育培训人才，目前，这些人才的缺口是 1000 万人。另一方面，可以采取老年人友好型的就业政策、灵活的退休制度和人力资本投资、基础设施和公共服务等措施鼓励老龄再就业产业的发展，如果老年人选择在适合他们年龄承受程度的基础上延长工作年龄，继续为社会做出贡献，就会增加劳动力的供给，使社会发展受益于"长寿红利"。

4. 有利于产业结构优化调整，促进经济可持续发展

老龄社会要求发展与之相应的老龄产业，老龄产业的发展又将带动与之相关的其他产业的发展，老龄产业的产业链较长、涉及的领域很广，对上下游行业具有明显的带动效应，而且老龄产业具有绿色与环境友好、健康可持续等优势特征，这将利于产业结构的优化整合和升级，并最终促使经济可持续发展。

（三）财政政策促进老龄产业发展的理论分析

我国是"未富先老"，支撑老龄化需求的基础较为薄弱，同时，老龄产业的发展处于起步阶段，许多现实需求和潜在需求都还没有相应的市场供给来对接，需要政府加大支持力度，采取适宜的财政政策引导和扶持老龄产业的发展。

1. 财政政策促进老龄产业发展的必要性分析

我国已进入深度老龄化阶段，促进老龄产业发展，积极应对人口老龄化，是全面建成小康社会的一项紧迫任务，推动供给侧结构性改革的重要内容。财政支持老龄产业符合国家的经济社会发展战略导向。

老龄产业是一个以"夕阳"人群为服务对象的"朝阳"产业，同时也是一个弱质产业，与国外发达国家相比，我国老龄产业在质量、水平、标准化程度等方面都还处于较低层次，整个产业尚未在国民经济中形成一定的产业规模和

产业链，其发展受到有效需求不足和有效供给不足两方面的约束。从支持产业发展、满足民众需求、改善准公共服务供给等角度来看，政府都应该给予财政政策支持。

在需求方面，总体而言，由于未富先老，民众支付能力不足，老龄产业的产品与服务在定价方面受到市场有效需求不足的限制。老龄产业所服务对象的实际支付力相对其他产业的服务群体较低，老龄产业的盈利水平普遍偏低，同时，老龄产业的发展往往需要大量的前期投入，投资回收期较长，因此，老龄产业虽然市场需求看起来庞大，但投资者却往往缺乏足够的逐利动力，尤其是在产业发展的初期和起步阶段，需要财政等给予大力的扶持。

在供给方面，长期以来，我国老龄服务具有鲜明的福利性，政府在社会养老发展中处于核心和主体地位，但以政府为主体的养老服务发展与社会需求之间的矛盾日益严重，许多现实需求和潜在需求都还没有相应的市场供给来对接。老龄产品和服务迫切需要多元化的供给主体，我国老龄产业的发展迫切需要在政府引导下建立市场化的途径，通过提升老龄产业的盈利水平，吸引社会力量和民间资本参与到老龄产业成为老龄产品和服务的供给主体，发挥市场资源配置功能，增加有效供给，为老年人提供全方位、多层次的养老服务，满足老年人口的各类需求。

2. 财政政策促进老龄产业发展需要采取适宜的方式

老龄产业是一个依托营利性经济主体运作的综合性产业体系，同时也是一个新兴的产业，其健康成长需要依靠财政等相关政策的引导和扶持，政府应为老龄产业发展提供良好的政策环境。老龄产业涵盖的领域比较广泛，包括各种各样的子产业，其内部也存在性质的巨大差异，财政政策支持老龄产业的发展需要根据子产业不同的属性，采取不同的支持方式和支持力度。

把老龄产业分类为私人物品类产业、准公共物品类产业和公共物品类产业。据此，老龄产业发展路径可对应分类为市场化产业、政府扶持产业和公共支出产业三大类型，在分类指导的基础上，采取不同的扶持措施。

老龄市场化产业主要包括老龄用品业、老龄金融业、老龄服务业和老龄房地产业等部分细分类行业。这类老龄产业基本划归为私人物品范畴，可以引入市场机制，规范市场，依靠社会资本有序投入和充分竞争实现稳定发展。政府和财政的作用在于提供必要的公共服务，进行有效规范的监管，保障消费者的权益。

政府扶持产业主要针对老龄产业中的"准公共物品行业",如老年病护理院、老年精神生活服务、老年法律服务、低技术老龄再就业劳务市场等。这类产业属于微利行业,财政需要大力扶持其发展,针对各分类行业特点,采取财政补贴、税收优惠、风险补偿、引导基金等措施进行多方面的支持,提高社会资本投资的积极性,促进该类产业快速发展。

第三类是公共支出领域的老龄产业,真正属于公共物品的行业仅有社区老龄服务设施一项,这体现了老龄产业的市场化发展趋势。对于这类老龄产业,主要靠政府增加投入和提高老年人的社会保障能力来实现。

二、老龄产业财政政策现状与问题分析

(一)老龄产业财政政策的现状

1. 老龄产业财政政策的主要内容

目前,我国已经出台一系列促进老龄产业发展的财政政策措施,主要表现在财政投入、税收优惠、收费减免、政府购买服务等方面。

(1)财政投入政策

资金投入是老龄产业发展的基本保障,目前政府既通过安排基建投资、财政性专项资金、福利彩票和体育彩票公益金支出、专项补贴等形式直接投入老龄产业,又采取投资补助、贷款贴息、运营补贴、设立投资引导基金、专项扶持资金、政府补偿等办法,引导社会资本进行投入。从目前搜集到的 20 项老龄产业财政政策来看,除几项老龄产业有关税收优惠、用地政策外,其余均涉及了老龄产业的财政投入政策,其中具有代表意义的是《国务院办公厅关于印发社会养老服务体系建设规划(2011—2015 年)的通知》(国办发〔2011〕60号)、《国务院关于加快发展养老服务业的若干意见》(国发〔2013〕35 号)和《关于加快推进健康与养老服务工程建设的通知》(发改投资〔2014〕2091 号)三个文件,提出了加快发展养老服务业的若干政策措施。

(2)税收优惠政策

支持老龄产业的税收优惠政策主要体现在以下几个方面:一是免征营业税。如 2008 年修订通过的《营业税暂行条例》规定,养老院、残疾人福利机构提供的养老服务,免征营业税。医疗、诊所和其他医疗机构提供的医疗服务,免征营业税。无偿赠予对其承担直接抚养或者赡养义务的抚养人或者赡养人不动产、土地使用权的,可暂免征收营业税。二是免征企业所得税。如财政部、国家税务总局《关于对老年服务机构有关税收政策问题的通知》（财税〔2000〕97 号）规定，对由民政部门审核批准，并核发了养老机构执业许可证的老年服务机构及核发了社区服务设施证书的社区服务中心的老年服务中心含为老年人提供服务的场所，暂免征收企业所得税。对其他部门和单位、个人主办的老年服务中心和老年活动中心，经核实属于福利性、非营利性的机构，可以暂免征收企业所得税。三是捐赠税前扣除。如《关于鼓励民间资本参与养老服务业发展的实施意见》（民发〔2015〕33 号）规定，对企事业单位、社会团体以及个人通过公益性社会团体或者县级以上人民政府及其部门，用于《中华人民共和国公益事业捐赠法》规定的公益事业的捐赠，符合相关规定的不超过年度利润总额 12% 的部分，准予扣除。对个人通过非营利性的社会团体和政府部门向福利性、非营利性的民办养老机构的捐赠，在缴纳个人所得税前准予全额扣除。四是其他税种减免。如财政部、国家税务总局《关于对老年服务机构有关税收政策问题的通知》（财税〔2000〕97 号）规定，对于福利性以及非营利性老年服务机构暂免自用房产、土地、车船的房产税、城镇土地使用税、车船使用税。再如《关于鼓励民间资本参与养老服务业发展的实施意见》（民发〔2015〕33 号）提出，养老机构在资产重组过程中涉及的不动产、土地使用权转让，不征收增值税。

（3）收费减免政策

收费减免政策主要是针对行政事业性收费、土地年租金或土地收益差价而实施的。如《国务院关于加快发展养老服务业的若干意见》（国发〔2013〕35 号）规定，各地对非营利性养老机构建设要免征有关行政事业性收费，对营利性养老机构建设要减半征收有关行政事业性收费，对养老机构提供养老服务也要适当减免行政事业性收费，养老机构用电、用水、用气、用热按居民生活类价格执行。《国土资源部办公厅关于印发〈养老服务设施用地指导意见〉的通知》（国土资厅发〔2014〕11 号）规定，企事业单位、个人对城镇现有空闲的厂房、学校、社区用房等进行改造和利用，兴办养老服务机构，经规划批准临时改变建筑使用功能从事非营利性养老服务且连续经营一年以上的，五年内可不增收土地年租金或土地收益差价。

（4）政府购买服务政策

目前，我国政府购买的养老服务主要有以下几种：一是居家养老服务。在购买居家养老服务方面，主要包括为符合政府资助条件的老年人购买助餐、助浴、助洁、助急、助医、护理等上门服务，以及养老服务网络信息建设。二是社区服务。在购买社区养老服务方面，主要包括为老年人购买社区日间照料、老年康复文体活动等服务。三是机构养老服务。在购买机构养老服务方面，主要为"三无"（无劳动能力，无生活来源，无赡养人和扶养人或者其赡养人和扶养人确无赡养和扶养能力）老人、低收入老人、经济困难的失能半失能老人购买机构供养、护理服务。四是养老服务人员培养。在购买养老服务人员培养方面，主要包括为养老护理人员购买职业培训、职业教育和继续教育等。

此外，我国还出台了探索政府和社会资本合作（PPP）融资模式和发行债券等政策措施支持老龄产业的发展。《国务院办公厅转发卫生计生委等部门关于推进医疗卫生与养老服务相结合指导意见的通知》（国办发〔2015〕84号）中明确规定，"拓宽市场化融资渠道，探索政府和社会资本合作（PPP）的投融资模式"。《关于鼓励民间资本参与养老服务业发展的实施意见》（民发〔2015〕33号）也指出，"充分利用支持服务业发展的各类财政资金，探索采取建立产业基金、PPP等模式，支持发展面向大众的社会化养老服务产业，带动社会资本加大投入"。再如发债，《国务院关于加快发展养老服务业的若干意见》（国发〔2013〕35号）规定，"地方政府发行债券应统筹考虑养老服务需求，积极支持养老服务设施建设及无障碍改造"。

2. 老龄产业财政政策的特点

从以上分析不难看出，目前我国现有老龄产业财政政策具有以下几个特点。

一是从时间进程看，经历了先易后难、先局部后全局的过程。我国从2000年开始就有支持老龄产业的一系列政策，但当时是税务总局、民政部等几个相关部门制定的，仅仅是单个部门工作，没有形成全部性的工作，更没有形成党和政府关注的重点和中心工作。后来特别是2013年国务院颁发《关于加快发展养老服务业的若干意见》（国发〔2013〕35号），则在更大的范围（全国）和更高层（国务院）不断推出新的政策措施，这些政策出台表明了老龄产业不断深入推进和发展。

二是从政策框架看，基本的政策体系已初步形成。我国从2000年开始陆续出台了20项老龄产业财政政策，先有《国务院办公厅关于印发社会养老服务体系建设规划（2011—2015年）的通知》（国办发〔2011〕60号）的一些规定，后有《国务院关于加快发展养老服务业的若干意见》（国发〔2013〕35号）、《国务院关于促进健康服务业发展的若干意见》（国发〔2013〕40号）、《关于做好政府购买养老服务工作的通知》（财社〔2014〕105号）等具体的政策的落实和相关对应的负责单位。从某种意义上来看，老龄产业财政政策的创制基本完成，以财政投入、税收优惠、收费减免、政府购买服务政策等关键政策为主，相关的一些政策为辅的一整套的政策体系已经初步形成。当然，政策体系还是初步的，还停留在初级阶段，从发展的趋势看，还需要进一步深化完善。

三是从政策手段看，具有多样性的特点。由于老龄产业具有多维度的发展目标，增加了政策的难度，因此仅靠一两项政策，老龄产业的目标比较难实现。因此，我国在老龄产业政策制定时，就根据调控目的和要求，采用了不同的政策手段。既有公建民营、民办公助、政府补贴等多种投资运营方式，也有财政预算安排基建投资、专项补助投资、专项资金和产业引导基金、福利彩票和体育彩票公益金的投入，还有补助投资、贷款贴息、运营补贴等，更有增值税、营业税、企业所得税、房产税、耕地占用税、车船使用税税收优惠政策以及有关行政事业性收费的减免，再加上政府购买服务、政府和社会资本合作（PPP）的投融资模式、地方政府发行债券的支持，我国支持老龄产业发展的财政政策手段可谓形式多样。

（二）老龄产业财政政策存在的主要问题

1. 政策体系不完善，仅有的相关政策局限于老龄服务业，缺乏对老龄用品业、老龄金融业、老龄房地产业和老龄再就业的相关财政政策支持

目前，我国老龄产业财政政策集中体现在老龄服务业，老龄用品业、老龄金融业、老龄房地产业和老龄再就业的相关财政支持政策比较缺乏。目前，除了以前民政部和国务院最近新出台的扶持部分康复辅具（主要还是面对残疾人的）生产外，其他老龄用品生产还没有纳入政府扶持的视野范围。而对于老龄金融业、老龄房地产业和老龄再就业的相关财政支持政策则几乎是空白。

2. 政策多是原则性规定，缺少具体配套的措施，可操作性不强

近年来，我国已经出台了一系列促进老龄产业发展的政策文件，但是这些政策多是一些原则性的要求，缺少具体配套的措施，在落实和实际操作层面存在很多问题。如《国务院办公厅关于印发社会养老服务体系建设规划（2011—2015年）的通知》提出的"公办养老机构保障所需经费，应列入财政预算并建立动态保障机制"，"积极探索采取直接补助或贴息的方式，支持民间资本投资建设专业化的养老服务设施"等要求，均是一些原则性要求，在具体操作和落实中遇到了困难。

3. 政府财政投入不足，且存在重硬件建设、轻软件建设现象，财政资金"四两拨千斤"引导作用也未得到充分发挥

与现实需求相比较，我国政府财政对老龄产业的扶持力度不够，还存在一定的差距，扶持结构也不合理，目前"重硬件建设、轻软件建设"的现象比较严重，而且对养老服务专业人才培养的重视不足。此外，财政资金引导社会资本进入老龄产业的作用也未得到充分发挥。

4. 税收优惠环节单一，覆盖面狭窄，相关税收政策待加强

我国当前的税收优惠主要集中于养老服务机构的生产与经营环节，缺乏老龄用品产业的筹资、投资、生产环节等方面财政扶持政策。而且原有的一些与养老服务机构直接相关的税收优惠政策，由于税制改革而失效，但新的鼓励政策没有及时出台，出现政策真空地带。此外，现行个人所得税中尚缺乏赡养费用的税前扣除规定，亟待尽快改革完善。

5. 相关收费政策有待进一步清理和规范

我国行政事业性收费源于改革开放后各级政府的财政支出日益增大，由于预算内收入无法满足改革建设支出的需要，迫使政府增设预算收入项目，允许行政事业单位积极创收。不可否认，行政事业性收费对于我国经济社会发展起到了积极的促进作用，解决和缓解了一定时期我国经济建设和政府财力不足的问题。但我国行政性收费存在着"费多、费乱、费重"等严重的问题。近年来，政府对行政事业性收费连续出台了一系列的管理和改革举措，先后取消了一大批行政事业性收费项目，降低了许多项目的收费标准，力求最大限度、最大范围减轻企业和居民负担，但收费项目庞杂，收费主体混乱，重复收费，乱收费现象屡禁不止等问题依然存在，严重影响企业健康发展，老龄产业也在所难免。

6. 政府购买养老服务相关政策不完善

我国政府购买养老服务政策尚处在摸索阶段，要达到规范化、科学化的实施效果还有很大的距离，对于政府购买养老服务的流程、购买的具体内容、养老服务的对象以及服务标准等缺乏相关的政策规定。

三、促进老龄产业发展的财政政策建议

中国面临老龄化社会快速推进，如何实现老龄化与经济增长的互融，就是开发和利用老龄化资源，加强面向老年人群的商品与服务供给，充分发展老龄产业。

1. **充分认识发展老龄产业的重要性**

人口老龄化将是影响中国 21 世纪前 50 年最为突出的社会问题。我国还是一个中等收入国家，人口老龄化是制约中国步入发达国家行列的最关键因素，如果能找到应对人口老龄化与经济增长成本最低的路径，那么就可为中国进入发达国家行列赢得时间。我们认为，发展老龄产业是在人口老龄化提高条件下促进经济发展的最佳路径。随着人口老龄化的提高，老年群体日益增大，他们的生活和消费成为拉动经济增长的重要力量，而为老人建立的社会化服务体系构成社会发展的重要内容，两者构成老龄产业和老龄事业的主体。发展老龄产业意味着既能促进经济发展，又能提高老年人社会化服务质量，是一举多得的好事；也是利用人口老龄化积极因素服务于经济社会发展大局的明智选择。

2. **按照老龄产业的公共产品属性分别使用不同的财政政策加以支持**

如何发展老龄产业，政府怎样支持老龄产业发展，这是人口老龄化日益提高的条件下各级政府必须思考的问题。总体上讲，老龄产业是未来几十年应对人口老龄化挑战和推动经济增长不可或缺的产业，政府主要根据老龄产业的公共产品属性和成长周期决定政策支持的程度。一般而言，属于纯公共产品类的老龄产业（事业），主要由各级政府财政配置资源，包括政府老年服务政策与执行机构运转、老年公益设施、社区老年服务设施、孤寡和失能老人照顾、贫困老人的生活救助等领域。大多数老龄产业领域都属于准公共产品领域，比如，面向中低收入阶层的养老机构服务、老年医疗、老年法律援助、老年精神生活服务、失能失智老人的长期护理、老年病医院、社区托老所、临终关怀、老年丧葬用品等领域。对于这类老龄产业一方面政府给予适当政策支持和资金补贴，引导社会资金从事这些老龄产业的经营；另一方面采取公私合营办法和多种融资手段，吸引社会资本进入老龄产业领域，通过基础设施建设补贴和经营收费补贴等形式支持这类老龄产业发展。对于属于私人产品的老龄产业领域，则根据产品周期在产品研发阶段和生产初期给予一定的税收优惠，其他阶段均应发挥市场调节的作用，由从事养老服务经营者自主决策和自主经营，风险自担。

3. **把属于准公共产品范围的养老服务业作为财政政策支持重点**

有人把老龄产业分为老龄用品业、老龄金融业、养老服务业、老龄房地产业、老龄再就业五大业态，其中直接与老年人养老紧密相关的就是养老服务业，其他四大类都是为养老服务业提供配套的产业，在老龄产业中居于主导地位。而养老服务业大多为需要政府财政支持的准公共产品，也是财政政策支持的重点。同样，养老服务业也要区分公共产品、准公共产品、私人产品范围，在养老服务业中，部分产品属于纯粹公共产品，比如，政府政策、规划制订和执行部门，中低收入人群公立养老机构的建设、贫困老人社会救助、老年公益设施、养老服务产品的技术研发等，均需政府财政投入，并保持一定的增长幅度。对准公共产品类的养老服务项目，可以采取多种形式给予支持：在经营形式上，可以采取公建民营形式，即政府出资建设养老机构或养老服务设施，出租或承包给符合经营资质的民间资本，政府仅收取租金或分红，经营管理权交给民营资本，政府对养老服务的收费标准和服务内容进行适当监管；也可采取政府与民间资本共同出资形式，建设养老机构或其他养老服务设施，共同组建股份公司管理养老服务机构，双方按入股比例互派公司管理人员管理养老服务机构，并按入股比例分红经营利润，政府监管其服务收费标准和服务的内容。少量养老服务设施可以采取私建公营，即由民间资本出资建设，由政府购买政府经营，或政府购买再出租给民营资本经营。但是，上述养老服务项目都是建立在政府提供财政补贴和税收优惠的基础上，否则养老服务项目多数是亏损项目，民营资本难有积极性进入这一领域。还有些养老服务项目可采取政府购买服务的方式向保障对象提供，比如，向困难家庭老人和孤寡老人提供的精神慰藉服务、法律援助服务以及对失能失智老人提供的护理服务等。对于属于私人产品领域的养老服务项目，则与其他老龄产业一样适当给予税收优惠扶持其发展，主要依靠市场竞争促进自我发展。只有发展养老服务业，才能更好满足老年人的养老服务需求，才能带动其他相关老龄产业的更快发展。

4. 运用税收优惠政策和财政补贴政策支持属于私人产品范畴的老龄用品业、老龄金融业、老龄房地产业和老龄再就业

老龄化社会老年人就是弱势群体，面向老年人群的老龄产业虽然多数属于私人产品，但由于其正外部性而应该得到政府财政和其他经济政策的支持。尽管这种支持是根据不同时期老年人群的需求变化做出的。一是财政投资贴息政策，引导银行资金和企业资金投向老龄产业。仅靠有限的政府财政资金推动老龄产业发展只是杯水车薪，发挥财政资金对银行资金与企业资金的引导作用，采取财政贴息的方式无疑是最佳选择。而财政贴息可以根据老龄产业的外部性和营利性制定高低不同的贴息办法，区别对待，发挥财政贴息的最大效应。二是财政价格补贴支持老龄产业发展。老龄产业面向的消费者是老年人，是社会弱势人群，他们缺乏劳动能力，收入只能依靠养老金收入，客观上要求销售给

老年人群的商品和劳务必须保持价格较低和稳定，势必影响提供商品和劳务的生产者经营积极性，政府给予老龄产业和产品一定的价格补贴，使提供老龄产业和产品的经营者有利可图，保障对老年人群的商品和劳务供应。同样需要对老龄产业的市场供应情况做较多调查和了解，根据产品供求情况及消费者的反映，制定和调整不同老龄产业与产品的价格补贴标准。三是税收优惠政策支持老龄产业发展。增值税优惠，凡是从事老龄产业经营的企业和个人应允许按最低一档税率缴纳增值税。所得税优惠，应允许企业或个人对养老院、敬老院、托老所及困难老人捐助的资金，在所得税缴纳前从税基中扣除；对从事老龄产业经营企业减按10%~15%的税率缴纳企业所得税。可以对不同老龄产业和产品规定不同的所得税优惠税率。鼓励民间资本和其他社会资金从事老龄产业经营。

5. 加大对老龄产业的财政投入和政策支持力度，加快老龄产业发展

当前我国老龄产业仍处于培养和形成阶段，而且老年人养老消费市场因为种种因素不太景气，消费热点不明显，有些养老服务产业发展出现了一定的盲目性。如何加强产业指导，加大对老龄产业的财政投入和政策支持，更好应对老龄化挑战。一是分清轻重缓急，区别对待，选择老龄产业发展重点予以支持。老龄产业涉及几十个产业和数以千计的产品，有的是商品，有的是服务，究竟先发展什么，后发展什么，主要根据老年人的收入水平与消费需求确定，财政政策选择不同时期老龄产业发展重点加以支持，满足老年人群对老龄产业的需求。二是调整财政支出结构，逐步提高老龄产业财政支出所占比重。老龄产业是随着老龄化提高出现的新兴产业，各级政府财政应根据当地实际情况确定财政政策支持的重点。尽管财政收入增长受到经济增长下滑的影响而下滑，但是各级财政应努力调整财政支出结构，从各类支出中通过"调存量、挤增量"，逐步扩大对老龄产业支持的支出规模，提高在支出中所占比重，通过投资贴息、财政补贴、税收优惠促进老龄产业发展。三是国债和地方债适度向老龄产业倾斜。老龄产业多数属于准公共产品和私人产品，就是私人产品也具有明显正外部性，适合国债和地方债资金投入，对于具有明显投资效益和可收费的老龄产业，可以纳入国债或地方债项目，解决老龄产业发展资金短缺问题，还能引导社会资本投向老龄产业，加快老龄产业发展。

6. 特别注重财政政策与产业政策、金融政策、土地政策、工商政策配套，促进老龄产业发展

国家产业政策应将老龄产业纳入国家重点产业和新兴产业，并对老龄产业

发展阶段和重点做出指导。金融政策要配合产业政策要求，对不同时期老龄产业的发展重点从信贷规模、贷款利率、期限结构、偿还方式等方面提出指导意见，商业银行根据市场需求和金融政策要求扩大对老龄产业的信贷支持。信贷资金是老龄产业发展的主力资金，应发挥主力作用。土地和工商政策从土地审批、土地出让金优惠等方面支持老龄产业发展；工商政策主要从资质审定、资金到位、经营许可、经营内容等方面加大支持力度和监管，确保老龄产业健康发展。上述经济政策要形成合力，相互配套，相互协调，共同促进老龄产业发展，既满足老年人群的养老服务需求，又成为经济增长新的动力和亮点。

（原文发表于 2016 年第 12 期《财政科学》。王敏，中国财政科学研究院社会发展研究中心研究员，研究方向为财政与社会保障；孟艳，中国财政科学研究院原研究员，研究方向为财政与金融问题）

应对人口老龄化挑战的财政政策研究

——从生育政策视角

一个国家生育政策对人口增长有重大影响。人是社会发展的主要力量，劳动力是生产力最活跃的因素，人口的增长与经济社会发展保持一定的比例关系，是一个国家和一个地方保持良性协调的最重要关系。我国是 14 亿人口的大国，分析人口生育政策对我国人口老龄化的影响，对促进未来我国人口与经济的协调发展具有非常重要的意义。

一、生育政策的内涵与人口老龄化的关系

生育政策是指由国家制定或在国家指导下制定的规范育龄夫妇生育行为的政府或部门行政法规。我国现行的生育政策已经从过去一对夫妇只生一个孩子，允许夫妇一方是少数民族的或双方都是独生子女的生育两个孩子，变成了现在的一对夫妇可以生育两个孩子，即"全面二孩"政策。按照生命周期理论，如果生育政策导致的生育率上升与人口老龄化率上升同时出现，可以缓解人口老龄化状况；如果生育率下降与人口老龄化率上升并存，就会形成少子老龄化问题，加剧老龄化状况。新生婴儿经过一定生命周期后接受培养教育成为较高素质的劳动力，可能提高适龄劳动人口占总人口比例，适度降低老龄化率，为日益增加的老年人群提供越来越多的具备赡养能力的劳动力。可以说在一定程度上，生育率的提高可以减缓老龄化上升幅度，为应对人口老龄化挑战提供更多的适龄劳动力。生育政策的制定就是通过调节人口在不同年龄阶段的分布，达到不同年龄人口之间的均衡，促进人口均衡发展，达成人口总量、人口结构与经济发展水平的协调。

二、70 年我国人口总量的变化：人口生育政策对人口总量影响历史溯源

2020 年我国大陆人口 14.1 亿人，如此巨大的人口规模，与中华人民共和国

成立以来不同时期奉行不同的人口生育政策密切相关。

中华人民共和国成立初期,1949—1954 年,国家虽然没有提出明确的生育政策,但有关部门颁布的限制打胎、节育及人工流产等规定,在理论和实践上执行着一条不成文的鼓励人口增长的政策。这一时期,国家为了医治战争创伤,全面恢复和发展国民经济,需要越来越多的劳动力投入到经济建设中去,但是八年抗日战争和四年解放战争,牺牲和被战争夺去的生命难以估计,经济恢复却受到劳动力缺少的制约。刚刚步入经济恢复时期,又迎来抗美援朝战争,又要投入大量军力去朝鲜参加战斗,适龄劳动人口的缺乏,成为当时国家"两手抓"面临的突出矛盾。为了补充国家经济建设和抗美援朝面临的劳动力与兵员的短缺,需要放开生育限制,适当多生育。1950 年 4 月中央人民政府原卫生部、人民革命军事委员会卫生部联合发布的《机关部队妇女干部打胎限制的办法》以及 1952 年 12 月原卫生部制定的、经中央人民政府政务院文化教育委员会同意实施的《限制节育及人工流产暂行办法(草案)》,以保障妇女生育安全和保护母亲和婴儿的健康为前提原则,明令禁止非法打胎,并对妇女打胎、节育及人工流产做出了非常详细的限制性规定。1953 年 6 月 30 日,我国进行了中华人民共和国成立以来第一次全国性的人口普查。普查结果表明,中国人口为 5.8 亿多。据统计,1955 年我国总人口 61465 万人,比 1950 年净增 6269 万人,年均增长 2.17%。庞大而激增的人口与自然资源、环境资源、社会资源等形成了尖锐的矛盾。

1955—1960 年,限制性人口政策实施与计划生育政策酝酿。1955 年我国人口突破 6 亿大关,政府领导人也感受到了人口增长过快带来的挑战和压力。周恩来、邓小平等纷纷表示担忧和提出要节育。1954 年 12 月,刘少奇主持召开了节育工作座谈会,并明确宣布"现在我们要肯定一点,党是赞成节育的"。1957年 10 月 13 日,毛泽东说:"计划生育也有希望搞好。……要几年试点,几年推广,几年普及。"[①] 与此同时,一些学界的有识之士,如马寅初等,也主张控制人口的数量,提高人口的质量。1955 年,原卫生部提出"在中国今天的历史条件下,是应当提倡节制生育的"。同年 3 月,党中央批转原卫生部党组关于生育问题的报告。但是,1957 年反右派斗争中止了节制生育政策的实施,马寅初的"新人口论"在反右派斗争中被贴上"马尔萨斯主义"的标签,被诬蔑为"假学术为名,向党向社会主义进攻",就连一些同意"新人口论"观点的人都被打

---

① 毛泽东选集第 5 卷 [M].北京:人民出版社,1977:494.

成了右派分子。人口政策的落实工作一时陷于中断。总体上这一时期我国生育水平得到基本控制，1960年我国总人口66207万人，仅比1955年增加4742万人，年均增长1.5%。

1960—1966年，总人口增长反弹，计划生育政策再次提上议程。"三年困难"时期受马寅初"新人口论"遇到批判的影响，虽然人口一度下降，但"三年困难"时期过后，中国人口以更快的速度增长。1962、1963、1964年，我国人口分别增加1436万、1877万、1327万人。面对居高不下的人口自然增长率及人口与粮食的尖锐矛盾，1962年2月，周恩来首先提出了要"节制生育"。他说："在人口多的城市，在人口密的地区，应该提倡节制生育、计划生育。"①1962年12月，党中央和国务院发出了《关于认真提倡计划生育的指示》，认为："在城市和人口稠密的农村提倡节制生育，适当控制人口自然增长率，使生育问题由毫无计划的状态逐渐走向有计划的状态，这是我国社会主义建设中既定的政策。"②1963年至"文革"之前，毛泽东、周恩来等党和国家领导人多次对节制生育问题做出指示，1965年8月，毛泽东对原卫生部负责人说："你们开展农村卫生工作后，要搞节制生育。"③1963年10月，原卫生部对不利于节制生育的职工生活福利、劳动保险、公费医疗等规定进行了修改：职工做节育和结扎手术，一律免费，并且给以短期休养时间，工资照发。尽管我国人口规模在"三年困难"时期出现下降，但1961—1964年人口规模出现大幅反弹，促使党中央提出了计划生育政策的构想，1965年我国人口总数突破7亿，达到72538万人，人口净增6331万人，年均增长1.84%。

1965—1970年，由于"文革"影响，计划生育政策执行被迫中止，人口增长出现急速上升。"文革"开始后，实施节制生育工作的社会政治环境已不复存在，计划生育实际工作已陷于瘫痪状态。1968年8月，计划生育组织机构被撤销，有关计划生育工作由原卫生部军管会业务组领导。我国人口处于盲目发展的状态。1966—1970年，每年出生人口在2500万到2700万之间，全国净增人口超过1亿。1969年，我国人口总量突破8亿，1970年达到82992万人，年均增长2.73%，是中华人民共和国成立以来人口增长最快的时期。

---

① 周恩来经济文选 [M]．北京：中央文献出版社，1993：445．
② 《中共中央、国务院关于认真提倡计划生育的指示》，中发〔1962〕698号。
③ 杨魁孚，梁济民，张凡．中国人口与计划生育大事要览 [M]．北京：中国人口出版社，2001：38．

　　1970—1980 年，"一对夫妇最多生育两个孩子"计划生育政策得以实施并不断完善。"文革"初期，不仅经济建设被迫停滞，人口增长失控加剧了人民生活的困难。1970 年 2 月，周恩来在全国计划工作会议上强调："现在人口多，七十年代人口要注意计划生育。"翌年 8 月，他再次强调："人口增长要和国民经济的发展相适应。……农村也要实行计划生育。"① 1975 年 2 月，毛泽东在国家计委《关于 1975 年国民经济计划的报告》上做了"人口非控制不行"的批示。根据毛泽东、周恩来等中央领导人对计划生育工作的指示，1971 年，国家计委把人口发展正式纳入第四个五年国民经济发展计划中。国务院第一次明确地提出了计划生育工作的具体指标："在第四个五年计划期内，使人口自然增长率逐年降低，力争到 1975 年，一般城市降到 10‰左右，农村降到 15‰以下。"② 1972 年，原卫生部提出了"晚、稀、少"人口政策内容的最初设想："关于晚婚年龄，提倡在农村女 23 岁、男 25 岁、城市女 25 岁、男 27 岁或 28 岁。关于一对夫妇生几个孩子、每个孩子间隔几年问题，如果自然增长率保持 10‰的水平，就是平均每对夫妇有两个小孩，从母亲和孩子的健康来讲，间隔 4～5 年为好。"1978 年 6 月，国务院计划生育领导小组会议进一步明确了"晚、稀、少"方针的内涵：晚婚年龄，农村提倡女 23 周岁，男 25 周岁结婚，城市略高于农村，提倡一对夫妇生育子女数最好一个最多两个，生育间隔 3 年以上；会议还提出了一对夫妇生育子女数"最好一个、最多两个"的新要求。至此，我国已形成了明确而全面的人口政策和计划生育的具体政策。1980 年，全国总人口已达 98705 万人，比 1970 年增加 15713 万人，年均增长 1.75%。比 1965—1970 年年均下降将近 1 个百分点。

　　1980—1990 年，"一对夫妇只生一个孩子"的计划生育政策进一步完善。1980 年 9 月，国务院提出，在今后二三十年内，必须在人口问题上采取一个坚决的措施，就是除了在人口稀少的少数民族地区以外，要普遍提倡一对夫妇只生育一个孩子，以便把人口增长率尽快控制住，争取全国总人口在 20 世纪末不超过 12 亿。1982 年 2 月，党中央、国务院在联合下发的《关于进一步做好计划生育工作的指示》中明确提出，"计划生育工作要继续提倡晚婚、晚育、少生、

① 杨魁孚，梁济民，张凡. 中国人口与计划生育大事要览［M］. 北京：中国人口出版社，2001：42-45.
② 《国务院转发卫生部军管会、商业部、燃料化学工业部关于做好计划生育工作的报告》，国发〔1971〕51 号。

优生。具体要求是：国家干部和职工、城镇居民，除特殊情况经过批准者外，一对夫妇只生育一个孩子。农村普遍提倡一对夫妇只生育一个孩子，某些群众确有实际困难要求生二胎的，经过审批可以有计划地安排"。1984 年中央决定"开小口、堵大口"，在农村地区逐步实行第一胎生女孩的夫妇允许再生第二胎，城市和城郊除特殊情况经过批准外一对夫妇只生育一个孩子的政策。1990 年全国总人口达 114333 万人，比 1980 年尽增 15628 万人，增长 15.83%，年均增长 1.48%，比 1975—1980 年再下降 0.27 个百分点。计划生育政策取得明显成效。

1991—2013 年，我国计划生育政策稳定发展。由于人口基数较大且增速仍然较大，1991 年 5 月，党中央、国务院发出了《关于加强计划生育工作严格控制人口增长的决定》，要求在一定时期内必须坚决贯彻落实现行人口政策不动摇。2001 年 12 月出台的《人口与计划生育法》再次明确提出"国家稳定现行人口政策"。《人口与计划生育法》及一系列法律法规的颁布，标志着国家通过法律的形式，确立了计划生育基本国策的法律地位，结束了人口与计划生育法工作长期以来主要依靠政策和地方法规调整的局面。2013 年全国人口达到 136072 万人，比 1990 年增长 19.01%，年均增长 1.35%。

2013 年以来，我国人口政策做了两次大的调整。2000 年以来，我国开始步入老龄化社会，而且人口老龄化发展十分迅速，60 岁以上人口占总人口比例从 10% 上升到 2012 年的 14.3%，特别是人口自然增长率 1997 年以来步入 10‰ 以下增长，2004 年以来滑入 6‰ 以下增长。为了有效应对老龄化率上升和人口自然增长率的大幅下滑，2013 年 11 月 12 日，党的十八届三中全会提出：坚持计划生育的基本国策，启动实施一方是独生子女的夫妇可生育两个孩子的政策，逐步调整完善生育政策，促进人口长期均衡发展。这一政策的实施，是 30 多年来我国计划生育政策的首次重大调整。2015 年 10 月，党的十八届五中全会提出：全面实施一对夫妇可生育两个孩子的政策。12 月 27 日，全国人大常委会表决通过了《人口与计划生育法修正案》，"全面二孩"政策从 2016 年 1 月 1 日起实施。

可见，我国今天总人口达到 14.1 亿规模和人口老龄化率 17.3% 就是过去 70 多年我国人口生育政策和人口生育增长的结果。20 世纪 50 年代初期、60 年代初期、60 年代后期 3 个生育高峰，是我国人口规模扩张和基数庞大的基本原因，1970 年以来计划生育政策推行是我国人口增速得到有效控制和目前人口老龄化快速增长的重要政策原因。

三、人口自然增长率对人口老龄化率影响的实证分析

（一）研究背景

人口老龄化主要是指总人口中老龄人口所占比重，呈持续增长的趋势。要想测度人口老龄化程度就需要先了解老龄人口的定义：国际上把 65 岁以上人口占总人口的比重达到 7%作为国家或地区进入老龄化社会的标准。

人口老龄化有两个重要的因素：一是生活水平、医疗卫生条件提高带来的人口预期寿命的延长；二是政策、生育意愿等因素导致的生育水平的下降。中国的人口老龄化同样主要源自这两个因素。因此，能够衡量老龄化的主要指标有 3 个：（1）老年人口比重。老年人口比重直接反映人口老龄化程度，是在有关人口老龄化指标中使用最广泛的指标。老年人口比重，又称老年系数，指 65 岁以上人口占总人口的比重，通常用百分比表示。人口老龄化的水平，通常用老年人口比重来衡量。（2）老化系数。老化系数是在分析人口老龄化时经常使用的另一个指标。老化系数，又称人口老年化系数或者老年儿童比率，是指老年人口占少年儿童人口的比重，以百分比表示。（3）抚养比。老年人口抚养比是指老年人口占劳动年龄人口的比例，即每 100 名劳动年龄人口所负担的老年人口数。研究人口老龄化时，老年人口抚养比是一个常用和重要的分析指标。

人口自然增长率是我国人口出生率减去死亡率的净值。除出生率和死亡率对自然增长率产生直接影响外，经济发展、生育政策和社会文化因素会对人口自然增长率产生间接影响。经济发展会影响到人们的收入，从而影响到人们的生育意愿，引发人口出生率的变化。同时，经济的发展也会促进医疗卫生条件的改善，降低人口死亡率，延长平均预期寿命，进而影响人口自然增长率变动。生育政策能够直接导致人口自然增长率的变化，我国的人口自然增长率在 1965 至 1970 年的 5 年间下降了不到 1‰，而 1970 至 1975 的 5 年间下降了超过 10‰。社会文化因素也能导致自然增长率变动，随着受教育程度的提高，人们的观念也逐渐改变，更注重孩子的质量而不是孩子的数量。人们平均初婚年龄和平均初育年龄的推迟不仅是受到计划生育政策的影响，受到教育年限的延长、生活压力等因素的影响同样不可忽视。

老龄人口比重和人口自然增长率之间的关系是复杂的。社会老龄化对生育意愿的影响可以分为促进作用和阻碍作用两方面。老年人口比重的提高一方面能够通过家庭收入的增长和社会生育规劝提高家庭生育意愿。老年人的退休收

入首先能够满足个人的饮食，其次还能够作为家庭收入的一部分，增加整个家庭的收入。我国目前适龄生育的夫妻在农村多是和父母同住，在城市即使不同住也有共同的账户一同分配家庭收入。另外，老年人传统观念中的多子多福会转变成对于新婚夫妻的规劝，生育小孩或是二胎。因此老年人口比重的提高一方面能够通过家庭收入的增长和生育规劝的方式提高人口自然增长率；另一方面，老年人口比重的提高会因为家庭支出的增长而产生阻碍作用。我国老年人时间相比发达国家更长，失能老年医疗支出费用巨大，因此家庭经济收入的入不敷出会导致生育意愿的降低。

（二）实证分析

1. 数据来源

本文采用向量自回归（VAR）模型，收集 2001—2017 年的人口自然增长率与老年人口比重作为衡量社会生育意愿和社会老龄化的两个指标。

表 14 变量描述性统计

变量	均值	标准差	最小值	最大值
我国人口总数	133395.80	3501.47	127627	139008
出生率	12.33‰	0.40	11.90‰	13.38‰
死亡率	6.80‰	0.31	6.40‰	7.16‰
自然增长率	5.44‰	0.623599	4.79‰	6.95‰
老龄人口数	34350.63	39473.31	11863.01	107303
老年人口比重	9.35‰	1.01	7.50‰	11.40‰

以上所有数据源于《中国统计年鉴》。

2. 探究自然增长率与人口老龄化比重的变化趋势

（1）变化趋势

我国的自然增长率与老龄人口比重如表 15 所示。

表 15 2001—2017 年我国人口数据及老年人口数据

年份	全国人口总数（万人）	出生率（‰）	死亡率（‰）	人口自然增长率（‰）	老年人口数（万人）	老年人口比重（‰）
2001	127627	13.38	6.43	6.95	95627	7.5
2002	128453	12.86	6.41	6.45	102767	8.0

年份	全国人口总数（万人）	出生率（‰）	死亡率（‰）	人口自然增长率（‰）	老年人口数（万人）	老年人口比重（‰）
2003	129227	12.41	6.4	6.01	107246	8.3
2004	129988	12.29	6.42	5.87	107303	8.3
2005	130756	12.4	6.51	5.89	11863.01	9.1
2006	131448	12.09	6.81	5.28	12089.99	9.2
2007	132129	12.1	6.93	5.17	12361.28	9.4
2008	132802	12.14	7.06	5.08	12667.29	9.5
2009	133474	12.13	7.08	5.05	12969.36	9.7
2010	134091	11.9	7.11	4.79	11883.17	8.9
2011	134735	11.93	7.14	4.79	12299.35	9.1
2012	135404	12.1	7.15	4.95	12726.0	9.4
2013	136072	12.08	7.16	4.92	13171.37	9.7
2014	136782	12.37	7.16	5.21	13767.1	10.1
2015	137462	12.07	7.11	4.96	14386.29	10.5
2016	138271	12.95	7.09	5.86	15002.04	10.8
2017	139008	12.43	7.11	5.32	15831.13	11.4

数据来源：2019 年《中国统计年鉴》。

从表 15 中我们可以看出，2001—2017 年我国的人口自然增长率先减后增，从 6‰下降到 5‰左右，而老年人口比重从趋势上看迅速上升，除 2010 年有小幅下降外，老年人口比重逐步突破 11‰的大关。

人口自然增长率为出生率与死亡率的差值，从表 15 中得知我国出生率和人口自然增长率几乎为同趋势变动，也经历了先减后增的过程，而死亡率稳定在 7‰左右。2000—2020 年人口自然增长率、死亡率与出生率折线图见图 2。老年人口比重为老年人口占全国总人口的份额，全国总人口与我国老年人口同步增长，但由于老年人口涨幅更快，因此我国老年人口比重不断上升。

（2）分段估计自然增长率与老年人口比重变化趋势

为了使趋势描述更加准确，本文通过 Python 编程时间序列分段算法，通过多次模拟估计时间序列的断点，并且拟合分段函数。时间序列分段算法通过捕捉时序数据中的转折点，来发现时间序列数据的趋势变化。

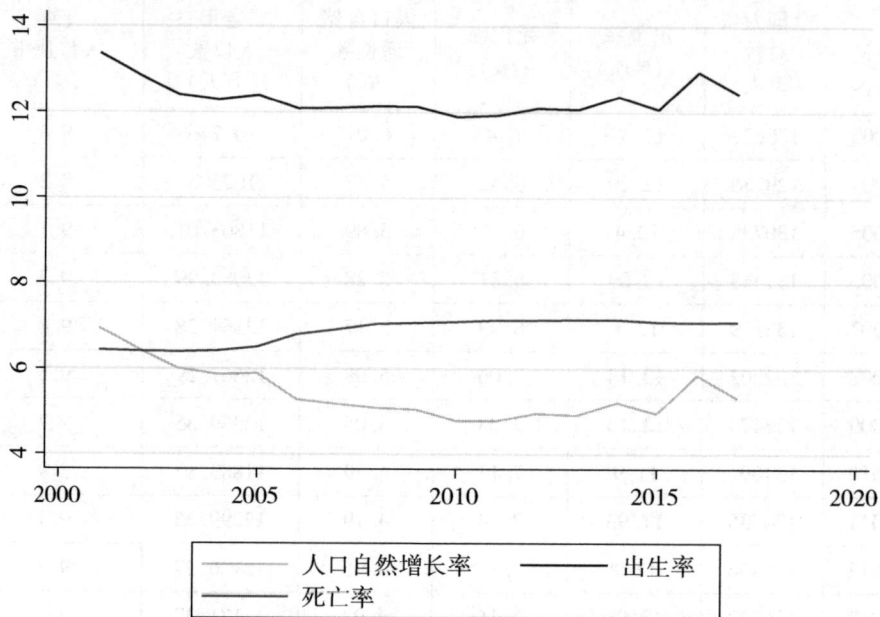

图2 人口自然增长率、死亡率与出生率折线图

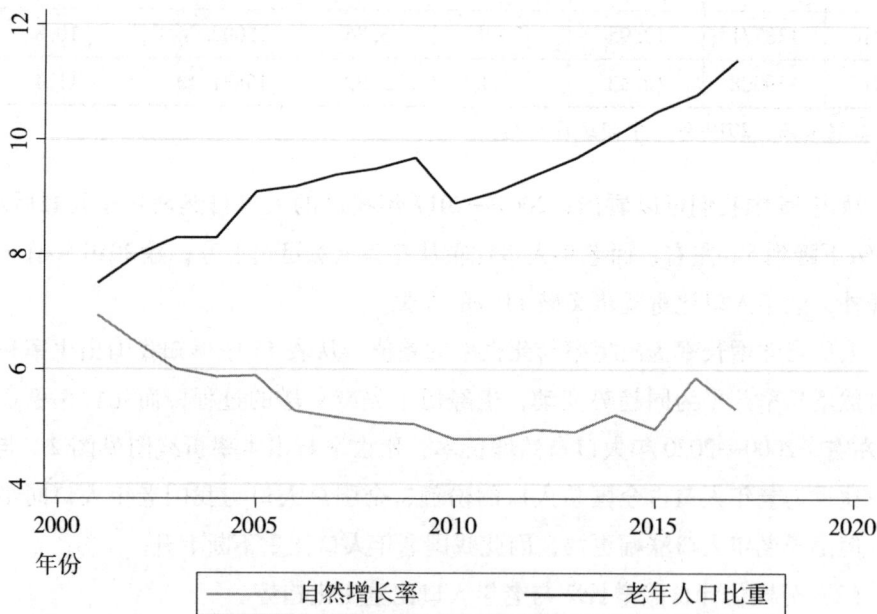

图3 时间序列分段算法检测转折点

图 3 中上面的曲线代表老年人口比重，下面的曲线代表自然增长率。深色的折线代表对老年人口比重的分段拟合，而浅色的折现代表对自然增长率的分段拟合。

从图 3 中我们可以看出，自然增长率的变化趋势为先减后增后波动。2009 年前，自然增长率逐步递减，2009—2014 年间自然增长率回升。2014—2017 年这一阶段内分段拟合的结果为波动。

老年人口比重的趋势变化为 2001—2006 年逐步上升，2006—2012 年经历了先快速增长后减少再快速增长的过程，2012 年后老年人口比重增速不断加快，保持了快速增长的态势。

3. 探究自然增长率与老年人口比重之间的关系

（1）VAR 模型简介

向量自回归（Vector Auto-Regression，简称 VAR）模型是 20 世纪 80 年代出现的一种新型计量经济学建模技术，它是从数据出发建立的一组相互联系的方程，避免了单方程计量经济模型不能描述变量之间相互影响关系的缺陷，因此它通常用于研究相互联系的时间序列变量的动态变化规律。

最一般的不含外生变量的 VAR（p）模型的数学形式如下：

$$Y_t = \alpha + \phi_1 Y_{t-1} + \phi_2 Y_{t-2} + \cdots + \phi_p Y_{t-p} + \varepsilon_t \tag{1}$$

在式（1）中，Y_t 是 m 维变量序列；φ_i（i=1，…，p）是待估的参数矩阵，ε_t 为随机扰动项，p 为最大滞后期。VAR 模型要求序列是平稳的，如果序列不平稳，不能直接建立，可以运用差分平稳的序列建立 VAR 模型。

因此本文拟建立的 VAR 模型为：

$$
\begin{bmatrix} old\ ratio_t \\ natural\ growth\ rate_t \end{bmatrix}
= \alpha_0 + A_1 \begin{bmatrix} old\ ratio_{t-1} \\ natural\ growth\ rate_{t-1} \end{bmatrix} + \cdots + A_k \begin{bmatrix} old\ ratio_{t-k} \\ natural\ growth\ rate_{t-k} \end{bmatrix} + \begin{bmatrix} \varepsilon_{1,t} \\ \varepsilon_{2,t} \end{bmatrix} \tag{2}
$$

（2）平稳性检验

为了避免所采用的时间序列数据不平稳而出现"伪回归问题"，在构建 VAR 模型之前需要对各时间序列的数据进行平稳性检验。本文采用 ADF 单位根检验法对原时间序列即水平序列的数据进行平稳性检验，检验结果见表 16。

表16 水平序列的 ADF 检验结果

变量	检验类型	ADF检验值	1%水平下的临界值	5%水平下的临界值	10%水平下的临界值	结论
老年人口比重	(C, T, P)	-0.374	-3.75	-3	-2.63	不平稳
人口自然增长率	(C, T, P)	-2.98	-3.75	-3	-2.63	平稳

注：检验类型中的 C，T，P 分别表示单位根平稳性检验中的常数项、时间趋势项和滞后阶数。

从表16中可以看出，老年人口比重不论在何种显著性水平下均没有通过检验，也就是说原水平序列是不平稳的。而人口自然增长率在10%的显著性水平上平稳，对于5%和1%的更高要求的显著性水平下仍未能通过单位根检验。因此，我们需要对水平序列进行一阶差分处理后再对差分序列进行 ADF 单位根检验，检验结果如表17所示。

表17 一阶差分序列的 ADF 检验结果

变量	检验类型	ADF检验值	1%水平下的临界值	5%水平下的临界值	10%水平下的临界值	结论
老年人口比重	(C, N, P)	-3.641	-3.75	-3	-2.63	平稳
人口自然增长率	(C, N, P)	-4.794	-3.75	-3	-2.63	平稳

如表17所示，经过一阶差分处理的变量都通过了 ADF 检验，其中一阶差分的老年人口比重在5%的显著性水平下通过了单位根检验，而一阶差分的人口自然增长率在1%的水平下显著。因此，原水平序列是一阶单整的，符合建立 VAR 模型的条件，可以在差分序列的基础上建立 VAR 模型。

（3）VAR 模型的建立及稳定性检验

在建立 VAR 模型之前，确定最优滞后期 p 是非常重要的。因为如果最优滞后期取值不当会直接影响模型的准确性和计量的效果。对滞后阶数的选择有多种判断准则，其中包括 LR 统计量、赤池信息准则 AIC 以及施瓦茨准则 SBIC 等。一般的判断准则是 ACI 或 SBIC 值越小原则。本文采用 State 14 软件来确定最优滞后期，结果见表18。

表 18　VAR 模型最优滞后阶数检验结果

lag	LL	LR	df	p	FPE	AIC	HQIC	SBIC
0	−8.839				0.020892*	1.807	1.777	1.887
1	−6.063	5.553	4.000	0.235	0.026	2.010	1.921	2.253
2	−3.478	5.169	4.000	0.270	0.036	2.246	2.097	2.651
3	−2.152	2.653	4.000	0.618	0.071	2.692	2.483	3.258
4	11.829	27.961*	4.000	0.000	0.023	1.02859*	0.759297*	1.75595*

表 18 中显示，AIC 和 HQIC，SBIC 同时在滞后四阶时达到最小值，因此本文选择 4 作为最优滞后阶数，由此建立如下 VAR 模型：

$$Y_t = \begin{bmatrix} 0.34 \\ 0.26 \end{bmatrix} + \begin{bmatrix} 0.13 & 0.09 \\ 0.13 & -0.70 \end{bmatrix} Y_{t-1} + \begin{bmatrix} 0.19 & -0.14 \\ -0.21 & 0.70 \end{bmatrix} Y_{t-2} +$$

$$\begin{bmatrix} -0.70 & 0.001 \\ 0.11 & 0.14 \end{bmatrix} Y_{t-3} + \begin{bmatrix} -0.18 & 1.04** \\ -0.28 & 1.11 \end{bmatrix} Y_{t-4} + \begin{bmatrix} \varepsilon_{1t} \\ \varepsilon_{2t} \end{bmatrix} \tag{3}$$

其中，$Y_{t-i} = \begin{bmatrix} Dold\ ratio_{t-i} \\ Dnatural growth\ rate_{t-i} \end{bmatrix}$, i=1, 2, 3, 4。

方程（3）显示了老年人口比重与人口自然增长率之间的关系，滞后四阶的人口自然增长率对老年人口比重产生显著的正向影响。

在估计完模型之后，我们通过 AR 根图来对 VAR 模型的稳定性进行检验。如图 4 所示，绝大部分方程根的倒数均位于单位圆内，只有一个方程根的倒数在单位圆外，说明模型整体具有稳定性，且数据的影响持续性较强。

（4）Johansen 协整检验

由于水平序列是不平稳的，因此需要通过协整检验来考察变量之间是否存在稳定的长期均衡关系。本文通过 Johansen 检验方法来进行协整检验，检验的结果见表 19。

通过表 19 可以看出，在 rank=0 时，迹统计量的值大于 5%显著性水平的临界值，应该拒绝不存在协整关系的原假设；在 rank=1 时，迹统计量的值小于 5%显著性水平的临界值，应该接受不存在协整关系的原假设。综合起来，可以判断协整关系的个数为 1。因此，VAR 模型的变量序列之间存在着长期的协整关系。

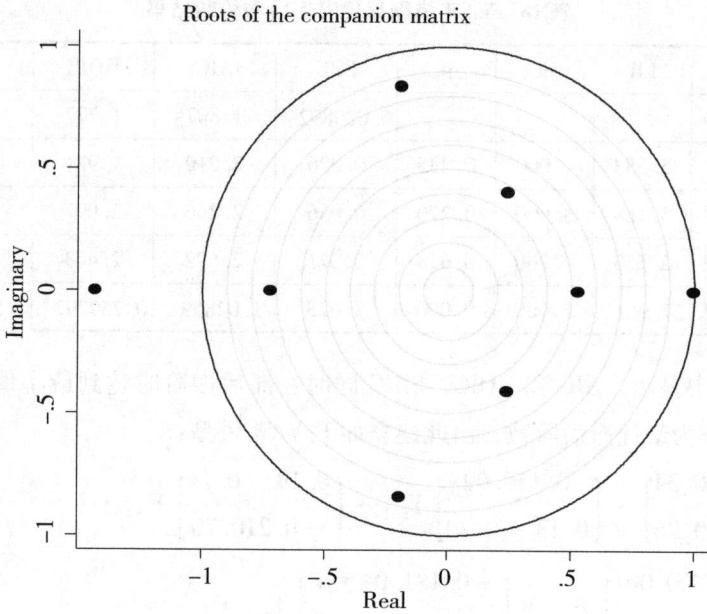

图 4　VAR 模型的 AR 根图

表 19　Johansen 协整检验结果

最大值				迹	5%显著性水平
rank	perms	LL	eigenvalue		
0	12	−5.07	.	25.37	18.17
1	15	6.34	0.83	2.57 *	3.74
2	16	7.62	0.18		

（5）脉冲响应函数和方差分解

脉冲响应函数描述了模型内生变量对误差冲击的反应。图 5 是期数为 10 期的 VAR 模型的脉冲响应图，其中上半部分显示的是老年人口比重受到人口自然增长率影响的短期脉冲响应，下半部分显示的是人口自然增长率受到老年人口比重的短期脉冲响应效果。

从图 5 上半部分可以看出，人口自然增长率对老年人口比重的影响较小，几乎可以忽略不计。而图 5 的下半部分，老年人口比重对人口自然增长率的影响从第四期开始显现，且幅度越来越强。影响方向震荡，老年人口比重越高，人口自然增长率随时间逐渐缩小。

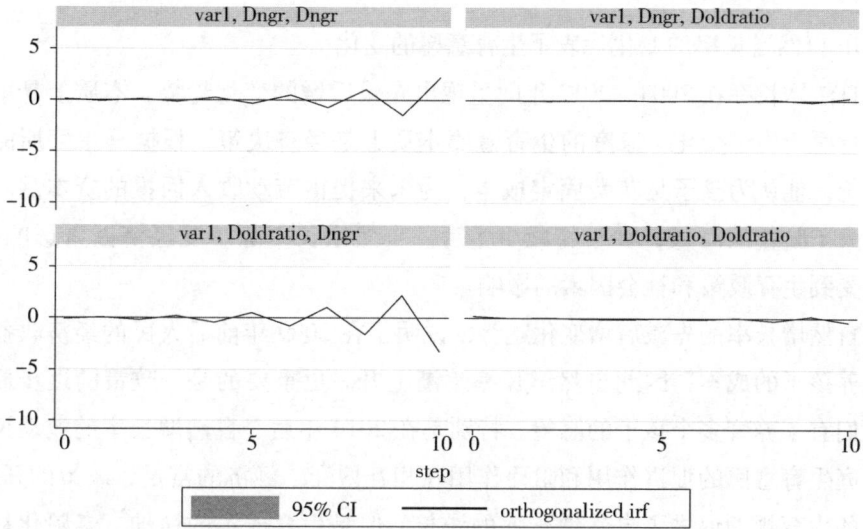

Graphs by irfname, impulse variable, and response variable

图 5　VAR 模型的脉冲响应图

表 20　VAR 模型的方差分解表

期数	feud
0	0
1	0.400635
2	0.487205
3	0.582269
4	0.635645
5	0.663559
6	0.667001
7	0.673149
8	0.679282
9	0.682242
10	0.682677

　　方差分解衡量了影响内生变量的外部冲击的贡献度。表 20 中显示老年人口比重对人口自然增长率的影响逐渐累积，第四年影响效果开始逐渐稳定。

（三）研究结论

1. 自然增长率的变化代表了生育意愿的变化

自然增长率在 2004—2017 年间呈现出先减后增的变化趋势，本质上是家庭生育意愿产生了变化。家庭的生育意愿本质上是经济决策，根据马尔萨斯的人口理论，他认为孩子是花费固定成本，为未来提供劳动收入回报的资本品。当成本大于收益的时候，社会将减少生育。自然增长率除了受经济因素影响外，还会受到生育政策和社会因素的影响。

自然增长率的先减后增变化趋势，说明了在 2009 年前后人民的经济收益大于抚养孩子的成本，因此自然增长率逐渐上升。更重要的是，政策的逐步放开让人们有了养育多个孩子的愿望。特别是在 2014 年后，自然增长率的波动说明了家庭生育意愿的促进作用和阻碍作用在相互博弈。经济的富足、政策的开放、老人的生育规劝促进了自然增长率的增长。但是生育成本的增加、老龄化社会下家庭的经济负担不断增高，这也在一定程度上抑制了自然增长率。这种促进作用和抑制作用的相互博弈，在 2014 年前后格外明显，一方面是因为"全面二孩"政策对人口出生率的促进效果明显，在 2015 年出现了出生率的高峰；另一方面是因为老龄化社会中家庭需要承担的成本明显增加，抑制了自然增长率的增长趋势。

2. 自然增长率也反映了生育政策的变化

2013 年前我国仍然实行一对夫妇只能生育一个孩子的生育政策，但是 2013 年当年我国人口自然增长率为 4.92‰。为了拉升人口自然增长率，2013 年 11 月我国启动了"单独二孩"生育政策，2014 年人口自然增长率提高到 5.21‰，但 2015 年又降至 4.96‰，2015 年 10 月中央再次启动"全面二孩"生育政策，2016 年再次升至 5.86‰[1]。可见，生育政策调整对提高人口自然增长率起到了一定的推动作用。

3. 人口自然增长率提升可以改变少子老龄化状况，延缓老龄化高峰的到来

少子老龄化如果得不到改变，就会加深人口老龄化危机。也就是说缺少人口自然增长率的支撑，直接降低少儿在总人口中的比重，必然加快人口老龄化率的上升。要降低人口老龄化率，必须提高 0~14 岁少儿在总人口中的比重。少儿占比高，未来一定时期，适龄劳动人口就会增加，提高适龄劳动人口在总人

---

① 数据来源于 2019 年《中国统计年鉴》。

口中的占比，不仅可以降低老年抚养比，也可以降低人口老龄化率，或者减缓人口老龄化率上升速度。

四、"全面二孩"政策实施见效慢的原因剖析

从前面分析不难看出，调整我国人口生育政策，既是为了遏制人口自然增长率的下滑，也是为了改变人口结构、应对人口老龄化快速增长的政策选择。但是，"全面二孩"政策的实施，仅拉动了第二年的人口自然增长率，第三年的又开始下滑。可见，二孩政策后劲不足。究其原因：

1. 生育观念正在发生改变

中国长期处于农耕社会，而且传统养老观念困扰人们的生育观念：早婚早育、多子多福、重男轻女。农耕时代，家庭生育男子可以当劳动力使用，生男孩越多，父母养老越有保障，而女孩长大就要嫁人，不能作为家庭劳动力，多子多福完全是农耕社会的产物。更重视生育男孩，家庭生育孩子随父姓，生女孩等嫁人后随夫姓，男孩可以给家庭传宗接代，养儿防老。传统生育观念，不仅造成我国人口基数大，而且导致常常出现性别比失调。随着我国工业化与城镇化的快速推进，传统的生育观念日益受到挑战。20 世纪 70 年代以来，尽管我国工业化还不发达，但因为人口快速增长，国家采取了"一对夫妇只生一个孩子"的独生子女政策，强制的计划生育政策带来生育观念的悄悄变化，生育一个孩子的家庭无论养儿成本、子女教育都明显优于二孩以上家庭，夫妇有更多时间与资金谋划二人或三人世界，家庭更幸福。改革开放以来，特别是 20 世纪 90 年代以来社会主义市场经济体制的建立，加快了我国工业化与城镇化的快速发展，城乡社会保障体系逐渐建立，"养儿防老"的传统观念逐渐被打破，少生优生及丁克家庭的现代生育观念逐渐形成。一是生产力的发展使人们从土地上解放出来，职业选择多样化；二是因为养孩成本居高不下，多生孩子就是多增加养儿负担，与其养儿不如养自己；三是社会保障体系不断完善，养老有养老金、医疗有医保、失业有失业保险，不再期望养儿防老；四是文化水平高，看问题更全面，更关心夫妇两人的生活质量；五是工作压力大，就业竞争激烈。忙于工作，忙于自己更新知识，更好面对日益激烈的就业竞争，特别是女性生育小孩要经过孕期和产假两个时期，不能把精力放在工作上，还要抚养和教育小孩，选择少生或不生的夫妇越来越多。实施"全面二孩"政策，对具有现代生育观念的年轻人影响不大。

2. 就业竞争激烈，为了自身生存和发展放弃后代的生育与抚养

由于长期计划生育政策的影响以及工业化、城镇化的发展，人们的生育观念正在发生变化，我国人口自然增长率持续走低，人口自然增长率从1998年的9.14‰下降到2018年的3.81‰；老年抚养比持续走高，从1999年的10.2%上升到2018年的16.8%。适龄劳人口15~65岁人口占总人口比例从2010年的74.5%下降到2018年的71.2%①，意味着就业竞争更加激烈。随着我国信息化、数字化对产业转型的影响加大，就业对适龄劳动力的知识水平、就业技能提出越来越高的要求，人们为了找到一份薪水较高的工作，往往需要通过重新学习、参加培训、继续深造等途径提高自己的知识与就业技能，而不得不放弃或推迟生育，而且由于小孩抚养成本持续攀升，许多工薪阶层对生育和培养下一代持观望态度，或把生育小孩的抚养成本用于提高自身的生活质量。正是这些客观与主观的因素，使"全面二孩"生育政策见效不明显，甚至生育率继续下滑。

3. 养儿成本日益提高，"养不起"成为人们少生的选择

养育一个孩子究竟要花多少钱？在不同的城市抚养成本相差较大，一线城市高于二线城市，二线城市高于三、四线城市。生育孩子要考虑抚养成本，包括喂养和教育成本；还要考虑时间成本，即孩子受教育的时间拉长，幼儿教育、小学教育、中学教育、大专或本科教育、硕士和博士研究生教育，还有博士后教育。时间越长，教育与生活成本越高。对于孩子父母而言，还有机会成本，在现代社会，抚养孩子可能会让父母尤其是母亲，放弃很多更好的职业发展机会。越重视教育、妇女社会地位越高、社会福利政策越健全，人们越倾向选择少生育。

湖南省2017年一份抽样调查表明②，"不打算生二孩"的主要原因中"经济负担重"的占比57.06%，"年龄太大"的占比23.88%。不打算（再）生育的次要原因中"经济负担重"的占比17.82%，"没人带孩子"的占比17.79%，"年龄太大"的占比16.76%。可见，经济负担重、年龄偏大是"全面二孩"政策见效不明显的重要原因。

---

① 数据来源于2019年《中国统计年鉴》。
② 湖南省卫健委《全面两孩政策执行情况与效果分析》调研座谈材料，2019年7月31日。

2012 年中国社科院一项调查结果显示①，在中国把一个身体健康的孩子养到 18 岁，平均要花 49 万元。然而若要孩子接受良好的教育，实际费用将大大提高，如出国游学费等，费用在 70 万元以上。2012 年成都一项典型调查显示，一个孩子孕育期花费 10500 元，婴幼儿（0~3 岁）期花费 48000 元，幼儿阶段花费 76100 元，小学阶段花费 52080 元，合计 186680 元。在成都以一个普通家庭为例，消费按普通人的标准计算，从孕育到培养孩子大学毕业找到工作，至少需要 35 万多元。这个金额，需要一个达到城镇居民平均收入水平的成都人不吃不喝工作大约 17 年。2019 年养儿费用可能增长 30%~50%。

在北京等一线城市生养成本主要包括②：（1）怀孕生育成本；（2）幼儿子女的抚养成本；（3）购房成本，主要考虑购置学区房。生养孩子花费的经济成本是较为昂贵的，仅从短期来看，生孩子之前的准备、生育期以及产后月子期间的花费大致需要 2.5 万元到 32 万元。婴幼儿时期的花费大致在 5.3 万元到 40 万元。而为了让孩子获得更优质的教学资源，购置学区房的成本十分高昂，以北京为例，这部分需要额外支出的成本高达 23 万~174 万元以上。加下来，生养孩子所需的成本大致是在 30.8 万~246 万元之间。高昂的生养成本，成为抑制一线城市适龄家庭生育意愿的重要原因。

4. 政府财政政策支持生育政策实施不到位

马克思曾经指出，社会再生产包括两类：一类是物质资料再生产，另一类是人即劳动力的再生产。过去，我们重视物质资料再生产，却不太重视人口即劳动力的再生产。政府财政对人口生育政策实施虽有一些支持政策，但不系统、不到位。一是缺乏二孩生育奖励政策，使居高不下的养孩成本难以得到适当补偿。二是缺乏生育一孩或二孩困难家庭儿童生活、教育救助制度，困难家庭因生活压力放弃生育孩子的想法。三是财政公共支出结构中缺乏对儿童教育与儿童医疗健康支出的考虑与安排，使儿童教育与医疗健康问题没有受到足够重视。四是儿童食品、用品生产流通企业缺乏相应税收优惠政策支持，导致儿童食品、用品价格居高不下，养孩成本不断上升。

5. 政府对生育限制比支持多

受计划生育政策的影响，尽管已经实行"全面二孩"政策，但计划生育政策时期延续下来的一些生育惩罚性措施并未取消，有的地方政府依靠计生罚款

---

① 《成都养儿成本：养大至少 35 万，普通人得挣 17 年》《成都晚报》2012 年 7 月 10 日。

② 《大城市养个孩子到底要花多少钱？》来自网络搜寻资料，未注明姓名。

取得数量可观的罚款收入，作为政府账外收入或经费来源。对于如没有取得准生证的一孩或二孩的家庭，可能按照计生社会抚养费征收规定收取社会抚养费。社会抚养费征收标准为上年家庭年收入的30%。将各省市违反计划生育政策的处罚措施列表如下（详见表21）。

表 21 对违反计划生育行为的处理

一、征收社会抚养费	1. 基数	发现的上一年度城镇居民年人均可支配收入或者农村居民年人均纯收入。结合当事人的实际收入水平和不符合法律、法规规定生育子女的情节，按照男女双方各自的子女数分别计征社会抚养费	
	2. 一孩	①对符合法定结婚条件但未办理结婚登记而生育的	自生育之日起六十日内补办结婚登记；逾期不补办的，按照条例第四十二条规定的基数的二分之一征收社会抚养费
		②对不符合法定结婚条件生育的	按照规定的基数征收，并不再批准其生育第二个子女
	3. 二孩	①完全符合生育条件，未提出生育申请生育第二个子女的	按照规定的基数的二分之一征收社会抚养费
		②符合生育条件，不到生育年龄生育第二个子女的	按照规定的基数的二倍征收社会抚养费
		③对不符合条例规定而生育的	按照规定的基数的三至四倍征收社会抚养费
	4. 生育第三个及以上子女的		按照规定的基数的六倍以上十倍以下征收社会抚养费

一、征收社会抚养费	5. 有配偶者与他人生育的	生育第一个子女的按照规定的基数的四倍征收社会抚养费;生育第二个子女的,按照规定的基数的五倍征收社会抚养费
	6. 有配偶而重婚或者明知他人有配偶而与之结婚生育的	生育第一个子女按照规定的基数的五倍征收社会抚养费;生育第二个子女的,按照规定的基数的六倍征收社会抚养费
	7. 对当事人有第三、四、五条规定的情形	其年实际收入高于第四十二条规定的基数的,以年实际收入为基数计征社会抚养费
二、行政处分	属于国家工作人员的,除依法征收社会抚养费外,由其所在单位或者有关组织依法给予行政处分;属于其他人员的,由其所在单位或者有关组织给予相应的纪律处分	

除了上述处罚措施以外,不按规定生育的个人和家庭,还会在孩子上户口、子女上学、就业及从事个体工商户、自由职业方面受到种种限制。尽管实行"全面二孩"政策,稍不小心触犯计划生育政策规定的将接受上述处罚。老百姓说,名义上"全面二孩",实际上还是独生子女生育政策那一套。有资格生育二孩的个人或家庭,也不敢随便生育二孩。

五、政府财政政策如何确保"全面二孩"政策落地

"全面二孩"生育政策从 2016 年实施以来,人口出生率只有在当年出现较大的反弹,达到 12.95‰,比上年提高 0.88‰。但在 2018 年,人口出生率下滑到 10.94‰①,成为历史最低出生率年份。究其原因,独生子女生育政策时期留下来的政府严管生育的做法仍在"全面二孩"生育政策执行时期使用,使"全面二孩"政策空壳化。如何通过政府综合施策治理生育成本过高、妇女生育环境恶化等问题,形成"愿意生、养得起"的生育环境,使"全面二孩"生育政策有效落地,更好应对人口老龄化快速提高的挑战,其中政府财政政策可以在降低生育成本方面发挥更大作用。

---

① 数据来源于 2019 年《中国统计年鉴》。

（一）发挥财政政策在落实"全面二孩"政策、降低生育成本方面的作用

1. 稳定与完善现行生育优惠政策

根据国务院《女职工劳动保护特别规定》以及劳动部《关于女职工生育待遇若干问题的通知》，女职工怀孕期间的检查费、接生费、手术费、住院费和药费由所在单位负担。产假期间工资照发。参保单位女职工生育或流产后，其生育津贴和生育医疗费由生育保险基金支付。生育津贴按照本企业上年度职工月平均工资计发；生育医疗费包括女职工生育或流产的检查费、接生费、手术费、住院费和药费（超出规定的医疗服务费和药费由职工个人负担）以及女职工生育出院后，因生育引起疾病的医疗费。生育二孩的，生育津贴和产假与生育一孩是一样的。地方政府可以根据地方财政状况适当调高生育津贴发放标准，以奖励生育一孩与二孩的生育妇女，或者适当提高生育检查费、接生费、手术费、住院费和药费报销比例。建立1岁婴幼儿母亲每天允许1小时哺乳时间请假制度，视同上班，确保婴幼儿母乳喂养和健康成长。

2. 建立二孩生育奖励制度

鉴于当前养孩成本较高的现状，凡是履行生育相关手续并得到批准的生育二孩家庭父母一方，可以从当地财政部门领取一次性二孩奖励基金3万元，作为购买儿童食品与儿童健康维护、儿童教育使用。二孩生育奖励基金来源：一是地方政府征收的计划生育社会抚养费和罚款；二是资金不足向中央财政申请二孩奖励基金专项转移支付，西部地区二孩奖励基金完全由中央财政承担，中部和东北地区二孩奖励基金中央财政承担50%，东部地区完全由地方财政承担。建立二孩奖励基金领取审核与汇总制度，防止虚报冒领情况发生。

3. 建立一至二孩困难家庭0~6岁儿童生活、教育救助制度

鉴于当前养儿成本高，一般收入和经济困难家庭不敢生、生不起的突出矛盾，对家庭人均收入低于当地低保线的家庭，生育一孩或二孩的，从孩子出生日起每月给予100~150元儿童抚养补助费，帮助这些家庭减轻抚养0~6岁儿童负担，使生长在这些家庭的儿童得到基本生活保障与基本的教育权利。资金来源由地方财政安排，困难地方通过预算上报上级财政给予补助。地方政府卫健部门配合民政部门做好申请对象家庭收入审查，符合条件的发给儿童抚养补助证，凭证每月到民政部门领取补助，督促补助家庭做好儿童抚养、教育工作，提高补助资金的使用效果。

4. 调整财政支出结构，增加对幼儿教育和儿童医疗保健的投入

幼儿教育过去是我国教育体系中的弱项，也是养孩成本最高的一项。要解决"入园难、入园贵"的问题，一是把幼儿教育作为国家教育体系重要一环抓好。如果说小学、初中是基础教育，那幼儿教育就是基础的基础。幼儿阶段的启智启蒙对每个人的成长十分重要。把幼儿教育作为国家教育体系最基础环节，纳入政府基本公共服务范围，需要各级财政加大对幼儿教育的投入。二是建立公办幼儿教育机构为主体、社会力量为辅的幼教体系。加大财政投入，建设一批规范化、收费低、质量高、家长放心的 0~3 岁儿童的托幼服务机构，制定配套政策和行业标准，同时加强引导和监督。运用财政补贴和税收优惠手段，鼓励社会力量有序参与幼教体系的投入，加快我国幼教事业的发展。三是加强幼教师资培养，各级财政不仅要重视建设公办幼教机构，还要增加幼教师资培养的投入，为幼教事业发展提供师资保障。同时，还要把妇幼医疗和健康摆上我国医疗卫生体系建设的重要位置，加大各级财政对妇幼医院儿科与妇产科的建设与投入，提高医疗服务质量，使妇女儿童在"全面二孩"政策实施后得到更好的医疗健康服务。

5. 对婴幼儿食品、用品生产经营企业给予适当税收优惠，加强质量监管

为了解决养孩成本高的问题，必须从儿童食品、儿童用品等影响养孩成本的主要用品入手：一是卫健部门对生产经营儿童食品和用品的企业，加强价格管理与质量监督。定期对儿童食品和用品生产经营企业的条件与环境进行检查监督，确保卫生条件符合生产经营要求；对儿童食品与用品生产经营企业的价格检查，防止定价过高损害群众利益，特别是儿童生活必需品的价格与质量监督。二是税务部门制定儿童食品、生活必需品的税收优惠政策。因为价格控制，这类生产经营企业可能经营利润受到一定限制，国家适当从企业所得税征收方面给予优惠，或者增加税前扣除额或者给予税率优惠，使生产经营儿童食品和生活必需品的企业得到适当利润补偿。通过儿童食品和生活必需品的价格管理与质量监管，降低儿童生活成本，减轻育儿家庭的生活负担，提供更多质优价廉的儿童食品与生活必需品。

（二）落实"全面二孩"政策的宏观配套政策建议

1. 要把人口合理增长摆在与推动经济增长同等重要的位置

面对当前我国人口自然增长率下滑、人口老龄化率快速提高的严峻形势，各级政府充分认识落实"全面二孩"政策的重要性，其事关中华民族伟大复兴

之梦的顺利实现、"第二个一百年"目标进程。人是生产力最基本的构成要素，没有高素质的劳动力提供，经济发展、民族复兴都是一句空话。保持高素质劳动力的供给，需要落实"全面二孩"政策，恢复合理的人口出生率与自然增长率，确保未来劳动力的供给，熨平人口老龄化的高峰，是实现人口与经济协调发展的重要保证。要把人口增长保持在合理区间，看成是与经济增长同等重要的大事，是中华民族伟大复兴梦想实现的人力资源保证。

2. 清理整顿政府原来"独生子女"政策和"单独二孩"政策时期限制和惩罚多生育的政策措施

各地曾经根据国务院颁布的《社会抚养费征收管理办法》出台了许多社会抚养费征收规定，对没有领取出生证的无论一孩还是二孩的家庭，统统征收社会抚养费。应该由国家卫健委组织统一的清理，凡是不符合"全面二孩"政策要求的社会抚养费征收管理规定一律取消，比如，完全符合生育条件，未提出生育申请生育第二个子女的，只要生育60天内补办出生证的，不再征收社会抚养费；对于婚内出轨与他人生育的，只要小孩出生前办理离婚手续，并与生育当事人补办结婚手续的，也可以不征收社会抚养费；只要符合"全面二孩"政策要求的，凡是取得出生证的一孩或二孩，均应在小孩上户口、入学、找工作等方面给予支持与鼓励。通过清理限制生育的种种做法，适当放宽生育条件，鼓励符合生育条件和生育年龄的妇女积极生育二孩，解除她们的后顾之忧，为"全面二孩"政策落地创造宽松的社会环境。

3. 健全婴幼儿父母就业信息服务、就业指导、就业培训制度

抚养婴幼儿家庭父母，特别是母亲，因为孕期和哺乳期抚养小孩，不得不放下或牺牲手中的工作，或耽误单位或企业的工作，重新就业面临职业技能和新职业的培训，地方卫健部门与教育部门要针对性地做好抚养婴幼儿家庭父母就业介绍、就业辅导、就业技能培训工作，帮助这些抚养婴幼儿的父母顺利再就业，或更好胜任原单位或企业的工作。而原就业单位和企业不能因为抚养婴幼儿辞掉他们，而且应该按相关规定发予工资。人社、卫健部门做好相关就业监督工作。

4. 增加学前儿童教育供给，加强对学前培训教育的监管

学前教育包括幼儿园教育与儿童爱好培训，这是当前养孩成本居高不下的重要领域。地方政府教育部门负有提供学前教育、加强学前儿童培训监管的重要职责。一方面改造现有幼儿教育设施，扩大幼儿园的招生规模，增加幼儿园

教学设备，加强幼师的培训，提高幼儿教育的质量。另一方面紧扣居民居住小区或居民比较集中区域开办新的托幼机构，扩大适龄幼儿教育规模，使每个适龄幼儿都能得到正规的学前教育，发挥幼儿园对儿童启蒙和培养爱好的作用。抓好幼师培训与学前儿童教材的编写。同时，针对社会举办的各种学前儿童爱好培训班，教育部门加强培训内容和培训收费的监督检查，加强培训机构培训资质的审查，对培训内容与收费不符或过高的，采取适当的行政或法律手段纠正制止，维护广大学前儿童接受良好教育的权利。

（模型实证由财科院博士生马羽彤协助提供，原文发表于 2021 年第 4 期《社会保障研究》）

参考文献

1. 河南省社会保障制度可持续性研究［R］. 北京：研究院社会发展研究中心，2016.

2. 宫晓霞，崔华泰，王洋. 财政支持农村社会养老保险制度可持续发展：国外经验及其启示［J］. 经济社会体制比较，2015（2）.

3. 金涛. 发展型社会政策下我国社会保障制度可持续性研究［D］. 长春：吉林大学，2015.

4. 唐磊. 社会保障制度可持续发展的条件、问题与对策［J］. 改革与战略，2000（5）.

5. 樊彩耀. 完善社会保障体系促进居民消费增长［J］. 宏观经济研究，2000（7）.

6. 金三林. 我国消费需求不足原因何在［N］. 中国财经报，2009-12-15.

7. 刘尚希. 消费总量不足，民生问题就会恶化［EB/OL］. 博客中国，2009-01-11.

8. 刘尚希. 民生问题的要义——实现基本消费的平等化［J］. 北京支部生活，2007（5）.

9. 郑新立. 通过改善民生拉动经济发展［N］. 人民日报，2009-12-28.

10. 童光辉，姜明耀. 我国税收制度是否有利于消费［N］. 中国财经报，2009-12-22.

11. 杨良初. 我国可持续"三支柱"养老保障制度构建［J］. 地方财政研究，2019（7）.

12. 杨良初，王敏，孟艳. 促进中国老龄产业发展的财政政策研究［J］. 财政科学，2016（12）.

13. 席恒，翟绍果. 更加公平可持续的养老保险制度的实现路径探析［J］.

中国行政管理，2014（3）．

14. 林义．中国多层次养老保险的制度创新与路径优化［J］．社会保障评论，2017（3）．

15. 赵东霞，王金羽．辽宁养老服务业发展的财政政策支持［J］．经济研究导刊，2012（28）．

16. 财政部财政科学研究所课题组．我国事业单位养老保险制度改革研究［J］．经济研究参考，2012（52）．

17. 贾康，王瑞，杨良初．调整财政支出结构是减少养老保险隐性债务的重要途径［J］．财政研究，2000（6）．

18. 苏明，杨良初，朱青，等．亚欧国家人口老龄化与社会保障财经合作研究［J］．财政研究，2006（9）．

19. 田小宝．澳大利亚养老保险制度改革管窥［J］．中国劳动，2001（4）．

20. 董雪．多支柱养老保障体系建立的必要性研究——基于养老金替代率的视角［C］//清华大学经济管理学院中国保险与风险管理研究中心．2016中国保险与风险管理国际年会论文集．北京：清华大学出版社，2016.

21. 袁妙彧．养老保障"三支柱"制度的平衡与衔接——以英国养老金协议退出制度为例［J］．郑州大学学报（哲学社会科学版），2010（6）．

22. 李豫，柯杰瑞．中国养老保险制度改革与借鉴——美国企业年金制度和资本市场实践［J］．浙江金融，2013（6）．

23. 李唐宁．三支柱体系支撑养老保险再改革［N］．经济参考报，2017-03-02.

24. 关信平．改革开放以来我国农村社会保障制度的重建与发展［J］．民主，2009（3）．

25. 吕奇伟．改革开放以来我国社会保障制度发展与完善［J］．毛泽东思想研究，2019（1）．

26. 孔慧．论我国社会保障制度的发展与完善［J］．淮南师范学院学报，2009（6）．

27. 徐西胜．我国社会保障制度改革与发展问题探讨［J］．四川行政学院学报，2002（1）．

28. 杨良初．社会保障基金管理［M］．北京：中国财政经济出版社，2003.

29. 刘瑾，曹婉莉. 城乡低保政策实施现状及对策研究 [J]. 菏泽学院学报，2017（6）.

30. 黄玉君，邓大松. 统筹城乡最低生活保障制度的文献评述 [J]. 长沙民政职业技术学院学报，2015（4）.

31. 叶振鹏，杨良初，等. 社会保障制度改革新论 [M]. 北京：中国文史出版社，1997.

32. 赵东霞，王金羽. 辽宁养老服务业发展的财政政策支持 [J]. 经济研究导刊，2012（28）.

33. 马彦，徐凤亮. 医养融合养老服务体系探析 [J]. 老龄科学研究，2016（4）.

34. 胡钰山，冉雪，赵学林，等. "全面二孩"政策下居民生育意愿及影响因素调查分析——基于甘肃省调查数据 [J]. 中国集体经济，2019（10）.

35. 成都养儿账本：养大至少 35 万普通人得挣 17 年 [EB/OL]. 四川新闻网，2012-07-10.

36. 李建新. 论生育政策与人口老龄化 [J]. 人口研究，2000（2）.

37. 王广州. 如何看待目前的生育意愿水平 [N]. 学习时报，2019-08-23.

38. 林宝. 探索积极应对人口老龄化的"中国经验" [N]. 经济日报，2019-08-27.

39. 潘金洪，胡创奇，郝仁杰. 生育政策调整带来的生育率变化对人口老龄化的影响——以江苏省为例 [J]. 人口与社会，2018（5）.